Klaus Wowereit
mit Hajo Schumacher

… und das ist auch gut so
Mein Leben für die Politik

KLAUS WOWEREIT

mit Hajo Schumacher

... und das ist auch gut so

Mein Leben für die Politik

Karl Blessing Verlag

FSC

Mix
Produktgruppe aus vorbildlich
bewirtschafteten Wäldern und
anderen kontrollierten Herkünften

Zert.-Nr. SGS-COC-1940
www.fsc.org
© 1996 Forest Stewardship Council

Verlagsgruppe Random House FSC-DEU-0100
Das für dieses Buch verwendete FSC-zertifizierte Papier
Munken Premium Cream
liefert Arctic Paper Munkedals AB, Schweden.

4. Auflage
Copyright © für die deutschsprachige Ausgabe 2007 by
Karl Blessing Verlag, München,
in der Verlagsgruppe Random House GmbH
Copyright 2007 by Klaus Wowereit/Hajo Schumacher
Redaktionelle Mitarbeit: Susan Mücke
Umschlaggestaltung: Hauptmann und Kompanie Werbeagentur,
München – Zürich
Layout/Herstellung: Ursula Maenner
Satz: Uhl + Massopust, Aalen
Druck und Einband: GGP Media GmbH, Pößneck
Printed in Germany
ISBN: 978-3-89667-334-3

www.blessing-verlag.de

Meiner Mutter Hertha, die ihr Leben lang gekämpft hat und der ich so viel zu verdanken habe.

Inhalt

Mein Berlin

»Wowereits Begeisterung, für Techno ebenso wie für Opernnächte, hat die Berliner dazu bewegt, den kulturellen Reichtum der Hauptstadt anzuerkennen.«

Time Magazine

Vielleicht verreise ich deswegen so gern, weil ich noch lieber wieder nach Berlin zurückkehre. Die Rückkehr macht mir jedes Mal wieder Freude. Bei welchen Städten geht es einem schon so, dass man mit Beginn des Sinkflugs unweigerlich anfängt, leise zu pfeifen oder fröhlich zu summen? Aus dem Fenster sieht man, wie die Weiten der Brandenburger Felder langsam enden und die bebauten Zonen wachsen: Hier beginnt die Stadt. Die Wasserflächen sehen aus, als herrsche fast zu jeder Jahres- und Tageszeit Betrieb. Ausflugsdampfer, ein einsamer Angler, der träge Havelschipper. Immer wieder überwältigt mich das satte Grün Berlins. Unweigerlich steigt ein Gefühl von Vertrautheit auf, von Freude auf meine Heimat, einen Ort, an dem ich mich sicher und geborgen fühle. Willkommen zu Hause. Heimat. Nähe. Verantwortung. Mein Berlin. Ich bin gewählt worden, um dafür zu sorgen, dass sich am Ende einer Wahlperiode mehr Menschen wohl, sicher und anerkannt fühlen als zu deren Beginn. Ich arbeite gern für diese Stadt. Denn ich habe Berlin viel zu verdanken.

Bevor wir landen, fliegt der Pilot oft noch eine Schleife über der Stadt. Ist die Sicht klar, bietet sich ein grandioses Panorama. Das dunkelgrüne Band des Tiergartens, aus dem jene kräftigen Bauten herausragen, die es vor 20 Jahren noch gar nicht gab. Potsdamer Platz, Reichstag und Kanzleramt. Die Architektur ist beeindruckend und wird durch die großzügigen freien Flächen zwischen den Gebäuden besonders zur Geltung gebracht. Berlin ist weit und offen. Hier findet jeder einen Platz.

Wie eine riesige Nadel ragt der Fernsehturm vom Alex empor. Am Fuße erkennt man einen wuchtigen Backsteinblock – das Rote Rathaus, in dem mein Büro liegt. Die Prachtstraße Unter den Linden, Museumsinsel, steinerne Relikte aus einer Zeit, als Kaiser und König herrschten. In der Ferne sind die verwaisten Großantennen der Amerikaner auf dem Teufelsberg zu erkennen. In Berlin war die Macht zu Hause, nicht immer zum Wohl der Stadt. Bei jeder der breiten Einfallstraßen, die wir gerade überfliegen, muss ich kurz überlegen, welche es ist. Je näher das Flugzeug der Erde kommt, desto deutlicher ist das städtische Leben zu erkennen: Villen, Baustellen, Gewerbe, ein Fußballplatz, manche Brachen, Verkehr, der meistens fließt. Überall Menschen, immer Bewegung. Metropole.

Egal, ob ich nur ein paar Stunden unterwegs war oder eine ganze Woche, ich empfinde immer eine ganz besondere Spannung bei der Rückkehr. Denn irgendetwas ist immer geschehen. Eine tolle Premiere hat stattgefunden oder eine verrückte Ausstellung in irgendeinem verträumten Hinterhof. Eine zukunftsweisende Firma ist gegründet worden, eine bahnbrechende Erfindung wurde gemacht, ein neues faszinierendes Gebäude wurde eröffnet. Berlin steht nie still, ist nie fertig.

Tag und Nacht liegt ein Flirren über dieser Stadt, eine Glocke aus Kraft und Kreativität, in die das Flugzeug langsam eintaucht und die seine Passagiere gleichsam auflädt mit diesem besonderen Berliner Gefühl. Mag das Leben hier auch nicht leichter sein als anderswo, so ist es doch gelassener, neugieriger, ein bisschen frecher vielleicht, auf jeden Fall aber international. Wir Berliner haben schon eine ganze Menge mitgemacht: Preußen, Kaiser, Kriege, die Nazizeit, Teilung plus Mauer.

»Die Geschundene« hieß diese Stadt lange. Aber sie hat das Leid ertragen und daraus gelernt. Zum Beispiel, die besseren Zeiten dankbar anzunehmen. Nach einigen Jahren Misstrauen sich selbst gegenüber entdeckt Berlin sich derzeit neu. So wie die Skepsis im ganzen Land abnimmt, so gewinnen die Bewohner der Hauptstadt langsam, aber beharrlich ein neues Selbstbewusstsein. Wir erleben eine Zeit, die zu den glücklicheren Phasen Berlins gehört. Es ist nicht alles perfekt, aber die Richtung stimmt. Es geht voran.

Einbildung oder nicht, mir kommt die Landung in Berlin oft sanfter vor als auf anderen Flughäfen. Das Flugzeug ist fast immer bis auf den letzten Platz gefüllt. Es herrscht Ungeduld an Bord, Tatendrang. Menschen aus aller Welt wollen in diese Stadt, Geschäftsleute, Kulturtouristen, Studenten, Heimkehrer. Es sind die dauernde Bewegung, der nie endende Zufluss von frischer Energie, die meiner Heimatstadt ihre eigene Faszination geben.

Berlin ist ein weltweites Symbol für eine wechselhafte Vergangenheit wie für eine gut gelaunte Zukunft. Hier begegnen sich die beiden großen Reiche, der Westen und der Osten. Kreative Menschen aus der ganzen Welt streben nach Berlin. Wir sind offen, tolerant, jung und längst nicht so teuer wie vergleichbare Städte. Berlin ist nicht exklusiv und dennoch attraktiv.

Das vereinte Deutschland hat eine Metropole bekommen,

die es verdient, auf die wir stolz sein können, ohne überheblich zu werden, ein spannendes Labor der Zukunft, das Spaß macht, oft an- und manchmal auch aufregt. »Fröhlich, frech und manchmal mit dreister Leichtigkeit findet die alte Preußen-Hauptstadt zu einer neuen Identität«, schrieb der *Spiegel* in einem seltenen Moment der Begeisterung. Berlin sei eher Gemütszustand als Örtlichkeit. Bei uns werde »auf eine ziemlich entspannte Weise wieder Staat gemacht«. Zutreffender kann man es nicht sagen. In ein paar Monaten allerdings wird der Ton ins Gegenteil kippen; dann sind wir wieder die teuren Kostgänger der Republik.

Gelobt und verachtet – so ist es immer mit Berlin. Jeden Tag bekomme ich Briefe von Bundestagsabgeordneten, die sich beschweren, weil Hundedreck vor ihrer Haustür liegt oder ihre Joggingstrecke durch eine Straßensperrung blockiert ist. Solche Dramen soll ich umgehend beheben. Aber tags darauf erklären die gleichen Parlamentarier, dass wir viel zu viel Geld vom Bund bekommen.

So viel auch gemeckert wird, so stolz sind viele unserer Neu-Bürger auch, in der Hauptstadt zu wohnen. Sie spüren, dass das Bild dieser Stadt sich verändert hat. Das Metropolengefühl, das wir in New York und Paris, in London und Rom so gierig eingesogen haben, solange unsere Kapitale ein niedliches Beamten- und Studentenstädtchen am Rhein war, dieses besondere Metropolengefühl gibt es jetzt auch in Deutschland. Keine Frage, die Skepsis war groß, auf beiden Seiten. Inzwischen aber haben das Land und seine Hauptstadt sich aufeinander zubewegt. Wohin ich auch komme, überall sind die Leute begeistert. Sie waren gerade erst in Berlin oder wollen sehr bald mal vorbeischauen.

Jährlich 140 Millionen Tagestouristen besuchen uns, die

Zahl der Übernachtungen nähert sich der 20-Millionen-Marke. Mit 80 000 Kongressen und ihren 6,2 Millionen Teilnehmern belegen wir weltweit eine Spitzenposition. Die Menschen kommen so gern, weil in Berlin keine künstliche Coolness herrscht, kein angestrengter Schick. Es ist nicht so eng wie in Shanghai, nicht so bedrohlich wie Rio oder Moskau, der Smog nicht so dicht wie in Mexiko City. Hier gibt es keine No-go-Areas, die Stadt ist sicher und schließt niemanden aus, auch nicht Menschen mit kleinem Budget.

Es ist eine große Herausforderung, diese Stadt zu regieren, ihre Weltläufigkeit ebenso zielstrebig zu entwickeln wie ihre liebenswerten Seiten zu erhalten. Berlin, das ist bei allem Lichterglanz eben auch eine Sammlung ganz unterschiedlicher Kieze, die das gute Gefühl von Heimat und Liberalität geben.

In meiner Kindheit war Lichtenrade mein Zuhause, heute ist es der Ku'damm. Selbst hier, auf der weltberühmten Touristenstraße, gibt es ein gemeinschaftliches Zusammenleben, wie ich es mir wünsche. Gegenwehr ist zwecklos, wenn der griechische Wirt, der unten in unserem Haus sein Restaurant betreibt, mich nach einem langen Arbeitstag auf ein Glas Wein hereinbittet. Ich gehe am Samstag, wie andere Bürger auch, zum Einkaufen, und keiner stört sich daran, dass ich im Sommer Shorts trage. Ich brauche keinen Wall aus Sicherheitskräften, monarchische Anwandlungen sind mir seit jeher fremd. Es freut mich, wenn die Leute »Hey Wowi« rufen oder ein Foto mit mir machen. Ich will ein Politiker zum Anfassen sein, der die Meinung der Menschen respektiert, ohne ihnen nach dem Mund zu reden.

Ich habe noch immer eine Menge Freunde von früher, darunter viele Lehrer, die mir das gute Gefühl von Vertrautheit geben. Ich pflege diese Freundschaften, schütze sie aber auch vor der Öffentlichkeit. Die Großstadt Berlin gibt mir die Chance, meine beiden Leben zu führen, das öffentliche ebenso wie das private. Ich schätze den Respekt, der mir und meinem Partner Jörn entgegen gebracht wird. Jörn ist mein Anker, mein Freund, mein Berater, meine Erdung. Wo er ist, da bin ich zu Hause. Ich kann mir keinen schöneren Wohn- und Arbeitsplatz vorstellen als Berlin. Ich bin gern Regierender Bürgermeister, auch wenn es immer schwieriger wird, Verständnis für politisches Handeln zu erringen. Es ist keinem Bürger zuzumuten, jede politische Entscheidung bis ins letzte Detail nachzuvollziehen. Wir leben in einer repräsentativen Demokratie, was bedeutet, dass Politiker mit der Erledigung der öffentlichen Aufgaben betraut werden. Je komplexer die Entscheidungen sind, desto größer muss auch das Vertrauen sein, das zwischen dem Volk und seinen Vertretern herrscht. Natürlich können die Bürger einen Politiker nach vier oder fünf Jahren wieder abwählen. Aber auch in dieser kurzen Zeit kann er eine Menge Unfug fabriziert haben.

Die permanente Kontrolle eines Politikers ist praktisch unmöglich. Entscheidend ist daher ein grundsätzliches Vertrauen. Wie aber entsteht dieses Vertrauen? Nur sehr bedingt auf der Grundlage von Wahlversprechen. Die Koordinaten müssen stimmen. Wie schnell Krisen entstehen, haben wir am 11. September 2001 erlebt. Ein Terroranschlag, der die Welt erschüttert und einen jahrelangen grausamen Krieg nach sich zieht – solche Szenarien sind in keinem Parteiprogramm vorgesehen.

In heiklen Momenten muss sich der Bürger auf die Politik verlassen können, auch wenn nirgendwo eine Handlungsanweisung geschrieben ist. Woher erfahren die Menschen nun, was den Politiker treibt, was seine Werte sind, seine Maßstäbe? Reden und Erklärungen, Fernsehauftritte oder persönliche Begegnungen sind wichtig, aber meistens flüchtig.

Erst die ausführliche Schilderung eines Lebens, von Kindheit und Familie, Jugend, Aufstieg, Erfolgen und Krisen erklärt einen Volksvertreter wirklich. Bei fast allen Politikern lässt sich politisches Denken und Handeln sehr präzise aus ihrer Biographie heraus erklären und verstehen. Die Erlebnisse des Flüchtlingsjungen Brandt, die Kindheit im bespitzelten Pfarrhaus, wo Angela Merkel groß wurde, die armseligen Umstände, in denen Gerhard Schröder aufwuchs, diese Lebensläufe prägen Politikerverhalten weit mehr als jedes Parteiprogramm. Wer Politiker verstehen will, muss sich die Mühe machen, ein wenig in ihr Leben einzutauchen.

Abgesehen von einem Charakterzug namens Eitelkeit, mit dem bekanntlich immer nur die anderen zu kämpfen haben, ist es mein Wunsch, mein Ziel, mich mit diesem Buch zu erklären. Woher komme ich? Was treibt mich an? Viel habe ich davon bislang nicht preisgegeben, auch wenn viele Menschen den Eindruck haben mögen, sie würden mich kennen.

Bislang habe ich Wert darauf gelegt, mein Privatleben für mich zu behalten, so gut es eben ging. Ich hielt es nicht für sinnvoll, hier und da ein Bruchstück zum Besten zu geben, woraus sich am Ende wohl doch nur ein schiefes Bild ergeben hätte. Klüger schien es mir, meine Geschichte, so unspektakulär sie auch sein mag, am Stück zu erzählen, so wie ich sie sehe: Wie bin ich aufgewachsen, wie funktionierte meine Familie, was trieb mich als Kind und Jugendlicher um, wie bin ich in die Politik geraten und wie konnte es geschehen, dass ich eines Tages Regierender Bürgermeister von Berlin geworden bin.

Ich bin sicher, dass dieses Buch für Freunde und Feinde eine Reihe neuer Informationen und Erkenntnisse liefert. Nach Lektüre jedenfalls dürften Zustimmung oder Ablehnung zu meiner Person auf einem sehr viel stabileren Fundament ruhen.

Eine Kindheit in Lichtenrade: Prekariat und Patchwork

Kindheit in Lichtenrade – Schweineköpfe und Hühnerkrallen – der Vater in Bitterfeld – die Mutter, die kämpfte – fröhliche Feste und unbezahlbare Öl-Rechnungen – Aufbruch, Rebellion und Flucht aus dem Kindergarten

»Als Kind war Klaus dickköpfig, hilfsbereit und fernsehsüchtig.«
Wowereits Nichte Anette

Wenn wir früher durch Lichtenrade spazierten, meine Mutter und ich, dann kannte sie die eine Hälfte der Menschen und ich die andere. Lichtenrade war unser Dorf, unser Kiez, unsere Heimat. Hier fühlten wir uns wohl. Lichtenrade ist typisch für Berlin, weil es ein eigener kleiner Ort ist, eines der vielen Berliner Dörfer. Seine Identität war immer schon von Lokalpatriotismus geprägt. Natürlich fühlen sich die Menschen hier als Berliner, aber eben auch als Lichtenrader. Die sind nicht besser oder schlechter als Schöneberger oder Pankower, aber doch ein eigener Menschenschlag.

Die Wowereits gehörten nicht zum Lichtenrader Jetset. Aber ganz bestimmt wurde unsere Familie respektiert. Wie meine

Mutter uns fünf Kinder weitgehend allein großzog, das nötigte unseren Nachbarn, Bekannten und selbst den moralfesten Bürgern einige Anerkennung ab.

Meine Mutter Hertha war eine Überlebenskünstlerin, die wusste, wie man sich durchschlägt. Gleich nach dem Krieg ist sie hamstern gegangen, ist aufs Land gefahren zu den Bauern, sie hat organisiert und verhandelt, und manchmal kam sie spätabends mit ein paar Schweineköpfen nach Hause. Immer hat sie einen großen Garten bewirtschaftet.

Selbstversorgung spielte eine wichtige Rolle für sie, so wie für viele Kriegsteilnehmer. Sie legten selbst in den fetten Jahren noch immer und überall Vorräte an, offenbar aus einer irrationalen, gleichwohl tief verwurzelten Furcht, es könnte am nächsten Tag wieder ein Krieg ausbrechen. Hertha behandelte die Früchte ihres Gartens wie Kostbarkeiten. Oft wurde ich mit einer Tüte Birnen oder Äpfel in die Schule geschickt oder mit einem Blumenstrauß für die Lehrerin. Das war mir ziemlich peinlich. Aber die Pädagogen haben es gern genommen. Sie ahnten den symbolischen Wert, der sich uns Kindern nicht so richtig erschloss. Außerdem hat meine Mutter immer erstklassige Ware geliefert.

Das Lichtenrade meiner Kindheit war ein eher unspektakulärer Ort, Endstation der S-Bahn. Mit dem Postkarten-Berlin von KaDeWe, Gedächtniskirche und Goldelse – so nennen wir die vergoldete Skulptur auf der Siegessäule – hatte Lichtenrade nicht viel zu tun. Eine Attraktion gab es allerdings bei uns: die Villa der Hermione von Preuschen, einer femme fatale, die schwarze Pagen beschäftigte. Hermione von Preuschen gilt als Erfinderin des Historischen Stilllebens. Als 1897 ihr Ehemann starb, zog sie sich in ihre Villa Tempio Hermione nach Lichtenrade zurück und arbeitete als Schriftstellerin. Sie reiste nach

Hertha und ich im Juni 1955.

Indien, Sri Lanka und Burma. Ihre Parties, bei denen immer auch kontroverse Kunst zum Besten gegeben wurde, galten als ebenso verrucht wie spannend, weshalb die gesamte Berliner Boheme nach Lichtenrade pilgerte.

Heute verirrt sich die Prominenz eher selten nach Lichtenrade. Das Zentrum ist seit jeher die Bahnhofstraße, wo die Geschäfte liegen, wo man sich auch heute noch trifft, beguckt und miteinander redet. Hier müssen Lokalpolitiker bestehen, am Samstag, wenn die Bürger einkaufen. Ungezählte Samstage habe ich hier unter dem roten Schirm der SPD um Stimmen geworben und mehr über die Sorgen und Hoffnungen der Menschen gelernt als jedes Umfrageinstitut mit seinen teuren Studien liefern kann. In Lichtenrade war schon immer das ganz normale Leben zu Hause.

Lichtenrade war bis ins 20. Jahrhundert ein typisches Angerdorf, das vor den Toren der großen Stadt lag und zum Kreis Teltow gehörte. Ringsum lagen Felder, Wiesen und Bauernhöfe, ein Paradies für Kinder. Es war eine stille, kleine, übersichtliche Welt. Hier gab es Kopfsteinpflaster, alte Bäume und noch echte Handwerker. Unser Nachbar war Malermeister. Ein netter Mann war das, auch wenn er vermutlich nie SPD gewählt hat. Lichtenrade war zwar noch Berlin, aber auch schon Land, wenn auch nicht besonders viel. Die Mauer stand im Blickfeld, seit ich acht Jahre alt war.

Mit meinem Fahrrad habe ich mir die Gegend Stück für Stück erobert. Die Touren wurden jedes Jahr weiter und abenteuerlicher. Meine Mutter und meine Schwester Helga fuhren oft nach Rangsdorf zum Tanzen, manchmal besuchten wir auch Verwandte in Mahlow. Der Bau der Mauer drückte Lichtenrade dann enger an die Stadt, die sich ihrerseits ausbreitete.

Die Lücke zwischen Dorf und Metropole schloss sich langsam, zumal die Bauern ihre Äcker als Bauland vergoldeten. Wo früher Getreide wuchs, schossen die Wohnblocks eines in seinen engen Grenzen expandierenden West-Berlins empor. Die neuen Mieter kamen aus den Sanierungsgebieten im Wedding. Im Gegensatz zu den Neuankömmlingen fühlten wir uns als stolze Alt-Lichtenrader.

Damals war Berlin noch eine geteilte Stadt.

Als Kinder haben wir die Mauer nicht als Bedrohung wahrgenommen. Ich habe kaum Erinnerungen an den Bau oder die weltpolitische Aufregung darum. Dass wir unsere Verwandtenbesuche schlagartig abbrechen mussten, traf mich nicht sonderlich. Dass die Wege zu einigen Badeseen plötzlich abgeschnitten waren, schmerzte schon eher.

Spannend war vor allem die geheimnisvolle Idylle, die dieses komische Ding aus Beton schuf; es herrschte eine unheimliche Stille entlang des Todesstreifens. In den vielen kleinen Refugien bauten wir in aller Seelenruhe unsere Hütten, gleichsam im Schatten des Kalten Krieges. Wir fühlten uns sicher, und doch verspürten wir eine Spannung. Passiert ist allerdings nie etwas. Am Ende aber haben wir diese Mauer in großem Gleichmut hingenommen. Wir Wowereitschen Kinder hatten es in dieser Disziplin ohnehin zu besonderer Meisterschaft gebracht.

Ich hatte früh gelernt, mit Bedingungen zurechtzukommen, die andere, wohlbehütete Kinder womöglich als permanentes Durcheinander wahrgenommen hätten. Bei uns zu Hause herrschte Dauertrubel, den ich aber für völlig normal hielt. Ich kannte ja nichts anderes. Fröhliche und dramatische Momente wechselten sich bisweilen in rasantem Tempo ab; eine Weile deprimierten uns Krankheit und Tod, dann wieder feierten wir fröhlichste Familienfeste.

Im Zentrum unserer Familie herrschte meine Mutter, die über Kraft und Ausdauer und Willensstärke verfügte, wie sie wohl nur Kriegerwitwen entwickeln. Kann gut sein, dass unsere Sippe nach streng katholischen Maßstäben nicht unbedingt zur nächsten Heiligsprechung vorgeschlagen worden wäre. Denn lange bevor es den Begriff überhaupt gab, lebten wir in einer klassischen Patchwork-Familie, wie sie der Krieg hunderttausendfach hinterlassen hatte. Wir hatten nicht viel mehr als unseren Zusammenhalt. Meine Mutter ist sehr oft mit der bangen Frage ins Bett gegangen, wie sie an den nächsten Tagen unsere hungrigen Mäuler stopfen sollte.

Als Arbeiterin musste sie fünf Kinder durchbringen, die sie von drei Männern bekommen hatte. Meine älteste Schwester Helga war mit 18 Jahren parallel schwanger mit meiner Mutter, die mich im Bauch trug. Meine Nichte Anette und ich kamen praktisch gleichzeitig zur Welt, im Jahre 1953. Annemarie, geboren 1936, und Hans-Joachim, geboren 1942, stammten wie Helga, Jahrgang 1935, von Herbert Grüner, dem ersten Mann meiner Mutter, der als Soldat im Zweiten Weltkrieg war. Meine Mutter hat nie wieder etwas von ihm gehört. Eines Tages wurde Herbert Grüner als vermisst gemeldet. Wahrscheinlich ist er in Rumänien gefallen, so wie der Vater von Gerhard Schröder.

Der Vater meines Bruders Stefan, er wurde 1947 geboren, starb bald an den Spätfolgen des Krieges. Auch er war bei der Wehrmacht gewesen. Mein Vater schließlich war 15 Jahre jünger als meine Mutter. Die ungleiche Beziehung hielt allerdings nicht lange. Walter ließ sich als Zimmermann in der Nähe von Bitterfeld nieder, woher er stammte.

Natürlich interessierte mich zunehmend, wer mein Erzeuger war, zumal meine Mutter daraus nie ein Geheimnis gemacht hatte. Kontakt bestand über meine Oma, die mehrere Besuche organisierte, als ich im frühen Grundschulalter war. Ich fuhr gern nach Bitterfeld zu meinem Vater, denn seine Familie betrieb einen Konsum-Laden und hatte überdies einen Hund. Mehr brauchte ich nicht zum Glück.

Ich habe meinen Vater als lustigen Mann in Erinnerung. In meinen Augen ähnelte er Heinz Quermann, dem legendären Moderator von »Ein Kessel Buntes«. Was ich von ihm mitbekommen habe, ist wohl das Talent, eine Gesellschaft aus dem Stand heraus mit einer Ansprache zu unterhalten. Mein Vater war ein geselliger, fröhlicher Mensch, der einen ganzen Raum füllen und viele Zuhörer begeistern konnte.

Unser Verhältnis war unverkrampft, wurde aber durch den Mauerbau jäh unterbrochen. Persönlicher Kontakt war erst

Onkel Otto (Mitte),
Anette und ich (links)
in Lichtenrade.

nach der Reiseerleichterung wieder möglich. Die Kämpfe der
Pubertät gingen an uns vorbei, allerdings löste sich auch die
Bindung mehr und mehr. Mein Vater ist noch vor der Wende
gestorben, leider viel zu früh. Immerhin hat er sein Leben genossen. Ich bin zu seiner Beerdigung gefahren. Meine Erinnerungen an ihn sind positiver Art.

Meine männliche Bezugsperson war Gustav, der Lebensgefährte meiner Mutter, den sie als ihren »Verlobten« vorstellte,
so wie es damals in Beziehungen üblich war, die nicht dem bürgerlichen Ehe-Diktat entsprachen. Hertha war sehr pragmatisch. Eine neuerliche Heirat hätte ihre kleine Kriegerwitwen-
rente gefährdet. Dieses Risiko wollte sie, bei aller Liebe, nicht
eingehen.

Gustav war der Mann im Haus, er ersetzte uns den Vater, so gut das eben ging bei fünf Kindern, die nicht die eigenen waren. Vor dem Krieg hatte ihm eine größere Gärtnerei in Ostberlin gehört. Er hat den Verlust nie verwunden, sich noch einmal selbstständig zu machen, dazu fehlte ihm die Kraft.

Gustav hatte zudem das Pech, dass dauernd jemand von uns pubertierte und meinte, sich an ihm abarbeiten zu müssen. Wir benutzten ihn eigentlich nur dazu, uns von ihm abzugrenzen. Für ihn war das bestimmt keine einfache Rolle. Mein ältester Bruder hat ihn überhaupt nicht akzeptiert, ich war auch nicht viel besser. Obendrein hatte Gustav auch noch eigene Kinder. Ich glaube, er hat uns pubertierende Bengel manchmal ziemlich verflucht. Er hatte es nicht leicht mit unserer Sippe, nicht mal mit meiner Mutter. Er war entscheidungsunfreudig, sie ostpreußisch stur – eine unterhaltsame Kombination.

Die Abwesenheit des leiblichen Vaters war für mich weniger das Problem als die Alltagsdiskriminierung, die daraus erwuchs. »Was macht denn dein Vater?«, wurde ich immer wieder gefragt, und das nicht nur aus freundlichem Interesse. Mancher Mitmensch nutzte die scheinheilige Frage schlicht, um mir weh zu tun. Gelegentlich musste ich gegen das Gefühl ankämpfen, unsere Familie sei irgendwie unvollständig, zumindest im Vergleich zu der scheinheilen Welt, die uns im Fernsehen präsentiert wurde oder in der Nachbarschaft ihre Harmonie aufführte.

Meine Mutter trug zeitlebens den Namen ihres ersten Mannes: Grüner. Das Gesetz forderte jedoch, dass ich den Mädchennamen meiner Mutter annehmen musste: Wowereit. So war ich von klein auf immer wieder mit der peinlichen Situation konfrontiert, erklären zu müssen, warum ich Wowereit, meine Mutter jedoch Grüner hieß. Diese Erklärung dauerte immer eine Ewigkeit, ohne dass die verständnislosen Blicke verschwanden. Es blieb immer ein Gefühl von unordentlichen Familienverhältnissen. Zur damaligen Zeit war es nicht üblich, als Kind einer alleinerziehenden Mutter aufzuwachsen. In den sechziger Jahren wurden solche Lebensumstände weit weniger toleriert als heute.

Ich hasste diese Momente in der Schule oder beim Kommunionsunterricht, wenn nach den Familienverhältnissen gefragt wurde, Momente, von denen man schon lange vorher wusste, dass sie unausweichlich kommen würden. Ich hasste die hochgezogenen Augenbrauen der Lehrer, wenn sie zu Beginn des Schuljahrs Namen und Daten für das Klassenbuch ermittelten, wenn ich Lernmittelbeihilfe beantragte und alles immer wieder vor der ganzen Klasse ausgebreitet wurde. Wobei meine Schulkameraden recht entspannt mit mir und meiner ungewöhnlichen Herkunft umgingen.

So sehr ich in solchen Momenten spürte, wie die Wertemuster einer Gesellschaft beschaffen sind und wie sie geeignet sind, Menschen zu verletzen, so sehr wuchs auch mein Trotz – ich wollte mich weder anpassen noch unterkriegen lassen. Schließlich trug ich einen unbändigen Stolz in mir, den meine Mutter tagtäglich aufs Neue weckte und vergrößerte.

Sie verkörperte die unbeugsame Würde eines fleißigen, ehrbaren und selbstbestimmten Menschen. Es war ihr täglicher kleiner harter Kampf um die eigene Unabhängigkeit, der mich prägte. Sie hat von früh bis spät gearbeitet, damit es uns eines Tages besser gehen sollte. Aber geschenkt haben wollte Hertha Grüner nichts. Von ihr habe ich gelernt, nie den Mut zu verlieren und in schweren Situationen zu kämpfen. Sie hat immer gesagt: »Wenn es dir schlecht geht, ist nicht immer automatisch jemand anderes schuld.«

Ihre ganze Erziehung basierte auf dem Prinzip Eigenverantwortung, weil es gar nicht anders ging. Wie hätte sie auch den ganzen Tag arbeiten gehen können, wenn sie nicht genau gewusst hätte, dass die Kinder, die allein zu Hause waren, für sich selbst zu sorgen wussten? Wir genossen große Freiheiten, aber auch großes Vertrauen.

Der Wille zur Unabhängigkeit, das war es, was meine Mutter antrieb. Hertha war eben eine typische Ostpreußin. Ihr Mädchenname hätte nicht zutreffender lauten können: »Wowereit«. Das ist litauisch und heißt »das junge Eichhörnchen«. Tatsächlich sammelte sie fortwährend Vorräte, oft schon vor Sonnenaufgang. Jeden Morgen stand sie in aller Frühe auf, um im Garten Äpfel zu pflücken, Petersilie zu bündeln und Blumensträuße zu binden, die sie an Stammkunden verkaufte. Sie war fleißig, voller Energie und grundanständig.

Meine Mutter war mit einer der großen Wanderungsbewegungen nach dem Ersten Weltkrieg nach Berlin gekommen. Eine der Schwestern meiner Großmutter hatte einen Fabrikanten in der Hauptstadt geheiratet. Es war damals wohl so etwas wie ein Sechser im Lotto, wenn eine junge Frau vom Lande es geschafft hatte, sich einen Herrn aus der großen Stadt zu angeln. Im Laufe der Zeit holte die Glückliche ihre Schwestern nach. Der Kreis Stallupönen/Kattenau wurde so um ein paar Wowereits ärmer.

Der Umzug nach Berlin muss damals einen gewaltigen sozialen Aufstieg bedeutet haben. Zwar wurde meine Oma auch in Berlin nicht müde, vom Baron von Lensky zu erzählen, auf dessen Gutshof sie angeblich als erste Kammerzofe gedient hatte. Vermutlich jedoch war sie nur eines von vielen Stubenmädchen gewesen. Oma zeichnete sich seit jeher durch eine sehr phantasievolle Art des Erinnerns und Erzählens aus. Immerhin erfuhr ich später von einem altgedienten Mitarbeiter des *Tagesspiegel*, dass es den Baron von Lensky tatsächlich gegeben hatte. Einen Teil seiner Familie hatte es ebenfalls nach Berlin verschlagen.

Wenn Oma nicht vom Baron erzählte, dann von Königin Luise, die sie verehrte und deren Namen sie trug. Was für Historiker außerdem interessant sein dürfte: Meine Oma hat die SPD in Ostpreußen mitbegründet. Das jedenfalls hat sie hoch und heilig geschworen. Der Beweis dafür ist allerdings bis heute nicht erbracht.

Wenn wir eine Familientradition hatten, dann war es die Ahnenreihe der alleinerziehenden Frauen. Bereits meine Oma war eine Kriegerwitwe gewesen. Sie hatte ihre drei Kinder als Schneiderin durchgebracht. Meine Mutter hat also von klein auf gelernt, dass eine Frau sehr wohl eine Familie ernähren und kommandieren kann. Für meine Oma wie für meine Mutter kam es nicht in Frage, nach dem Verlust des ersten Mannes wieder zu heiraten. Beide glaubten ohnehin nur an das, was sie selbst zustande brachten.

Mutters Freundinnen waren vielfach Kriegerwitwen, ein ganz eigener Schlag Frauen, deren Aufopferungsbereitschaft einem in der hyperindividualisierten Gesellschaft heutzutage fast unheimlich ist. Meine Mutter war in der Arbeiterwohlfahrt und im Reichsbund der Kriegsopfer. Es war in meiner Familie immer selbstverständlich gewesen, sich in großen sozialdemokratisch geprägten Organisationen zu engagieren. Mein Onkel Wilhelm, der im Zweiten Weltkrieg über England abgeschossen worden war, war im Reichsbanner aktiv gewesen. Dieser Verband hatte sich 1924 in Magdeburg gegründet als Reaktion auf die zahlreichen Morde und Putschversuche zu Beginn der Weimarer Republik. Auch in Lichtenrade hatten sich während der

Nazi-Zeit die SA-Schläger mit den Reichsbanner-Vertretern geprügelt. Als »Bund aktiver Demokraten« versammelte der Reichsbanner nach 1945 vor allem sozialdemokratische Kriegsteilnehmer; Kurt Schumacher und Erich Ollenhauer waren die prominentesten Mitglieder. Nach dem Krieg blieb der Reichsbanner eher klein und unbedeutend, aber die Mitglieder waren aufrechte Kämpfer für den Schutz der Demokratie.

Meine Mutter schuftete anfangs als Putzfrau im Schuldienst. Es grenzt an ein Wunder, dass sie es trotzdem schaffte, ein kleines Haus mit einem riesigen Garten zu mieten. Über 3000 Quadratmeter, dafür würden wir heute wahrscheinlich Agrar-Subventionen von der EU bekommen. Unten im Haus lagen Küche, Wohnzimmer, Bad, oben zwei Zimmer. Meine beiden Schwestern waren glücklicherweise schon selbstständig und gar nicht erst bei uns eingezogen.

Wir hatten Glück, dass das Haus samt Grundstück einer Erbengemeinschaft gehörte, die irgendwo in Westdeutschland wohnte und sich nicht um die Immobilie kümmerte. Ein Rechtsanwalt, der Teil dieser Erbengemeinschaft war und das Haus verwaltete, hatte offenbar Mitleid mit meiner Mutter. Er hat uns immer anständig behandelt. Anfang der sechziger Jahre stand meine Mutter vor der Wahl, das Haus zu kaufen oder samt ihren Kindern auf der Straße zu stehen. Der Garten, ihre wichtige Nebenerwerbsquelle, wäre damit auch verschwunden.

Typisch ostpreußischer Dickschädel, kaufte meine Mutter, obwohl sie es sich gar nicht leisten konnte. Beim Notar wusste sie nicht mal, ob sie nun das ganze oder nur einen Teil des Grundstücks mit erworben hatte. Sie traute sich aber nicht zu fragen, aus Angst, dass der Kaufpreis dann noch nach oben korrigiert worden wäre – ein Preis, der ihre Mittel ohnehin schon bei weitem überstieg.

Anette (links) und ich.

Zum Glück stellte sich später heraus, dass sie tatsächlich alles erworben hatte. So konnte sie die Hälfte weiterverkaufen. Das war typisch Hertha: Sie ging immer mit dem Kopf durch die Wand und hatte das unglaubliche Glück, dass im letzten Moment immer irgendwer die Wand wegzog. Sie war allerdings auch eine gute Geschäftsfrau, eine kühle Rechnerin, die unbedingt wenigstens einen kleinen gesellschaftlichen Aufstieg schaffen wollte.

Meine Vorfahren waren klassische Wirtschaftsflüchtlinge, wenn auch innerdeutsche damals, beseelt von dem starken Willen, ihr Leben nicht in relativer Unfreiheit zu verbringen. Für ihre Unabhängigkeit waren sie bereit, vieles aufzugeben, ohne zu wissen, was genau sie erwartete. Dieser Wille treibt die Menschen bis heute: Warum sonst laufen Afrikaner wochenlang durch die Wüste, um in rostigen Booten übers Mittelmeer in eine ungewisse Zukunft zu steuern? Sie riskieren ihr Leben, weil sie in die Freiheit wollen, dorthin, wo sie ihre Fähigkeiten einsetzen können.

Meine Mutter unterschied sich deutlich von den Flüchtlingen aus Ostpreußen, die mit den Trecks gekommen waren, die Hunger und Verjagtwerden erlebt hatten. Zurück in die alte Heimat? Das wäre Hertha nie in den Sinn gekommen. Der bis heute verbreiteten Ostpreußen-Nostalgie hing sie nicht an. Manchmal hat man ohnehin das Gefühl, dass diese Sehnsucht nach der einstigen Gutshof-Romantik eng korrespondiert mit dem früheren sozialen Prestige und der Größe der verlorenen Ländereien. Je mehr Hektar und Status man verloren hat, desto größer ist der Schmerz. Meine Mutter und ihre Familie hatten nichts verloren. Sie waren freiwillig fortgezogen; sie wollten weg aus ihrem armseligen Leben im Dorf bei den Gutsherren, wo es keinerlei Aussicht auf ein besseres, selbstbestimmtes Leben gab. Sie hatten ihre Freiheit gewonnen.

Die ostpreußische Herkunft war am deutlichsten in unserem Garten sichtbar, der an eine kleine Landwirtschaft erinnerte. Es gab Hühner, die zu großen Anlässen wie der Hochzeit meiner Schwester geschlachtet wurden. Wir hatten einen Schwung von 30 Küken termingerecht aufgezogen. Groß war die Begeisterung in der Nachbarschaft, als sich herausstellte, dass es überwiegend Hähne waren, die eines frühen Morgens alle gleichzeitig zu krähen begannen.

In den Ställen mümmelten Kaninchen, breite Erdbeerbeete waren angelegt worden, daneben wuchsen Kartoffeln und Salat. Große Obstbäume spendeten Schatten. Den Mist zum Düngen bezogen wir von der Trabrennbahn Mariendorf. Nur eines fehlte: eine Sonnenliege. Dieser Garten war für meine Mutter ein Arbeitsplatz und kein Naherholungsgebiet.

Wir Kinder wurden natürlich ständig zur Arbeit verdonnert, um die wir uns mehr oder weniger erfolgreich herumdrückten. Dass Hühner ohne Kopf herumrannten, weil sie nach der Hinrichtung ausgebüxt waren, schreckte mich ebenso wenig wie das geschlachtete Kaninchen, das ohne Fell vom Nagel tropfte. Meinen etwas zart besaiteten Bruder Stefan konnte ich, der Kleine, durch den ganzen Garten jagen, wenn ich mit einem abgehackten Hühnerfuß hinter ihm herlief. Zog man an der richtigen Sehne, bewegten sich sogar die Krallen. Stefan war ein Bulle von Kerl, aber er hatte das Gemüt einer Maus.

Derlei Späße hatten einen tieferen Sinn; sie dienten mir auch als Vorwärtsverteidigung. Denn es war bei uns nicht so, dass ich, das Nesthäkchen, nun dauernd in den Genuss übergroßer Herzenswärme gelangt wäre. Im Gegenteil: Ich musste mich von klein auf behaupten gegen zwei deutlich ältere Brüder, die ihre körperliche Übermacht gnadenlos ausnutzten, zumal meine Mutter tagsüber kaum zu Hause war.

Hans-Joachim, der Maler gelernt hatte, war zwar ausgezogen, aber nur zur Nachbarin nebenan. Ihm habe ich oft die Stullen geschmiert, weil er zu faul war. Aber dafür musste er bezahlen. Ich habe mir meine Brote immer selbst gemacht; ich wollte selbst entscheiden, was in welcher Dicke daraufkommt. Stefan, mein zweitältester Bruder, ging schon mit 16 aus dem Haus, nach Minden. Er wollte dort unbedingt eine Ausbildung zum Binnenschiffer machen. »MS Goldstück« hieß sein Kahn. Wir haben sehr darüber gelacht. Als er mal in Berlin lag mit seinem Goldstück, haben wir ihn natürlich alle besucht.

Was ich an meiner Familie immer geschätzt habe, war die unbändige Lust am Feiern. In meiner Erinnerung fügen sich die

Meine Mutter, ich und die Kinder belgischer Freunde.

vielen Familienfeste zu einer einzigen langen Kette des Trubels zusammen. Fast immer wurde sonntags bei uns im Garten getafelt. Mutters Kusinen kamen aus Wedding, jede brachte noch Freunde und Bekannte mit.

Meine Mutter hatte jeweils schon Tage vorher begonnen, Kuchen zu backen. Sonntags kümmerte sie sich hingebungsvoll um den gewaltigen Schweinebraten. Die Kruste schaffte es allerdings nie bis auf den Tisch. Wir Jungs vertilgten sie noch in der Küche, sehr zum Leidwesen der Köchin. Unsere Familienfeste liefen immer gleich ab: Es wurde viel geschmaust und noch mehr gelacht.

An Weihnachten bog sich der Baum vor Süßigkeiten, die wir natürlich heimlich nach und nach wegfutterten. Bei uns gab es keine Gans, sondern Truthahn. Manche Viecher waren so groß, dass sie kaum in unseren Ofen passten. An Heiligabend gab es Kartoffelsalat und Würstchen. Ich musste immer einen Anzug tragen, den ich schon im Geschäft nicht gemocht hatte. Es war also wie überall.

Meine Mutter hatte ein Faible für feine Tischwäsche. Damast musste es sein, die Servietten waren bestickt, ein Besteck von Drache aus Solingen hat sie sich ebenso zusammengespart wie das Service von Hutschenreuther. Wir haben nie in der Küche gegessen, sondern immer am Wohnzimmertisch. Das Essen wurde aufgetragen.

Früher fanden wir dieses Nachmachen eines großbürgerlichen Lebensstils etwas seltsam. Heute weiß ich, wie wichtig es für meine Mutter war. Das gemeinsame, fast feierliche Miteinander beim Essen war ihr tägliches Selbstversicherungs-Ritual. Hertha hatte es geschafft, sie war dem Frondienst entkommen, den Generationen unserer Familie vor ihr geleistet hatten.

Manchmal gingen wir sonntags sogar zum Essen aus. Ein ganzes Jahr lang versuchte meine Mutter, aus der sonntäglichen Plackerei in der Küche auszubrechen. Dann hatte sie für eine Weile erst einmal wieder genug von der Restaurantkost.

In meiner Kindheit gab es immer wieder Zeiten, in denen das Geld hinten und vorn nicht reichte. Meine Mutter verkaufte dann Teile unseres Grundstücks, das zum Glück mit den Wirtschaftswunderjahren beständig an Wert gewann. Trotzdem gab es Winter, in denen sie die Ölrechnung nur in Raten bezahlen konnte. Monatlich wurde ich zum Kohlenhändler geschickt, um ihm stolz einen 100-Mark-Schein zu überreichen oder aber kleinlaut zu fragen, ob er noch einmal anschreiben könne. Damals habe ich jene Art von Diplomatie gelernt, die mir als Politiker bis heute zugutekommt, auch wenn mancher Parteifreund das anders sehen dürfte. Der Kohlenhändler jedenfalls hat, wenn auch knurrend, immer in die Stundung eingewilligt, weil er wusste, dass Hertha die Rechnung bis zum nächsten Winter abstottern würde. Ich denke, er hatte einfach Mitleid mit uns.

Nach heutigen Maßstäben hätte die Familie Wowereit zum »Prekariat« gezählt, jener von den Wortkünstlern meiner Partei erfundenen Gesellschaftsschicht, deren richtigen Namen man nicht auszusprechen wagt. Prekariat meint: Unterschicht, kleine Malocher, Menschen, die nicht genau wissen, wie sie die nächsten Tage, Wochen, Jahre über die Runden kommen sollen, Berliner, die die Schaufenster vom KaDeWe bestaunen, aber nur selten in ihrem Leben den Mut aufbringen, ein Luxuskaufhaus zu betreten.

Ja, wir waren arm im Vergleich zu den Apothekern, Ärzten und Beamten, die in Lichtenrade wohnten. Aber die Unterschiede waren auch längst nicht so deutlich sichtbar wie heute. Es gab keinen Wettkampf der Markenklamotten, wie er heute auf vielen Schulhöfen üblich ist, es gab weder Handy noch anderes teures Spielzeug. Jeder hatte ein Fahrrad, ein paar Groschen Taschengeld, die Urlaubsziele befanden sich in Reichweite einer längeren Autofahrt. Wir lagen ökonomisch dicht beieinander, Neid oder Angeberei waren uns fremd.

Deswegen fühlte ich mich auch nicht arm oder unterprivilegiert, im Gegenteil: Meine Kindheit war glücklich, auch wenn ich die Sachen meiner Brüder aufgetragen habe und selbstgestrickte Pullover dazu. Wir fühlten uns bestimmt nicht prekär oder ausgegrenzt. Wir hatten ein Haus, genug zu essen und sogar ein Auto, den Opel P2 von Gustav. Und wir hatten uns.

Dass wir über die Runden kamen, hatte viel damit zu tun, dass meine Mutter mit Geld umgehen konnte. Sie war eine knallharte Ökonomin. Das hatte sie von ihrem ersten Mann gelernt, der aus einer Neuköllner Kohlenhändlerfamilie stammte. Als Herbert Grüner in den Krieg zog, hat meine Mutter den Laden praktisch allein weitergeführt. Aber mit den Grüners wurde sie nicht warm, und als ihr klar wurde, dass ihr Mann nicht zurückkommen würde, verabschiedete sie sich.

Mochten wir Wowereits aus Lichtenrade, gemessen an unserem Familieneinkommen, auch zum unteren Drittel gehören, so waren meine Mutter, meine Geschwister und ich doch immer überzeugt, dass es uns eines Tages besser gehen würde. Armut ist dann ein halbwegs erträglicher Zustand, wenn der Mensch die Aussicht und den Willen hat, sich daraus aus eigener Kraft zu befreien.

Manchmal wundere ich mich schon, wenn ich höre, wofür die Budgets der kleinen Leute heute so ausgegeben werden. Wenn man 80 Euro im Monat für Zigaretten ausgeben kann, noch mal so viel für Lotto und Alkohol, für Bezahl-TV, Tele-Shopping und Handy-Gebühren, dann frage ich mich, ob das, was wir manchmal Armut nennen, nicht auch ein wenig mit der verloren gegangenen Fähigkeit zu disziplinierter und mathematisch korrekter Haushaltsführung zu tun hat. Wer mit Geld nicht umgehen kann, dem ist mit einer Erhöhung der Sozialhilfe nur wenig gedient. Praktische Ökonomie sollte in der Schule viel umfassender gelehrt werden.

Die Armutsdebatte wird mir hier in Deutschland ohnehin viel zu oberflächlich geführt. Wirklich arm sind Menschen, die morgens nicht wissen, wie sie bis zum Abend ihre Kinder sattbekommen sollen, die kein Dach über dem Kopf haben, sondern bestenfalls Pappe oder eine löchrige Plane, die krank sind und keinerlei medizinische Versorgung erhalten, die keine Aussicht darauf haben, jemals menschenwürdig zu leben.

Diese existentielle Form der Armut ist in Deutschland selten. Hierzulande, vor allem in Berlin, haben wir es mit relativer Armut zu tun, mit Menschen, deren Haushaltseinkommen deutlich unter dem durchschnittlichen der Bevölkerung liegt, manchmal sogar unter dem Sozialhilfesatz. Im Vergleich zu den meisten anderen Ländern der Welt kämpfen unsere Armen nicht täglich um Leben und Tod, sondern eher um Menschenwürde und Teilnahme am gesellschaftlichen und kulturellen Leben.

Wer sich keine Kino- oder Theaterkarte leisten kann, vielleicht nicht mal eine anständige Tageszeitung, den führt die ökonomische Armut geradewegs in die kulturelle Armut. Menschen ziehen sich zurück und verabschieden sich leise aus der Gesellschaft. Sie haben ein Dach über dem Kopf, zu essen und ein Minimum an gesundheitlicher Versorgung, aber sie betrachten sich nicht mehr als Teil unseres demokratischen Gemeinwesens. Relativ arme Menschen in Deutschland fühlen sich als Außenseiter, diskriminiert, ausgegrenzt und abgehängt. Sie wählen nicht mehr, vereinsamen und entwickeln oftmals eine lähmende Depression.

Armut bedeutet auch das Verschwinden von Energien, die früher einmal vorhanden waren. Genau diese Lähmung ist es, die mir Sorgen bereitet. Ob wir diese Menschen mit politischen Maßnahmen, mit Gesetzen, Kürzungen oder Drohungen so einfach zurückgewinnen können, wage ich sehr zu bezweifeln. Unsere Aufgabe als Politiker ist es, Perspektiven und Wege aufzuzeigen, auf denen jeder, der will, sich hochrackern kann. Fleiß, Anstrengung und Willenskraft müssen sich lohnen.

Das gesellschaftliche Signal, gerade der Sozialdemokratie, muss lauten: Wir belohnen die, die mitmachen wollen. Dass Erfolge auf unseren Schulen und Universitäten so stark wie in kaum einem anderen westlichen Land von der sozialen Herkunft von Schülern und Studenten abhängig sind, ist für mich ein sehr viel alarmierenderes Signal der PISA-Studien als die Position in irgendeinem Ranking. Es wird Jahre dauern, bis wir die Voraussetzungen gerade in den Problemkiezen verbessert haben. Aber wir sind auf dem Weg. Ich setze große Hoffnungen in den neuen Bildungssenator Jürgen Zöllner, einen der profiliertesten Experten auf diesem Gebiet, den ich aus Rheinland-Pfalz nach Berlin geholt habe.

Ziel sozialdemokratischer Politik muss es sein, Aufstiegsmöglichkeiten zu organisieren für Menschen, die nach oben wollen. Darum haben wir in der SPD uns in den letzten Jahren bisweilen nicht energisch genug gekümmert. Wir haben den kleinen Leuten zu wenige Möglichkeiten aufgezeigt, wie sich Leistung für jeden lohnt, und zwar nicht nur ökonomisch, sondern auch durch Anerkennung und Respekt. Deswegen finde ich die mediale Mystifizierung der Proll-Kultur auch so verheerend. Es ist nicht erstrebenswert, möglichst träge herumzuhängen und blöde Sprüche zu klopfen. Dieses Signal ist einfach falsch.

Wie Motivation und Perspektive die Menschen verändern können, hat Muhammad Yunus bewiesen. Der Wirtschaftsfachmann aus Bangladesh hat vor 30 Jahren eine Bank gegründet, die Kleinstkredite an arme Menschen vergab. Der Erfolg war überwältigend. Insbesondere Frauen haben die bescheidene Kreditsumme genutzt, ein kleines Geschäft aufzubauen und damit ein regelmäßiges Einkommen zu sichern. Sie hatten plötzlich eine Perspektive.

Sieben Millionen Kunden hat die Grameen-Bank von Yunus bis heute gewonnen. Kapitalistische Prinzipien können eine große Kraft entfalten, wenn sie auf einer verlässlichen sozialen Basis ruhen. Das System der Mikrokredite ist in 40 Länder exportiert worden. Yunus hat für seine Verdienste um die Armutsbekämpfung 2006 den Friedensnobelpreis erhalten.

Eine Aufgabe unserer Politik muss es sein, ähnlich erfolgreiche Strategien zu entwickeln, die Menschen in Industriestaaten neue Motivation geben, indem sie Perspektiven aufzeigen. Wie viel in uns steckt, haben gerade die Berliner nach dem Krieg bewiesen. So wie meine Mutter haben sich viele aus kleinsten Verhältnissen Schritt für Schritt nach oben gekämpft oder zumindest ihren Lebensstandard merklich angehoben.

Selbst einen Abstieg in der gesellschaftlichen Hierarchie hat meine Mutter noch mit erhobenem Haupt weggesteckt. Sie war ja sehr stolz gewesen, dass sie es im Stadtbad Tempelhof zur Bademeisterin gebracht hatte, zu einer Respektsperson im Dienst Berlins. Tragischerweise entwickelte sie eine starke Allergie gegen Chlor und Reinigungsmittel, jene Chemikalien, mit denen Bademeister tagtäglich hantieren müssen. Ihre Hände sahen manchmal furchtbar aus. Es muss höllisch weh getan haben.

Eines Tages stellten ihre Vorgesetzten sie vor die Wahl: Rausschmiss oder Wechsel ins Gartenbauamt. Natürlich ist auch die Gärtnerei ein ehrbarer Beruf. Aber meine Mutter hat es als Diskriminierung empfunden. Da hatte sie es bis zur Bademeisterin gebracht, zu einer Respektsperson, und nun wurde sie auf ihre alten Tage wieder dorthin zurückgestuft, wo sie nach dem Krieg angefangen hatte – als Arbeiterin, die auf Knien in der Erde wühlen musste. Das war ein harter Schlag für sie.

Männer spielten im Leben meiner Mutter nie die zentrale Rolle. Sie hatte es früh gelernt, allein zurechtzukommen. Als Hausfrau und Mutter hat sie sich nie gesehen, das war allenfalls ein, wenn auch zeit- und vor allem kostenintensiver, Nebenjob. Meine Mutter war schon emanzipiert, als es das Wort noch gar nicht gab.

Unser Haus war meine Burg und der Garten mein tägliches Revier. Hier fühlte ich mich sicher und frei zugleich. Gut möglich, dass ich als Junge eine gewisse Dickschädeligkeit an den Tag gelegt habe, wenn es darum ging, dieses Haus zu verlassen. Ich sträubte mich erfolgreich gegen den Besuch des Horts in der Lutherstraße, wo ich mich eingeengt fühlte. Schweigend verließ ich den Kindergarten, nachdem mir die pädagogische Fachkraft dort eine Backpfeife gegeben hatte. Alle suchten mich, dabei war ich nur nach Hause gegangen.

Schon früh hatte ich ein Fahrrad und lernte es, auf mich selbst aufzupassen. Meine Selbstständigkeit war mir schon damals wichtig, auch ökonomisch. Vor der Schule habe ich vom Flaschenpfand Lakritz gekauft, auch beim Aushandeln des Taschengeldes muss ich ziemlich ausdauernd gewesen sein. Kurzfristige Engpässe wurden mit einem Zwischenkredit meiner Oma überbrückt, die praktischerweise fast immer vergaß, Zins und Tilgung einzufordern.

Als Junge war ich immer scharf auf Coca-Cola. Aber die war bei uns streng rationiert. Meine Oma war großzügiger, wenn auch unfreiwillig. Sie versteckte die Flasche, meist im Backofen. Ich habe sie natürlich gefunden. Wenn ich nachmittags allein daheim war, habe ich beachtliche Mengen Sahnebonbons in der Pfanne hergestellt. Das makrobiotische Diktat existierte damals zum Glück noch nicht. Manchmal war mein älterer Bruder Achim daheim, der sich allerdings kaum um mich kümmerte. Er hatte nur Fußball im Kopf. Er drehte Fernseher oder Radio bis zum Anschlag auf, so dass das ganze Haus mithören musste. Tragischerweise hielt er sich auch noch für ein großes Moderatoren-Talent und kommentierte jede Bewegung auf dem Spielfeld lauthals mit. Wir anderen fanden, dass er auf vielen Gebieten begabt war, aber nicht als Fußballkommentator.

Die Erziehungsprinzipien meiner Mutter beruhten auf zuverlässiger Widersprüchlichkeit. War ich zu Hause, musste ich pünktlich um acht Uhr ins Bett. War ich allerdings unterwegs, durfte ich immer länger aufbleiben, auch in der Woche. Bei Feten gab es Ausgang bis Mitternacht.

Meine Mutter hielt jede Art von Feier nicht für ein bloßes Vergnügen, sondern für ein wichtiges soziales Ereignis, an dem man teilzunehmen hatte. Man traf Freunde und Bekannte, schwatzte hier, lauschte dort, pflegte Kontakte, zeigte durch seine Anwesenheit Wertschätzung für den Gastgeber. Feiern, so lernte ich früh, waren gesellschaftlich relevante Termine; Nichterscheinen galt als grobe Unhöflichkeit. So halte ich es bis heute.

Wenn ich abends zu Hause war, zeigte meine Mutter dagegen bemerkenswerte Strenge. Fernsehen war uns Kleineren am Abend streng verboten; wir hatten uns ins Bett zu verziehen. Natürlich ließen mir die Krimis und Shows keine Ruhe. Ich musste einfach wissen, was da mit Peter Frankenfeld und Hans-Joachim Kulenkampff und Theo Lingen vor sich ging. Also ließ ich die Durchreiche zur Küche einen Spalt weit offen stehen, zu schmal, um aufzufallen, aber breit genug, um von dort halbwegs bequem den Fernseher zu beobachten. Wenn sich jemand näherte, war ich wie der Blitz verschwunden, kauerte unter der Treppe, bis die Luft rein war, und guckte weiter.

Fernsehen war meine Lieblingsbeschäftigung. Die Durbridge-Krimis konkurrierten mit denen von Edgar Wallace um den wunderbarsten Grusel. Als in *Bande des Schreckens* plötzlich die Hand aus dem Nichts kam und eine angsterfüllte Elisabeth Flickenschildt würgte, habe ich mir vor Schreck fast in die Hose gemacht. Ich habe eigentlich alles geguckt. Für die Boxkämpfe von Muhammad Ali ist unsere ganze Familie damals mitten in der Nacht aufgestanden. Das würde ich heute kaum noch tun. Ich habe die Mondlandung und all die anderen Raumfahrt-Berichte aus Cape Canaveral aufgesogen, aber auch die absonderlichste Sportübertragung verfolgt: Springreiten in Aachen, Military in Lohmühlen, Rudern auf dem Rothsee, Bobfahren, Handball und natürlich Eishockey, bevorzugt Tschechoslowakei gegen UdSSR.

Bis heute bin ich TV-Freak, Spezialgebiet Serien. Leider fehlt mir die Zeit. Wann immer es möglich ist, gucke ich am Sonntag die *Lindenstraße*. Es ist faszinierend, wie man mit so einem Format wächst. Da wird nichts ausgelassen, ob es um Aids geht, um neonazistische Umtriebe oder die Flutkatastrophe. So transportiert man nicht nur Themen, sondern auch Haltungen in breite Kreise der Bevölkerung ohne oberlehrerhaft daherzukommen. Die *Lindenstraße*-Macher haben alle Ehrungen dieses Landes verdient für einen kulturellen Beitrag.

Zu den unumstößlichen Prinzipien unserer Familie gehörte die samstägliche Komplettreinigung. Mit Holz wurde der Badeofen geheizt, dann sprangen wir der Reihe nach in die Wanne. Anders als in vielen Familien haben wir übrigens zwischendurch das Wasser gewechselt. So viel Luxus musste sein. Sonntags schließlich haben wir uns grundsätzlich fein gemacht, auch wenn wir keine Kirchgänger waren.

Mein Glaube an einen gerechten Gott war früh erschüttert worden. Denn das Fahrrad, das ich zum Geburtstag geschenkt bekommen hatte und mit dem ich voller Stolz durch Lichtenrade kurvte, war eines Tages geklaut worden, während ich im Kommunionsunterricht hockte. Da war ich nun schon ein vorbildlicher Christ und lernte Psalmen und wurde trotzdem Opfer eines niederträchtigen kriminellen Aktes.

Mein Vertrauen in die Kirche wurde, zumindest vorübergehend, wiederhergestellt, weil Monsignore Lütkehaus doch tatsächlich Geld für ein neues Rad aufgebracht hatte. Diesen Pfarrer liebte ich. Er war wie Don Camillo. Wenn er mit seinem imposanten Opel Kapitän durch Lichtenrade kurvte, tat man gut daran, zur Seite zu springen. Auf seiner Hutablage lag ein Pudel, der wegen der Fahrweise seines Herrn an einem permanenten Schleudertrauma litt. Monsignore, so erzählte man sich im Dorf, soll einen flotten Lebensstil geführt haben. Doch er achtete immer auch auf seine Herde. Monsignore Lütkehaus baute neben der Salvator-Kirche das Christopherus-Krankenhaus aus, damals die modernste Kinderklinik Europas.

Sonntags setzten wir Kinder alles daran, den Familienausflug zu einer fröhlichen Katastrophe werden zu lassen. Ein Klassiker war der Besuch der Grünen Woche. Meine Mutter war schon früh aufgestanden und hatte Schrippen geschmiert für die ganze Bande, um die Verpflegungskosten einigermaßen überschaubar zu halten. Einer von uns fing dann natürlich an zu quengeln, dass er keine Schrippen wolle, sondern die köstlich duftenden Hähnchen, die auf der Grünen Woche ihre Runden am Grillspieß drehten. Meine Mutter weigerte sich, wir Kinder meuterten immer lauter. Es waren ausdauernde Widerstandskämpfe, die uns allen viel besser im Gedächtnis geblieben sind als die Trecker und Tiere in den Messehallen.

Irgendwann brach der Verteidigungswille meiner Mutter. Wahrscheinlich hatte sie Angst, dass wir verhungern würden, weil wir uns so standhaft weigerten, die Schrippen anzurühren. Oder das laute Gequengel war ihr einfach nur peinlich. Jedenfalls landeten wir am Ende immer bei Aschinger und waren die glücklichsten Kinder der Welt. Dass meine Mutter nun insgeheim nachrechnen musste, wie sie über die nächste Woche kommen würde mit ihrem knappen Budget, war uns herzlich egal.

Nicht nur, wenn es um Hähnchen ging, war unser Mitgefühl grausam unterentwickelt. Wir konnten auch sonst ziemlich garstig zueinander sein. Das vorwurfsvolle Schweigen zum Beispiel hatte meine Familie bis zur Meisterschaft kultiviert. Offene Aussprachen waren eher unüblich, physische Gewalt als Mittel der Konfliktlösung glücklicherweise auch.

Nur ein einziges Mal hat meine Mutter, wahrscheinlich völlig zu Recht, versucht, mich mit einem Kochlöffel zu versohlen. Natürlich schrie ich schon vorher wie am Spieß. Als der Holzlöffel beim ersten Schlag auch noch zerbrach, erschrak meine Mutter über sich selbst. Sie hat nie wieder versucht, mich zu züchtigen, auch wenn sie manches Mal sicher Lust dazu gehabt hätte.

Das Schweigen als Konfliktlösungsstrategie erscheint mir in der Rückschau mindestens so unbarmherzig wie Prügel. Am schlimmsten war es zwischen mir und Gustav. Als Kind merkte ich genau, wie ich meinem Stiefvater durch möglichst langes Nicht-Reden das Gefühl vermitteln konnte, dass er nicht dazugehörte. Ich war von herzloser Ausdauer, wenn es darum ging, den ersten Schritt zur Versöhnung zu verweigern, und steigerte mich in eine durch eisiges Schweigen bezeugte Ablehnung hinein.

Bis heute kann ich Ärger und Wut geduldig im Stillen nähren. Dabei sagt man meinem Sternzeichen Waage doch ein ausgeprägtes Harmoniebedürfnis nach. Das mag widersprüchlich klingen, passt aber zusammen. Wer immer meine Vorstellungen von Harmonie stört, der muss mit Schweigen rechnen, später auch mit Zorn. Das mag nicht immer gerecht sein. Aber es liegt nun mal in den Genen.

Mein Aktionsradius wuchs konstant mit meinem Alter. Bald war mir die Lichtenrader Bahnhofstraße vertraut, wo wir unsere Einkäufe machten. Mit dem Rad erkundete ich nach und nach die weitere Umgebung, wo es geheimnisvolle Orte gab.

Wir haben Höhlen und Buden gebaut, oft auf dem verwilderten Gelände eines ehemaligen Zwangsarbeiterlagers. Der Krieg erschien uns unendlich lang zurückzuliegen.

Um vornehm zu shoppen oder aufregende Schaufenster zu sehen, musste man schon mit Bus und Straßenbahn bis nach Steglitz in die Schloßstrasse fahren. Auch wenn wir uns als Berliner fühlten, waren Ku'damm und Tauentzien doch eine andere Welt für uns, die wir allerdings immer wieder gern besuchten. In Lichtenrade gab es das Kino Roma, das für mich den Mittelpunkt der Unterhaltungsindustrie darstellte; die Konkurrenz in Mariendorf hieß Mali. Dort habe ich mit größtem Vergnügen alle möglichen Sandalenfilme angeschaut, die meisten lagen qualitativ noch deutlich unter *Ben Hur*.

Der Held jener Jahre hieß Bubi Scholz, Sohn eines Schmiedes am Prenzlauer Berg. Dass er 1962 den Box-WM-Kampf gegen Harold Johnson verlor, war ein kleines Drama. Bubi Scholz war ein Berliner Nationalheiligtum. Sein Absturz, der Mitte der sechziger Jahre begann und seinen Anfang in dieser Niederlage 1962 genommen hatte, hielt die Stadt für Jahrzehnte in Atem.

Es waren die Jahre der großen Namen, des Glamours. Unsere Nachbarin Dorothea, genannt Retty, war wie eine große Schwester zu mir und nahm mich zu allen möglichen gesellschaftlichen Veranstaltungen mit. Als Queen Elizabeth II. die Stadt besuchte, trug ich pflichtgemäß ein Plakat, auf dem »Welcome to the Queen« stand. Ich fühlte mich sehr wichtig und staatstragend damit.

Als John F. Kennedy am 26. Juni 1963 nach Berlin kam, war ich natürlich auch dabei. Fünf Monate später drang die Nachricht vom Attentat auf Kennedy bis in unsere Grundschule. Es hing eine tiefe Trauer über Deutschland, besonders über Berlin, und diese Trauer ergriff auch uns Kinder. Wir spürten, dass et-

„Für eine Eins hätte ich nicht gestrampelt"

KLAUS WOWEREIT, 50, REGIERENDER BÜRGERMEISTER VON BERLIN

Ein übertrieben strebsamer Schüler war ich nicht, wie ich schon der Zeitschrift Brigitte *gegenüber bekannt habe.*

was Schreckliches passiert war, das massiv auf jedermanns Stimmung drückte.

Ich bin immer gern zur Schule gegangen, auch deswegen, weil ich nie Probleme hatte. Zu unserer Clique gehörten die Söhne eines Apothekers, eines Lehrers und des Feinkosthändlers. Wir hingen ständig zusammen und heckten irgendwelche Dummheiten aus. Mit dem Ende der Grundschule hat sich diese Runde leider aufgelöst.

47

Ich war kein Streber, aber auch nie abstiegsbedroht. Früh eignete ich mir eine ökonomische Arbeitsweise an. Ich tat das Nötige, aber nur selten mehr. Nur das Schönschreiben bereitete mir ernsthafte Probleme. In der 2. Klasse wurde ich, der Linkshänder, gezwungen, mit der rechten Hand zu schreiben. Das Ergebnis war, wie nicht anders zu erwarten, eine ziemliche Schmiererei im Heft. Nur knapp segelte ich an einer Fünf vorbei.

Rechnen wiederum war mein Paradefach, was sicher damit zu tun hatte, dass bei uns zu Hause immer gerechnet werden musste. Wer mit knappen Ressourcen auskommen muss, entwickelt sich zwangsläufig zu einem ordentlichen Alltagsmathematiker. Bis heute macht es mir Spaß, in Haushaltsberatungen aufzupassen, wer in seinen Etats womöglich etwas verstecken oder verschleiern will, oft zum Leidwesen meiner Senatoren.

Das Kulturverständnis unserer Familie entsprach wohl dem der bundesdeutschen Mehrheit. Meine Mutter las mit größter Hingabe Groschenromane. Ich selbst war leider nie ein großer Bücherwurm. Immerhin besuchte ich regelmäßig die kleine Bibliothek neben meiner Grundschule, um mir einen Krimi oder einen Karl-May-Band auszuleihen. Musik kam bei uns aus dem Radio, der Fernseher lief ununterbrochen.

Viel spannender als Indianerbücher fand ich die Stammesrituale meiner Brüder. Wenn sie sich aus der blauen Tube große Mengen einer Brillantine namens »Fit« in die Haare schmierten und ihre Schmalztolle zurechtbastelten, dann wusste ich nie genau, ob ich das nun bewundern oder verabscheuen sollte. Aber aufregend war es allemal, wie sie sich ihre schmalen Krawatten umknoteten, in die spitzen Schuhe stiegen und zu merkwürdiger Musik noch merkwürdigere Verrenkungen vollführten.

Ich glaube, ich fand sie am Ende eher bescheuert. Es lag eben doch fast eine Generation zwischen uns. Meine Brüder standen der Rockabilly-Kultur nahe, meine Einstiegsdroge waren die Beatles. Das war eine ganz neue Zeit, ein ganz anderer Stil. Elvis und Bill Haley gehörten eindeutig zur Nachkriegskultur, während die neue coole Beat-Musik die heraufziehenden gesellschaftlichen Veränderungen ankündigte.

Dass die Beatles 1962 im Hamburger Star-Klub auftraten, ist mir allerdings mehr als Mythos denn als konkretes Ereignis in Erinnerung. Auch meine älteren Brüder konnten sich dem Fieber nicht entziehen. Eines Tages lag die Rockabilly-Verkleidung in der Ecke, fortan tobte der Glaubenskrieg Beatles gegen Rolling Stones durch unsere Familie, wobei ich mich auf die Seite von Paul McCartney und John Lennon schlug. Die Wandlungsfähigkeit der Beatles mit dem stillen Peacenik John Lennon hatte für mich eine sehr viel größere subversive Sprengkraft, die die großen gesellschaftlichen Veränderungen ankündigte, die da bald kommen sollten. Abgesehen davon gefiel mir die Musik einfach besser. Die Stones hatten für mich spätestens bei ihrem Auftritt im September 1965 verloren, als aufgepeitschte Fans der Band die Waldbühne zerlegten, was für sieben Jahre zur Schließung einer der wunderbarsten Freiluft-Arenen der Welt führte.

Von den nahenden Umwälzungen der Achtundsechziger war in der Bruno H. Bürgel-Grundschule nicht viel zu spüren. Lehrer Bickert, der zu Weihnachten unter Zucken und Schmatzen immer den italienischen Pinocchio während des Rezitierens ins Deutsche übersetzte, habe einen »Kriegsschaden«, wurde an der Schule gemunkelt. Dieser Zweite Weltkrieg kam uns Kindern allerdings so unwirklich vor wie ein grausames Märchen. Anfang der sechziger Jahre blühte es überall; unter Krieg konnten wir uns wenig vorstellen. Es herrschte Aufbruchsstimmung allerorten, die Gewissheit, dass alles besser, moderner, menschenwürdiger werden würde. Wir glaubten an die Zukunft.

Eine Berliner Jugend:
Knutschen und Mitbestimmung

Nights in white Satin und Tanzschule – Buxtehuder Modell und Proteste – Willy Brandt gegen Franz-Josef Strauß – Dubček gegen die Russen – Oswald Kolle und die sieben Phalli – Familiendramen

»Die Hälfte der Schüler kam zerrissen und mit langen Haaren
in die Schule und krabbelte barfuß über Bänke und Tische.
Aber er sah immer ordentlich aus.«

Wowereits Lehrer Klaus Podlowski

Selbst durch unser beschauliches Lichtenrade zogen sich große gesellschaftliche Hürden und tiefe soziale Gräben. Als Kind ist man weitgehend immun gegen diese Unterscheidungen. Umso härter traf es mich, dass ich nach der Grundschule aussortiert werden sollte, ganz offenkundig aus Status-Gründen. Als es um den Wechsel auf die weiterführende Schule ging, hatten mir die Lehrer nach der 6. Klasse nur eine Empfehlung für die Realschule gegeben, obwohl meine Leistungen gut genug fürs Gymnasium waren. Und da wollte ich auch hin, als Erster in unserer Familie.

Aber ein Lehrer sagte herablassend: »Deine Mutter ist doch nur Arbeiterin, das schaffste doch sowieso nicht.« Zuerst verstand ich den Zusammenhang nicht. Erst langsam begriff ich, dass »gut genug fürs Gymnasium« offenbar nicht nur die Leistung, sondern auch den sozialen Stand meinte, die Klamotten, die Herkunft, das Auto – Prestige eben.

Meine Mutter tobte. Jetzt erst recht, sagte Hertha sich. »Ist doch egal, ob die anderen Kinder von Apothekern oder Kaufleuten sind«, sagte sie. »Ich mache eben den Dreck dieser Leute weg. Das ist auch wichtig. Wenn du willst, dann gehst du auch aufs Gymnasium. Wir werden das schon schaffen.« Ihr Selbstbewusstsein in allen Ehren. Aber die erste Zeit auf der Ulrich-von-Hutten-Oberschule fühlte ich mich trotzdem unwohl und ständig beobachtet.

Es dauerte aber nicht lange, bis ich mir meinen Platz in der Klasse erkämpft hatte. Zum stillen Außenseiter war ich nicht geboren. Meine Klasse im Gymnasium erwies sich als Gemeinschaft von wohltuender Normalität. Aus allen ist etwas geworden; mit meinem Amt rage ich da als Einziger etwas heraus. Aber das lässt mich keiner von ihnen spüren. Für mich war es völlig selbstverständlich, unsere Jubiläumsfeier zum 10. Jahrestag unseres Abiturs zu organisieren. Wenn man neun Jahre lang jeden Tag zusammenhockt, dann ist es egal, was die Leute nach ihrer Schulzeit machen. Jeder behält den anderen doch immer als Schüler in Erinnerung.

Auch wenn ich vielleicht nicht ins soziale Gefüge der Klasse passte, so verschaffte ich mir Respekt, weil ich mir nie etwas gefallen ließ. Von meiner Mutter habe ich die Zähigkeit und Ausdauer geerbt, der tägliche Kleinkrieg mit meinen deutlich älteren Brüdern hatte mich zusätzlich abgehärtet. Bei ihnen hatte ich gelernt, einzustecken, ohne zu kuschen. Mochte die erste Ohrfeige noch weh tun, erwachte spätestens mit der zweiten mein Kampfgeist, der bei der dritten nicht nachließ, sondern noch stärker wurde. Was mir zusätzlich Respekt in der Klasse verschaffte, war der Umstand, dass ich mich weigerte, Ungerechtigkeiten zu akzeptieren. So gehörte ich schnell zum *inner circle*.

Mein Ansehen schoss immens in die Höhe, als sich unter den Mitschülern herumsprach, dass es bei Wowereits einen Partykeller gab, aber keine überbehütenden Eltern, die neugierig umherscharwenzelten. Mein Bruder Stefan, der Binnenschiffer, hatte den Raum mit viel Hingabe ausgebaut und mit maritimen Accessoires dekoriert: Steuerrad, Positionslampen und penibel geschmirgelte Bierfässer als Sitzgelegenheiten boten uns Teenagern eine Kulisse, die nach Abenteuer aussah und einen Hauch Verruchtheit verströmte. Stefans handwerklichem Geschick war es zu verdanken, dass ich die verdiente Anerkennung meiner Klasse bekam, weil ich partytechnisch mithalten konnte.

Wenn bei Schwarzlicht *Nights in White Satin* von den Moody Blues erklang, ein Schmusesong der allerbesten Sorte, geriet auch der feinste Anwaltsspross in Wallung. Der Gastgeber sowieso, vor allem bei Sabine. Wir haben geknutscht, bis uns schwindelig war. Unsere Auftritte waren legendär. Sabine hat sogar ihren Geburtstag bei uns gefeiert, es ging bis tief in die Nacht. Weil meine Mutter wegen der lauten Musik nicht schlafen konnte, stand sie plötzlich im Partykeller und befahl: »Sabine, du gehst jetzt.«

Doch Sabine entgegnete nur: »Nee.«

Meine Mutter befahl: »Klaus, du bringst Sabine jetzt nach Hause.«

Sabine meuterte: »Ich bleibe.«

Am Ende hat meine Mutter dann doch gewonnen.

Die Konkurrenzveranstaltungen fanden im katholischen Gemeindehaus statt, wo gleichfalls entfesselt geknutscht wurde.

Es waren Protestanten dabei, eigentlich die halbe Schule. Dass dort immer wieder *Je t'aime* aufgelegt wurde, woraufhin wie auf Kommando das Licht ausfiel, war garantiert nicht im Sinne des Vatikans. Wir hatten einen sehr aufgeschlossenen Kaplan. Die Blues-Phase war die entscheidende bei jeder Fete. Letztlich wartete jeder nur darauf, dass das Licht endlich erlosch. Wir wollten an die Körper, das war ja gesellschaftlich verordnete Pflicht im Zuge der ganzen sexuellen Revolution. Und Spaß gemacht hat es auch. Es war eine interessante Spielart von »Jugend forscht«.

Wenn wir nicht feierten, gingen wir zum Sport, meist zum Rudern an den Kleinen Wannsee. Rudern ist ein faszinierender Sport, zumal im Sommer in Berlin. Doch wenn es richtig zur Sache geht, hat man für die Sonne und das Ufer und all die schönen Dinge keinen Blick mehr. Die Arme schmerzen, die Beine auch, und die verdammten Riemen scheinen Tonnen zu wiegen. Am schlimmsten ist es, wenn man »einen Krebs fängt«, wie die Ruderer sagen, also das Blatt gleichsam im Wasser stecken bleibt. Aber aufgeben gilt nicht. Denn den anderen im Boot geht es genauso. Keiner will sich hängen lassen. Im Ruderboot entwickelt man Teamgeist und die Bereitschaft, sich für eine gemeinsame Sache zu schinden. Wahrscheinlich sollte die Führungsspitze der SPD mal ein 14-tägiges Ruderseminar absolvieren.

Wenig später habe ich dann den Umgang mit Frauen systematisiert. Ich besuchte eine Tanzschule, die »Für Sie« hieß und im zweiten Stock eines Altbaus am Ku'Damm lag. Wie es der Zufall will, wohne ich heute genau in diesem Haus, nur zwei Etagen weiter oben. Der Täter kehrt halt immer an den Tatort zurück.

Es mag der unterbewusste Kampf um Anerkennung gewesen sein, der mich früh dazu trieb, Ämter und Posten in der

Schule zu übernehmen. In der 8. Klasse wurde ich zum Klassensprecher gewählt. Um dieses Amt hatte ich mich nicht gerissen, hatte aber auch keine Probleme, Verantwortung zu tragen. Einer musste es ja machen. In den nächsten beiden Klassenstufen war ich Mitglied einer Planungsgruppe zu unserer Schulreform.

Die Demokratisierungsbemühungen der Schülerschaft waren immens. Wenn ich mir heute die Mitmach-Bereitschaft der Schüler anschaue, dann habe ich manchmal das Gefühl, dass es sehr viel einfacher und auch spannender ist, für eine Erweiterung seiner Rechte zu kämpfen, so wie wir damals, als sie im alltäglichen Kleinklein in praktisches Handeln umzusetzen. Wir alle waren politisiert; die Schülerorganisationen der Parteien spielten allerdings keine große Rolle.

Es waren die Jahre der Bildungsreformer. Auch unsere Schule sollte neu geordnet werden, nach dem Buxtehuder Modell. Am Halepaghen-Gymnasium in Buxtehude wurde erprobt, die Oberstufen von Klassen auf das Kurssystem umzustellen. Das Modell gewährte den Schülern große Wahlfreiheit. Zudem wurde in Buxtehude ein Gremium entwickelt, der so genannte Gemeinsame Ausschuss, der sich von einer zwanglosen Gesprächsrunde zu einem verbindlichen Organ entwickelte und seither als exemplarisch für das Ideal einer demokratischen Schule angesehen wird. Dieser Gemeinsame Ausschuss setzt sich paritätisch aus gewählten Vertretern der Schülerschaft, der Eltern und des Kollegiums zusammen. Er trifft wichtige Entscheidungen, die den Schulalltag betreffen, diskutiert Probleme und erarbeitet im Idealfall Lösungen, denen alle drei Parteien zustimmen können.

Damals entstand das bis heute gebräuchliche Kursmodell für die Oberstufe. Nicht nur der Bedarf, auch die Lust an Mitbestimmung war gewaltig. Es machte mir großen Spaß, in der Planungsgruppe mitzuarbeiten. Die Gewissheit, als Schüler an Entscheidungen mitwirken zu können, war neu und ungewohnt. Wir fühlten uns wichtig und ernst genommen.

Mag die Oberstufenreform in bürgerlichen Kreisen auch als der Anfang vom Untergang des Abendlandes angesehen werden, so brachte die Zeit damals auch eine Menge Gutes hervor. Uns Schülern wurde Verantwortung zugemutet; wir wurden nicht mehr als unmündige Kadetten behandelt wie noch von der Kriegsgeneration, die uns als Pädagogen vorgesetzt worden war.

Meine Politisierung als Jugendlicher fand also auf praktischem Gebiet statt, in Gremien, Verhandlungsrunden und Planungsgruppen, in denen wir uns vor allem um unsere ureigensten Belange kümmerten. Wie fast alle Schüler damals trieb uns die Weltpolitik gleichfalls um. Wir bekamen natürlich die Vorgänge in Prag mit, die 1968 zum Ende der Reformpolitik von Alexander Dubček führten. Aber der Einmarsch von Truppen des Warschauer Paktes in Prag machte uns keine Angst. Walter Ulbricht war eher eine komische Figur, auch der Auftritt von Chruschtschow bei den Vereinten Nationen, als er mit dem Schuh aufs Rednerpult hämmerte, kam uns eher bizarr vor.

Obwohl wir in Berlin saßen, inmitten des Feindeslandes, fühlte ich mich nicht unsicher. Dass wir hier in Berlin jemals von sowjetischen Panzern überrollt werden könnten, wollte uns nicht in den Sinn. Wir hatten ein stabiles, womöglich etwas naives Grundvertrauen in die große, starke Stadt und ihre Freunde aus Amerika. Wer in Berlin Angst hatte, der blieb nicht lange, sondern machte sich auf in den Westen. Wer wie ich mit der Mauer groß geworden war, der verspürte keine Angst, sondern kultivierte eher Gelassenheit.

Zwei Idole meiner Jugend: John F. Kennedy (hinten) und Willy Brandt (Mitte). Rechts: Konrad Adenauer.

Vor allem Willy Brandt verströmte ein unglaubliches Grundvertrauen. Er war der deutsche Kennedy, für uns Jungendlichen der Inbegriff von Modernität, von Aufbruch und Coolness. Brandt war der Prototyp des politischen Popstars, der die Menschen mitriss.

Die Bereitschaft, sich mitreißen zu lassen, war damals allerdings auch ungleich größer als gegenwärtig. Einer wie Brandt hätte es heute ungleich schwerer. Die Skepsis der Menschen ist sehr viel ausgeprägter, die Bereitschaft zum bedingungslosen Jubel hat abgenommen. Das Verhältnis zwischen Politik und

Bürger ist kritischer geworden, kühler, misstrauischer. Ich beklage das nicht, gebe aber zu bedenken, dass manche Anforderungen, die an uns Volksvertreter gestellt werden, schier unmöglich zu erfüllen sind.

Keine Berufsgruppe wird dermaßen akribisch durchleuchtet, bewertet und verurteilt wie die der Politiker. Tag für Tag müssen wir jede Kleinigkeit erklären und rechtfertigen. Das ist auch richtig so. Schließlich hantieren wir mit dem Geld der Bürger und mit ihrem Vertrauen. Mich würde allerdings sehr interessieren, wie es Wirtschaftsbosse, Anwälte, Ärzte, Immobilienmakler oder Journalisten fänden, wenn man ihnen bei der Ausübung ihres Berufs praktisch ununterbrochen auf die Finger schaute und nahezu jedes Blatt Papier, das auf ihrem Schreibtisch liegt, öffentlich diskutieren würde.

Ich glaube nicht, dass Politiker bessere Menschen sind als der Durchschnitt der deutschen Bevölkerung. Ich bin mir allerdings auch sicher, dass sie nicht schlechter arbeiten. Sie stehen einfach nur unter permanenter Beobachtung. Und weil Pleiten, Pech und Pannen natürlich viel spannender sind als die Erfolge, ist in Deutschland über die Jahre hin dieses Bild vom Politiker als Dauerversager entstanden.

Kein Wunder, dass nur noch wenige junge Menschen Lust haben, sich politisch zu engagieren. Das mag einerseits an der Bezahlung liegen, die ich allerdings als gar nicht so schlecht empfinde wie viele andere. Vor allem aber liegen die Nachwuchsprobleme der Politik an dem verheerenden Sozialprestige: Junge Menschen wollen nicht nur Geld verdienen, sondern vor allem Anerkennung. Die aber gewinnt man als Politiker derzeit nicht. Wer die Politik als dauernde Abfolge von Fehlleistungen und Katastrophen darstellt, darf sich über Nachwuchsprobleme nicht wundern. Das eine bedingt das andere.

Wenn die Hauptschule die Resteschule ist, dann müssen wir aufpassen, dass die Politik nicht zum Restejob wird. Der höhnische Ton, mit dem etwa Friedrich Merz über den Bundestag spricht, entblößt sehr viel Verachtung seitens der Wirtschaftselite für demokratische Prozesse. Eines Tages treffen sich in Parlamenten nur noch die, die es woanders nicht geschafft haben. Und wer noch was will im Leben, der sieht zu, dass er möglichst bald die Kurve bekommt.

Ich bekenne mich zu einer gewissen Wehmut, wenn ich an Willy Brandt zurückdenke. Er war in meiner Kindheit und Jugend sehr präsent. Als Regierender Bürgermeister von Berlin verkörperte er diese eigene Mischung aus Melancholie und Optimismus, aus Zähigkeit, Ernsthaftigkeit und Lebensfreude.

Brandt hatte Charisma, er war so vertrauenswürdig, dass ich ihm bedenkenlos mein Erspartes anvertraut hätte. Ich bin mir nicht sicher, ob Typen wie Brandt oder Kennedy im medialen Dauerfeuer unserer Tage jemals zu diesen Lichtgestalten hätten wachsen können, die sie für uns darstellten. Natürlich wurde manches verklärt damals und vor allem einiges weggelassen.

Willy Brandt war ein typischer Generationen-Politiker, einer, dem man sich kulturell verbunden fühlte. Der Gegenentwurf war Franz-Josef Strauß. Dieser polternde Bayer mochte hochintelligent sein, aber er war eben auch der Typus Politiker, für den man sich schämte. Dieses Grobe und Verletzende, dieses alles Niederwalzende in Verbindung mit einem sizilianischen Politikverständnis war für uns der Inbegriff von konservativem Muff.

Auch der Zauber von Ludwig Erhard hat sich mir nie erschlossen. Dicke, bräsige Männer mit Zigarre, die Allgemeinplätze von sich gaben, waren in den sechziger Jahren bereits Symbolfiguren eines überkommenen Nachkriegs-Deutschlands, die Mercedes fuhren, Pepita-Hüte trugen und Marschmusik pfiffen. Auch Helmut Schmidt war keine Identifikationsfigur; der von ihm vertretene Nato-Doppelbeschluss passte nicht zur Politik der SPD.

Der einfachste Politiker-Test besteht bis heute aus zwei Fragen: Von wem fühlt man sich im Ausland würdig repräsentiert? Von wem würde man einen Gebrauchtwagen kaufen? Klarer Sieger bis heute: Willy Brandt. Dass ich Brandt jemals im Amt des Regierenden Bürgermeisters nachfolgen würde, lag für mich außerhalb jeglicher Phantasie. An eine politische Karriere dachte ich nicht. Ich war eher ein praktischer Typ ohne große Zukunftspläne und radikale politische Ziele.

Mir ging es vielmehr darum, unsere täglichen Schulprobleme zu lösen. In der paritätisch besetzten Planungsgruppe zur Oberstufenreform mühte ich mich um konstruktive Mitarbeit, was nicht immer leicht war in jenen Zeiten, da jede Debatte unverzüglich in einen ermüdenden Stellungskrieg der unversöhnlichen Positionen abzugleiten drohte.

Natürlich stand ich immer ein bisschen links von der Mitte, aber nie so verbissen, dass ich mich verkämpft hätte. Rechthabereien können ganz unterhaltsam sein, führen aber selten zu Ergebnissen, auch das hatte ich von zu Hause mitbekommen: Bei aller Dickköpfigkeit, die unsere Familie auszeichnete, ging es am Ende immer darum, zu einem Ergebnis zu kommen. Und das war fast immer ein Kompromiss.

Politisch war unser Jahrgang zweigeteilt. Ich stand auf Seiten des sozialdemokratischen Flügels. Wir waren die Gemäßigten. Die anderen waren etwas radikaler, die organisierten gern mal Streiks oder ein Sit-in. Ich wollte keine Streiks, keinen Ärger, keine Konfrontation, sondern Verhandlungen auf Grundlage der bestehenden Gesetze. Am Ende wollten wir das Gleiche: Selbstbestimmung und eine starke Schülervertretung. Die Dogmatiker lehnten die Regeln unserer Eltern und Lehrer allerdings rundweg ab. So landeten wir immer wieder in Grundsatzdebatten, die ich schon damals als ebenso ermüdend wie ergebnislos empfand. Insofern war die Schulzeit eine gute Vorbereitung für manche Debatte in unserer rot-roten Koalition. Daran hat sich bis heute nichts geändert.

Es waren verrückte Zeiten damals. Professor Helmut Kenntler, der mit dem Sexual-Aufklärer Oswalt Kolle zusammenarbeitete, gab bei uns Kurse in Sozialwissenschaften. Auf dem Höhepunkt der Aufklärungswelle fragte er an unserer Schule herum, welche Schüler Lust hätten, für einen Aufklärungsfilm von Kolle nackt vor der Kamera herumzuspringen. Es winkten 1000 Mark fürs Ausziehen, immerhin noch 500 Mark für eine bekleidete Rolle und ein paar Drehtage in den Sommerferien auf Sylt.

Dein Kind, das unbekannte Wesen, hieß der Streifen, der nach heutigen Maßstäben womöglich unter Päderastie-Verdacht gefallen wäre. Ich gehörte allerdings zur Mehrheit der Schüler, die hinterher im Kino geguckt haben, wer von meinen Mitschülern wie viel Honorar kassiert hat.

Die Nachkriegs-Republik war dabei, ihre Verklemmungen abzulegen. Sex war nichts Verbotenes mehr. Lehrer und Schüler kamen sich näher als je zuvor. Diese Nähe war spannend, aber auch befremdlich. Ich glaube, es ging damals nicht nur um Aufklärung und Freiheit. Mancher Pädagoge war einfach nur sehr interessiert an den netten Schülern. Aber die neue Liberalität brachte auch neue Dramen mit sich. Es kam vor, dass eine Schülerin ein unglückliches Verhältnis mit einem Lehrer hatte, oder dass eine Schülerin gleich nach dem Abitur zu einem Lehrer zog.

In der reformierten Oberstufe trieb die kollektiv verordnete

Sexualisierung von allem und jedem manchmal schon sehr komische Blüten. Eines Tages sollten wir Schneewittchen und die sieben Zwerge unter sexualwissenschaftlichen Aspekten analysieren. Das Ergebnis: Sieben Phalli drängten in eine Vagina, die durch das Zwergenhaus symbolisiert wurde. Damals ergriffen allerlei bizarre Figuren den Lehrerberuf, die auch alle Facetten der antiautoritären Pädagogik abdeckten. Es war bei einer Lehrerin durchaus normal, dass man im Unterricht zum Bäcker ging, Negerküsse holte und diese dann, immer noch im Unterricht, durch die Klasse flogen.

Pisa hin oder her, aber ich kann mir beim besten Willen nicht vorstellen, dass unsere schulischen Leistungen damals besser gewesen sein sollen als die der Schüler von heute. Die Mystifizierung früherer Bildungsproduktion halte ich für ziemlich naiv.

In der 9. Klasse zum Beispiel haben 15 von 30 Schülern einen Blauen Brief nach Hause bekommen, dass die Versetzung bei gleichbleibender Leistung ausgeschlossen sei: »Ich war halt mal faul«, erklärte ich meiner Mutter. Sie bot mir Nachhilfestunden an, die ich aber großmütig ablehnte. Dann habe ich mich ein bisschen angestrengt, die übelsten Fächer wie Latein schnell abgewählt, und schon war die schulische Karriere gerettet. Wirklich kaputt gemacht vor lauter Lernen hat sich damals jedoch bestimmt keiner.

An der Schule wurde viel Haschisch geraucht, aber Drogen waren für mich nie ein Thema. Die Leute, die auf dem Rehagener Platz saßen, öffentlich kifften und angestrengt versuchten, lustig zu sein, die fand ich eher seltsam. Ich hielt mich an klebrige Spirituosen, die wir damals für typisch italienisch hielten: Spumante, Vermouth, Lambrusco, Getränke, deren Namen heute genügen, mir heftige Kopfschmerzen zu bereiten. Im Nachhinein ist es wirklich bewundernswert, was so ein Teena-

ger-Körper alles aushält, auch wenn wir vom heutigen Trend des Koma-Saufens weit entfernt waren.

Ich bin als einziges von uns fünf Kindern aufs Gymnasium gegangen. Was heute selbstverständlich ist, war damals eine schwere Entscheidung. Ökonomisch gesehen waren Söhne, die nicht mit 15 oder 16 Jahren ihr erstes Geld nach Hause brachten, ein teures Vergnügen. Es hat mich nicht gequält, aber dennoch war mir bewusst, dass ich besser nicht sitzenbleiben sollte.

Halbwegs erträgliche Zensuren empfand ich meistens als Pflicht. Was zumindest in den Naturwissenschaften nicht immer ganz leicht war. Es sei denn, es wurde praktisch: Meine Abitur-Arbeit in Biologie habe ich zum Beispiel über »Das agonistische Verhalten von Mäusen« geschrieben, die ich wochenlang auf dem Dachboden unserer Schule in Käfigen hielt. Es ging um das Kampfverhalten der Nager, auch unter Stress. Wenn man die Tiere gelassen hätte, wie sie wollten, dann wären sie sich in aller Brutalität gegenseitig an die Gurgel gegangen. Wissenschaft hin oder her, das Experiment wurde mir bald zu viel. Ich habe die Mäuse voneinander getrennt. Ähnlichkeiten zu einer großen deutschen Partei sind übrigens rein zufällig.

In der 11. Klasse hatte ich ziemliche Probleme mit dem Englischen. Als Irma Grossmann unsere Klasse übernahm, stand ich bestimmt nicht besser als Vier, eher schlechter. Es war eine glückliche Fügung, dass unsere neue Lehrerin nicht nur afrikanische Autoren behandeln ließ, sondern generell mehr gesellschaftspolitische Themen in den Unterricht brachte. Im Abitur hatte ich in Englisch dann eine Drei.

Unser Lehrer für politische Weltkunde hieß Klaus Podlowski. Er hat meine Schulzeit noch in guter Erinnerung. Der *Berliner Morgenpost* erzählte er: »Wowereits Abi-Zeit war eine Chaotenzeit. Die Hälfte der Schüler kam völlig zerrissen und mit langen Haaren in die Schule und krabbelte barfuß über Bänke und Tische. Wowereit nicht, der sah immer ordentlich aus.«

Meine Erinnerungen sind etwas gemäßigter, vor allem hatte ich nicht das Gefühl, so eine Art Musterschüler gewesen zu sein. Wie die anderen auch hing ich am liebsten in einem etwas muffigen Kellerraum in unserer Schule, wo wir alte Sofas von zu Hause abgestellt hatten. Manchmal wurde dort sogar Unterricht gemacht. Wir waren schon sehr modern damals, jedenfalls empfanden wir uns so.

Mein Abitur verlief nicht besonders feierlich. Weil ich nicht ins Mündliche musste, hatte ich viel Leerlauf, den ich zur Vorbereitung unserer Abi-Fete nutzte, die natürlich bei uns daheim stattfand. Ich hatte 30 Leute erwartet. Es kamen aber über 100. Der Ansturm brachte mich nicht aus der Ruhe. Als erfahrener Gastgeber hatte ich zum Glück großzügig kalkuliert. Von Wowereits Tisch ist noch nie einer hungrig aufgestanden. Die Freude an Gästen habe ich meiner Mutter zu verdanken.

Noch bevor ich volljährig wurde, litt meine Mutter an schwerem Krebs. Sie hatte den Körper zeit ihres Lebens überfordert; ihre physische Widerstandskraft war zu früh aufgebraucht. Es schien fast so, als habe sie die Kraft in dem Moment verlassen, als sie sah, dass ich, der Jüngste, meinen Weg machen würde.

Weihnachten 1971 hatten wir sie aus dem Krankenhaus geholt. Wir dachten, es würde das letzte Fest im Familienkreis sein. Es waren bedrückende Stunden unterm Weihnachtsbaum. Die fröhlich-chaotische Stimmung früherer Jahre wollte nicht aufkommen. Einerseits ist man eng zusammen, andererseits aber auch meilenweit voneinander entfernt. Jeder hängt seinen traurigen Gedanken nach, aber keiner spricht sie aus. Wir waren überglücklich, als sich meine Mutter allen Ärzte-Prognosen zum Trotz wieder berappelte.

Doch dann trafen uns, vor allem Hertha, die nächsten großen Schocks. Mein Bruder Stefan, der als Kraftfahrer arbeitete, war 1977 auf der Transitstrecke bei Magdeburg mit seinem Lastwagen schwer verunglückt. Wenn meine Mutter überhaupt einen Lieblingssohn hatte, dann war es Stefan. Die beiden waren wesensverwandt.

Es war unendlich kompliziert, Stefan in der Uni-Klinik in Magdeburg zu besuchen. Immer brauchte man ein Visum, alles geschah im Schneckentempo. Die DDR-Behörden waren alles andere als mitfühlend. Vier Wochen lag mein Bruder dort auf der Intensivstation und hat um sein Leben gekämpft. Dann ist er gestorben.

Drei Jahre zuvor, 1974, hatte es meinen Bruder Achim, den gelernten Maler, getroffen. Er hatte, wie zuvor Stefan, im Gerüstbau angeheuert. Meine Oma hatte gute Beziehungen zu einem Unternehmen. Es war ein Knochenjob, brachte aber sehr gutes Geld. 1974 erfuhren wir dann, wie lebensgefährlich diese Arbeit obendrein war. Mein Bruder Achim war bei der Arbeit unglücklich vom Gerüst gestürzt. Die Diagnose war niederschmetternd: Querschnittslähmung.

Meine Mutter hatte schon vorher brutale Schicksalsschläge hinnehmen müssen. Meine älteste Schwester Helga war bereits 1957 gestorben, an Nierenversagen, wie es hieß. Ich war vier Jahre alt damals und habe ihr Sterben zum Glück nicht im Detail mitbekommen. Es muss qualvoll für sie gewesen sein.

Neben einer krebskranken Mutter war nun also auch noch ein Rollstuhlfahrer im Haus, der nicht immer nur gute Laune verbreitete. Wenn ich mir überlege, wie sehr meine Mutter gekämpft hat, um uns fünf Kindern ein besseres Leben zu ermöglichen, dann war es wirklich nicht fair, wie das Schicksal mit ihr umgegangen ist.

Viele glauben, man müsse an einer solchen Serie von dramatischen Ereignissen zerbrechen. Aber es zerbrechen nur Menschen, die nichts gewohnt sind. Meine Mutter war sehr viel gewohnt. Der Tod war für sie immer präsenter als für die meisten anderen Menschen in unseren Breiten.

Wir waren eben eine Familie, in der nicht alles heil war. Das Unheil gehörte dazu. Das hat uns abgehärtet, widerstandsfähiger gemacht, aber auch dankbarer für glückliche Momente. Wir waren es gewohnt, dass die Emotionen in den Hintergrund traten und wir unsere Pflichten zu erfüllen hatten. Es war einfach keine Zeit für die Pflege der eigenen Befindlichkeiten. Der Kühlschrank füllte sich nicht von allein.

Ich war nun der letzte Mann im Haushalt, der einzige, der noch anpacken konnte. Natürlich hätte ich mich unter Vorwänden davonmachen und die Pflege der Caritas überlassen können. Aber das wollte ich nicht. Der Gedanke tauchte gar nicht auf. »Das musst du jetzt machen«, sagte ich mir. Ich empfand es als meine Pflicht, mich um Mutter zu kümmern, die sich ihr Leben lang für andere Menschen aufgeopfert hatte. Sie hat unsere Oma bis in den Tod gepflegt, bei uns zu Hause. Als Kind war es für mich normal, dass da ein älterer Mensch im Haushalt war, der eben dazugehörte und um den man sich kümmerte.

Ich war 18, als mich eine gute Freundin, meine Klassenkameradin Petra, für die SPD anwarb. Ihre Eltern waren sehr aktiv in der Partei, Aufnahmeanträge lagen zu Hause offenbar griffbereit herum. 1972 bin ich eingetreten, außer Petra war noch Günter Reyer dabei, der Mann unserer Stadtentwicklungssenatorin Ingeborg Junge-Reyer.

Man kann beim besten Willen nicht behaupten, dass die SPD bei uns auch nur den Hauch einer modernen Großstadtpartei verströmte. Unser Bezirk wurde Portugiesisch-Tempelhof genannt, weil die Sozialdemokratie dort etwa so modern war wie Portugal vor der Nelken-Revolution. Dort waren die Ultras versammelt, die Helmut-Schmidt-Fraktion, die Kanalarbeiter, die die SPD gern deutlich rechts von der Union sahen.

Manche meiner Mitschüler hatten das andere Extrem gewählt; sie traten in die K-Gruppen ein. Aber die dogmatischen Linken waren für mich nie ein Thema, auch nicht der Stamokap-Flügel, der in Berlin von Kurt Neumann angeführt wurde. Ich war immer auf dem Flügel der Pragmatiker. Wenn mir die alte Garde der Tempelhofer SPD ebenso suspekt war wie die DKPler, dann musste ich halbwegs richtig stehen, dachte ich mir. So ist es bis heute geblieben.

Studentenjahre: Juso und Jura

68 und Bauerntheater – Grunewaldsee statt Seminar – Helmut Kohl und Rudi Dutschke – Mücken gegen das sozialistische Rockkonzert – die Viererbande erobert Tempelhof – Riverboat, Dachluke und Cartoon

»Die kleinen Anfänge sollten nicht gegen Wowereit sprechen. Es ist kein Makel, wenn einer nahe am Leben begonnen hat – sofern er dabei die Fähigkeit bewahrt hat, die großen Linien zu erkennen. Und Wowereit hat früh große Linien erkannt.«

Konrad Schuller, FAZ

Als ich 1973 mein Abitur machte, war ich SPD-Mitglied, hatte meinen Führerschein und die Hochschulreife – die ganze Welt stand mir offen. Ich wäre sehr gern ein paar Monate um die Welt gereist. Aber solche Abenteuer standen quer zu meinem Pflichtbewusstsein, über das ich, trotz manch gegenteiliger Gerüchte, tatsächlich in einem nicht unbeträchtlichen Maß verfüge.

So habe ich nach dem Abitur nicht lange überlegt, wohin ich mich beruflich orientieren sollte. Geschichte und Politik hätten mich schon interessiert. Aber am Otto-Suhr-Institut, wo die Politologen ihre Revolutionstheorien wälzten, war man gut beraten, möglichst noch vor der Examensprüfung einen Taxi-schein zu machen. Die Berufsaussichten waren gleich Null, falls man sich eine Laufbahn in der Universität nicht unbedingt wünschte.

Da mir die Betriebswirte kulturell fremd waren, entschied ich mich bewusst für ein Jura-Studium. Bei Jura waren die Berufsaussichten gut, das Sozialprestige beträchtlich, das Fach halbwegs erträglich, das Studium mit meinen anderen Aktivitäten vereinbar, und ein paar Bekannte waren auch dabei. Deswegen fielen für mich die populären, aber letztendlich brotlosen Studiengänge aus. Ich bin ein Vernunfts-Jurist, kein Leidenschafts-Jurist, der sich tagelang an brillanten Urteilsbegründungen erfreut – auch wenn ich die Begeisterung dafür durchaus nachvollziehen kann.

Die Freie Universität Berlin hatte ich mir allerdings wesentlich spannender vorgestellt. Was dort geboten wurde, war vielfach mittelschlechtes Bauerntheater. Im Fachbereich 09 war an Studieren selten zu denken. Entweder stolzierten Bürgertöchter im Pelzmantel zum privaten Repetitorium Alpmann Schmidt und gaben die Musterschülerinnen. Oder chaotische Linke inszenierten alle möglichen Spaßveranstaltungen, die mit dem wirklichen Leben nicht viel zu tun hatten.

Oft hatte ich den Eindruck, dass unter dem Deckmantel politischer Arbeit nur der nächste Beischlaf vorbereitet und das nächste Seminar umgangen werden sollte. Mit praktischer Politik jedenfalls hatte der Firlefanz dort wenig zu tun. Es gab alles, aber keine Normalität. Für einen wie mich, der sein Studium flott durchziehen wollte, um seiner Mutter nicht länger auf der Tasche zu liegen, schien es an der FU keinen Platz zu geben.

Ich fühlte mich immer auch als Repräsentant der kleinen Wowereits aus Lichtenrade. Bei allem Respekt vor den Lebensleistungen meiner Geschwister wollte ich es weiterbringen als sie. Anders als bei vielen Gleichaltrigen bedeutete das Studium für mich weniger eine Phase von Spaß und Selbstfindung, sondern die einzigartige Chance zum gesellschaftlichen Aufstieg. Meine Mutter sollte stolz sein auf mich. Ich wollte ihr ein wenig von dem zurückgeben, was sie für mich getan hatte. Ihre lebenslange Plackerei sollte nicht umsonst gewesen sein.

Mein Bruder Achim hätte auch das Zeug gehabt zu studieren. Schlau genug war er. Nach den Bildungsreformen von Willy Brandt wäre es ihm durchaus möglich gewesen. Aber zu seiner Zeit war es praktisch unmöglich. Achim litt unter dem Fluch der frühen Geburt. Während meines Studiums war mir immer klar, dass Bildung früher ein ungeheueres Privileg der besseren Stände gewesen sein muss. Und so ist es heute, trotz aller Bildungsreformen, leider wieder.

Wer über genügend finanzielle Mittel verfügt, der schafft es immer irgendwie bis zum Examen. Wenn dagegen zu Hause alles knapp ist, dann haben es auch die größten Talente schwer. Die Bildungspolitik, die Willy Brandt und auch Johannes Rau als Wissenschaftsminister und später als Ministerpräsident in Nordrhein-Westfalen vor 40 Jahren betrieben haben, braucht heute eine neue, aber mindestens so konsequente Entsprechung, schon aus ökonomischen Erwägungen.

Wenn wir Sozialdemokraten überzeugt davon sind, dass Begabung nichts mit Herkunft zu tun hat, dann folgt daraus, dass in unseren sozial schwachen Vierteln Unmengen Talente schlummern, die aber nicht die Chance haben, sich zu entfalten. Hier schlummert ein gigantisches kreatives Potential für unser Gemeinwesen.

Die Politik kann die Angebote machen, die Menschen müssen sie aber auch annehmen. Bildung war für meine Mutter, für viele Eltern in den Wirtschaftswunderjahren, der einzige Weg, den gesellschaftlichen Aufstieg zu schaffen. Bisweilen scheint mir, dass Bildung und Wissen heute nicht gerade als Makel, so aber doch als snobistisch wahrgenommen werden. Ich habe überhaupt nichts gegen Ghetto-Kultur, Hiphop oder gelungene Graffitis. Ich halte es aber für verhängnisvoll, wenn Rumhängen, Zudröhnen und Abziehen zur einzig akzeptierten Philosophie gemacht werden.

Es muss neben der Musik und dem Boxen Aufstiegskorridore geben, in denen sich junge Leute aus kleinen Verhältnissen orientieren können. Der Nachwuchs braucht Vorbilder jenseits der Gewalt. Erst wenn wir den ersten deutschen Nobelpreisträger für Natur- oder Wirtschaftswissenschaften feiern, der an einem sozialen Brennpunkt aufgewachsen ist, dann wissen wir, dass unsere Gesellschaft wieder so durchlässig geworden ist, wie sich das die Sozialdemokratie in ihren euphorischen Jahren gewünscht hat.

Bildung für alle war und ist eine zutiefst sozialdemokratische Botschaft, weil es ein Gerechtigkeitsthema ist, aber auch eine Voraussetzung für wirtschaftliches Wachstum. Unser Bildungssystem stellt die entscheidenden Weichen für Deutschlands Zukunft. Das Problem für uns Volksvertreter dabei ist: Bildungspolitik ist langwierig. Veränderungen in der Grundschule bei Sechsjährigen werden auf dem Arbeitsmarkt erst 10 bis 20 Jahre später spürbar. Es dauert mindestens fünf bis zehn Jahre, um selbst den derzeit dramatischen Mangel an Ingenieuren und Technikern zu beheben.

So lange sind die wenigsten gewählten Politiker noch im Amt. Eine ungeduldige und hysteriebereite Mediendemokratie ist nicht bereit, mit ihren Bewertungen und Urteilen ein paar Jahre zu warten. Wer es nur auf Machterhalt angelegt hat, wird keine nachhaltige Bildungspolitik machen. Sie zahlt sich in den Augen kalter politischer Pragmatiker einfach nicht aus. Wir in Berlin haben uns für einen anderen Weg entschieden. Unser Ehrgeiz ist es zu beweisen, dass es eine unverwechselbare sozialdemokratische Bildungspolitik gibt, die nicht allein ökonomischen Verwertungsmaximen gehorcht. Und die jüngsten Untersuchungen geben uns Recht. Wir werden besser.

Generell darf die SPD nicht den Fehler machen, allein in einer breiten diffusen gesellschaftlichen Mitte mit der Union um Details zu streiten. Das ewige große Thema der Sozialdemokratie ist die Gerechtigkeit in all ihren Facetten. Die Versuche der Konservativen, uns auf eine reine Umverteilungspartei zu reduzieren, dürfen uns nicht davon abhalten, zu unseren unverrückbaren Grundwerten zu stehen. Dass der Wirtschaftsaufschwung der letzten Jahre in den Brieftaschen der Bürger nicht angekommen ist, ist ebenso eine Frage der Gerechtigkeit und gesellschaftlicher Solidarität wie der umgekehrte Fall: Wenn es wirtschaftlich nicht so gut läuft, müssen die Menschen auch mithelfen, so wie beim Solidarpakt, den wir in Berlin hinbekommen haben.

Gerechtigkeit war immer der zentrale Beweggrund für meine Mutter, die SPD zu wählen. Wir haben zu Hause nicht allzu viel über Politik gesprochen, denn die Sache war für alle klar. Die Sozialdemokraten waren im damaligen Drei-Parteien-System die Einzigen, die die Interessen und die Lebenswelt einer Familie repräsentierten, die zwar hart arbeitete, aber weder den Moralvorstellungen einer konservativen Christenpartei entsprach noch den Einkommensgrößen, die die so genannten Liberalen für menschenwürdig hielten.

Leider bin ich Willy Brandt nie persönlich begegnet. Sein Schicksal als Kriegsflüchtling, vor allem aber die unverschämten und verletzenden Polemiken der Konservativen gegen ihn machten ihn zu einem leuchtenden Vorbild, aber auch zu einem tragischen Helden. Die SPD war 1974 nach dem Rücktritt Brandts eine andere Partei. Es war zwar noch immer mein Verein, aber er war entschieden ärmer geworden. Helmut Schmidt war als Macher wichtig, aber er kam bei weitem nicht an die Ausstrahlung seines Vorgängers heran.

Bei Willy Brandt spürte man deutlich seinen Hang zur Depression. Es muss grausam in ihm gewütet haben. Er war nie ein einfacher Mensch, eher grüblerisch, vielleicht sogar mit einer Neigung zum Selbstzerstörerischen. Weil sein Leid so deutlich sichtbar war, hat man ihm vieles verziehen, nur Frau Mathiopoulos nicht, die er im März 1987 als Parteisprecherin nominierte. Frau Mathiopoulos kam so unversehens auf die Bühne wie Frau Pauli in Bayern und beschleunigte den Abgang des Parteivorsitzenden der SPD in einem ähnlichen Tempo. Ich glaube kaum, dass ein Politiker wie Brandt, der so schillerte mit seinen Brüchen und Widersprüchen, heute noch mal eine Chance bekäme. Er wäre früh zerbrochen an der Macht des Mainstreams oder von den Medien rundgeschliffen worden. Dabei hätte die Politik Typen von einem solchen Schlage so dringend nötig.

Auch wenn der wirtschaftsfreundliche Pragmatiker Helmut Schmidt nicht gerade mein Idol war, so wurde er mir doch schlagartig sympathisch, als Helmut Kohl 1982 Kanzler wurde. Welch eine Zäsur für dieses Land! Plötzlich war die Mittelmäßigkeit Programm, kaum einer musste sich dem Kanzler intellektuell unterlegen fühlen. Immer mehr Leute drängten in die Politik, die man kurz zuvor noch für ungeeignet gehalten hätte; das Mittelmaß fraß sich durch die gesamte Gesellschaft.

Viele gute Leute wurden geradezu abgeschreckt von Kohl.

Im Rahmen der Städtepartnerschaft Nahariya–Tempelhof führte ich anregende Diskussionen in Israel.

Ein Business, in dem dieser Mann etwas zu sagen hatte, das war vielen Spitzenkräften nicht geheuer. Kohl war in gewisser Weise ein Anti-Politiker. Er hat ja nicht nur das Ansehen der Politik nachhaltig beschädigt, sondern das ganze Land. Ob Pisa oder die bis 1998 zerrüttete Wirtschaft, ob Haushalt, Rente, Gesundheit oder Pflege – überall marodierten uninspirierte Verwaltungskräfte, denen die Zukunft ihres Landes völlig gleichgültig war und die genauso selbstherrlich und machtversessen waren wie ihr Idol. Immerhin: Zehn Jahre nach dem Ende dieser bleiernen 16 Jahre dürften die Aufräumarbeiten so langsam abgeschlossen sein.

Durch meine Arbeit als Klassensprecher und Mit-Reformer an unserer Schule war auch mein praktisches politisches Interesse geweckt worden. Mit den Ritualen der Achtundsechziger an der FU konnte ich umso weniger anfangen. Ich wollte prakische Politik machen, Entscheidungen vorantreiben, gestalten. Sit-ins, Teach-ins und andere Protestformen schienen mir kein Mittel wirklicher Politik zu sein. Eigentlich musste ich schon ein schlechtes Gewissen haben, dass ich überhaupt studierte. Und dass ich Rupert Scholz und Jutta Limbach für zwei ausgezeichnete Professoren hielt, hätte ich bei den Linken in der FU nie laut sagen dürfen.

Achtundsechzig machte den Protest gegen alles Etablierte zur vorherrschenden Haltung. Dagegen-Sein war Selbstzweck. So gehorsam das Nachkriegs-Deutschland war, so aufsässig war die Generation danach. Ich hatte Sympathie für Rudi Dutschke, der Tod von Benno Ohnesorg ging mir nah. Der RAF-Terror, der daraus folgte, war mir allerdings zutiefst zuwider. Gewalt schien mir nie als ein Mittel der politischen Auseinandersetzung.

Die mediale Gewalt, die bisweilen von den Publikationen des Springer-Verlages ausging, war mir ebenfalls fremd. Springer wie Studenten ließen es auf eine Eskalation ankommen, die hauptsächlich in Berlin spielte. Aber Lichtenrade war weit entfernt von der Kochstraße. Ich finde es anständig, dass Mathias Döpfner, der heutige Vorstandschef von Springer, zugibt, dass die Blätter damals jenseits mancher journalistischen Gepflogenheiten operierten. Das macht die Hetzerei jener Zeit nicht ungeschehen, aber es verheißt vielleicht etwas mehr Sensibilität für die Zukunft. Ich selbst bin nur einmal auf die Straße gegangen, für unseren Schulsenator Carl Evers, dessen Reformideen blockiert wurden. Geholfen hat es allerdings nichts.

Die Entführung des Berliner CDU-Landesvorsitzenden Peter Lorenz am 27. Februar 1975, drei Tage vor den Wahlen in Berlin, durch Mitglieder der so genannten Bewegung 2. Juni machte uns zum ersten Mal schmerzlich klar, dass die Rebellion gegen den Staat mehr war als ein Abenteuerspiel. Mochten einige Studenten auch heimliche Sympathien für die Entführer hegen – mir fehlte jedes Verständnis. Relativ schnell wurde mir klar, welche Konsequenzen die Brutalisierung des Protestes haben würde.

Der Staat, der sich bei Lorenz das einzige Mal auf eine Gefangenenfreilassung eingelassen hatte, reagierte fortan verständlicherweise mit dem kontinuierlichen Ausbau seines Sicherheitsapparates. Alles und jeder wurde überwacht, kontrolliert, ein unseliges Klima der Verdächtigungen legte sich über das ganze Land. Jeden Abend wurden Bilder von Durchsuchungen und Überprüfungen gezeigt, normale Wohnhäuser, normale Autos, normale Menschen – alles, was uns bislang normal erschienen war, wirkte plötzlich potentiell gefährlich. Anstatt persönliche Freiheiten für die Bürger hinzuzugewinnen, wurden die Freiheiten der Menschen durch den Terrorismus massiv eingeschränkt. Da war nichts Romantisches, da war keine Befreiung, sondern ein Haufen irregeleiteter Menschen, die aus sehr unterschiedlichen Motiven mordeten.

Bis heute ist Achtundsechzig bei vielen Menschen ein Missverständnis geblieben. Natürlich ist die Republik entmufft worden, aber es war nie eine Volksbewegung der kleinen Leute so wie etwa die friedliche Revolution, die den Ostblock aufgelöst hat. Achtundsechzig, das war zumindest in Berlin nicht der Aufstand des Proletariats, sondern vor allem ein Gesellschaftsspiel für betuchte Bürgerkinder, die es mit dem Studieren nicht so eilig hatten.

Vor die Wahl gestellt, mich bei der SPD in Lichtenrade zu engagieren oder in der Hochschulpolitik, was in erster Linie einen endlosen Reigen von Grundsatzdebatten bedeutet hätte, entschied ich mich für die Parteiarbeit außerhalb der Hörsäle.

Da ich mein Studium vor allem als schnellen Weg zum Brot-
erwerb betrachtete, erschienen mir intensive Debatten um Be-
grifflichkeiten entschieden als Zeitverschwendung. Ich hielt es
für sinnvoller, in meinem kleinen Stadtteil praktisch etwas vor-
anzubringen als theoretisch die ganze Welt zu retten.

Wir Jusos wurden zwar in Marx und Mehrwert-Theorie
unterwiesen, gehörten aber eindeutig zum Praktikerflügel. Wir
fanden es eher peinlich, wenn die Marxisten Revolutionsfolk-
lore zelebrierten und die Redaktionsräume der SPD-Zeitung
Vorwärts erstürmten. Echte Politik erschien uns sehr viel effek-
tiver. Außerdem kam sie an der Basis in Tempelhof viel besser
an als theoretisches Gerede.

Anfang der siebziger Jahre hatte die rechtslastige SPD in
Tempelhof einen unerwarteten Mitgliederzuwachs von jungen
Linken ertragen müssen, von Menschen wie uns. Etwa 30 Jung-
sozialisten waren allein in Lichtenrade eingetreten und haben
den Laden binnen kurzer Zeit umgedreht. Aus den Neubaugebieten in Marienfelde und Lichtenrade kamen junge Leute und
mit ihnen ein frischer Wind, der das Beamtige, Spießige, Rechte
einfach wegwehte.

Als einer der erfahrenen Jungen war ich automatisch vorn
dabei. Wenn ich es schaffte, in ein Gremium zu kommen, dann
stieg ich fast immer sehr weit oben ein. Politik war Hobby und
Mission zugleich. Wir wollten tatsächlich gestalten. Das Miss-
trauensvotum gegen Willy Brandt im April 1972 war der konkrete Anlass, der uns politisierte. Wir wollten im Kleinen nachvollziehen was Brandt im Großen versuchte: die Modernisierung
einer noch im Adenauer-Geist verharrenden Republik.

Wir Jusos spielten dabei eine wichtige Rolle. Die SPD wurde
von ihrem Nachwuchs gleichsam organisch erneuert, während
die CDU ein kleinbürgerlicher Haufen blieb, der sich allenfalls

zum Beamtenverein entwickelte. Unsere Juso-Schulungen klingen für die Ohren heutiger Jugendlicher wahrscheinlich ziemlich exotisch. Wir lernten aber auch, dass die SPD früher ein großer Sozialverein war, der die kleinen Leute organisierte, zusammenhielt und fortbildete. Ob die Arbeiter- oder Arbeiterturnvereine, ob August Bebel und Ferdinand Lassalle – damals wurden emotionale Bande geschaffen, die mich bis heute eng an die SPD binden.

Mir ist schon klar, dass diese Herzensbindung für junge Menschen heute nur schwer nachzuvollziehen ist. Abgesehen davon, dass eine inhaltliche Profilierung heute schwieriger ist als früher, sind in der Politik auch emotionale Bindungen gekappt worden, oftmals ohne Not. Der Glaube an die Allmacht des Marketings hat sehr viel Vertrauen zerstört. Auch die beste Kampagne kann persönliches Engagement, Besuche, Gespräche, Versammlungen nicht ersetzen.

Schon damals haben wir Jusos kapiert, dass jede Theoriedebatte, jede Kampagne wertlos bleibt, wenn sich Politik nicht ganz konkret mit dem Leben der Menschen beschäftigt. So haben wir in den Neubaugebieten für den Ausbau von Kinderspielplätzen gekämpft oder für eine bessere Ausstattung des Jugendheims. Wir haben damals Bildungszentren für Schüler entwickelt, die man mit Jugendzentren zusammenlegen konnte. Das Thema ist bis heute aktuell.

Derlei praktische Bemühungen haben uns auch konkrete Erfolge beschert. Denn tatsächlich: Wir bekamen Zugang. Wir wurden bei Stadträten vorgelassen. Man hörte uns zu. Wir hatten Macht, wenigstens ein wenig. Wir fühlten uns ernst genommen und durchaus wichtig. Wir naschten von jener schönen Droge, die für die meisten Menschen wichtiger ist als Geld: Wir bekamen Anerkennung für das, was wir taten.

Natürlich neigt jede Generation dazu, die eigene Jugendzeit zu heroisieren. Dennoch glaube ich nicht, dass sich heute allzu viele Jura-Studenten finden, die das Ziel haben, eine Partei zu modernisieren. Zumal es damals wie heute ein paar Spielregeln gab, mit denen man sich arrangieren musste. In der SPD Tempelhof wurde seinerzeit jede Kleinigkeit ausgekungelt. Wir standen vor der Entscheidung: Mitspielen oder gehen. Viele haben die Partei bald wieder verlassen, weil sie mit dieser Hinterzimmerpolitik nicht klarkamen.

Beate Lanto, Günter Reyer, Günter Schilling, Klaus Wowereit – wir waren vier junge Springinsfelde, frech, Juristen, nicht blöd. Wir ergänzten uns gut und marschierten sehr schnell durch die Institutionen, denn wir wollten mitentscheiden. Wir drängten ins Innere dieses Apparates, wohl wissend, dass die alten Herren da nicht unbedingt auf uns warteten. Das Verblüffende war: Kungeln funktioniert. Schnell merkten wir, dass wir ein kleiner Machtfaktor waren. Denn die anderen mussten Bündnisse mit uns schließen, wenn auch widerwillig. Der SPD-Direktkandidat Kusch mit dem unglaublich originellen Wahlspruch »Kusch kuscht nicht« war der Erste, der merkte, dass man sich die jungen Leute zunutze machen konnte.

Wir machten allerdings auch unsere ersten Erfahrungen mit den Brutalitäten des politischen Geschäfts. Wer es nicht schaffte, eine Mehrheit für sich und seine Positionen zu organisieren, der war schnell weg vom Fenster. Wer sich nicht durchsetzen konnte, mit Argumenten, Versprechen oder Drohungen, hatte keine Chance. Ich glaube, der ständige Kampf daheim mit meinen Brüdern hat mich durchaus gestählt für die ersten politischen Kabbeleien. Mit Ballett- und Klavierunterricht wäre ich deutlich schlechter vorbereitet worden auf jenes liebenswertbrutale Schlachtfeld namens SPD.

Ankündigung des Konzerts.

Es mag pathetisch bis idealistisch klingen, aber die Partei war damals eine Kraft, mit der man tatsächlich etwas verändern konnte. Es wurde nicht nur klug dahergeredet, es geschah tatsächlich etwas. Unser größter Erfolg seinerzeit war die Organisation eines Rock-Konzerts, das unsere hoffnungsvollen Karrieren um ein Haar jedoch auch gleich wieder hätte beenden können.

Direkt an der Mauer hatten wir eine Wiese ausgeguckt, wo wir unter dem Motto »Musik und so. Zum Aufbau des Sozialismus spielen…« ein bisschen Woodstock nachstellen wollten. Der rechte Parteivorstand hatte unsere jugendpolitischen Aktivitäten allerdings mitbekommen und drohte mit sofortigem Parteiausschlussverfahren, wenn wir nicht umgehend alle Plakate überpinselten. »Zum Aufbau des demokratischen Sozialismus« müsse es zumindest heißen, belehrten uns die Alten. Am Ende durften wir nur »zum Aufbau« stehen lassen. Wir pinselten murrend, aber so, dass man die alte Version noch gut lesen konnte.

Mein Bruder Stefan, der Gerüstbauer, half uns, eine Bühne zu errichten. Mit einer abgebrochenen Sense haben wir den Veranstaltungsort notdürftig gemäht. Als Höhepunkt sollte eine sehr kommunistische Band auftreten. Das Konzert, so viel stand fest, würde politisch werden. Es hatten sich mehrere hundert Besucher angesagt. Eine Massenkeilerei war damals nichts Ungewöhnliches. Wir konnten nur hoffen, dass die alten Herren aus Portugiesisch-Tempelhof nicht vorbeischauen würden.

Die Musik begann wie geplant. Es war ein sehr warmer und trockener Tag. Die Auftritte zogen sich über Stunden dahin. Als es dann richtig kommunistisch wurde, attackierten uns die Mücken aus den sozialistischen Rieselfeldern jenseits der Mauer. Sie flogen Luftangriff um Luftangriff. Die Bemühungen der Band wurden dadurch schlagartig abgebrochen, und ich glaube im Nachhinein, dass es ganz gut so war. Ein Heer von Schnaken hat mir wahrscheinlich meine SPD-Mitgliedschaft erhalten.

Das Wichtigste für uns war etwas anderes: die Erfahrung, dass wir etwas auf die Beine stellen können. Niemand hätte uns das zugetraut, dass wir mit einem Budget von ein paar hundert Mark eine echte, große Veranstaltung organisieren konnten. Wir wollten es, und wir haben es hingekriegt, das war eine Botschaft, die uns einen unglaublichen Schub gegeben hat und viel Selbstvertrauen. Wer weiß, ob ich ohne diese Konzerterfahrung überhaupt in der Politik geblieben wäre. Es war ein Initiationserlebnis, wenn auch am Ende kein gigantischer Erfolg stand.

Ich habe allerdings auch die andere Seite kennengelernt. Theoretische Schulungen im marxistischen Arbeitskreis bei alten Kämpen, die beim Sturm auf den *Vorwärts* in der Weimarer Republik noch dabei gewesen waren. Aber die revolutionären Umtriebe in der SPD halten sich seit jeher in engen Grenzen.

Mir lag das Praktische eindeutig mehr, all das, was man heute »bürgerschaftliches Engagement« nennt. Fairerweise muss man sagen, dass es einfacher war damals. Der Sparzwang war nicht so drückend, außerdem gab es mehr Brachflächen, auf denen sich etwas machen ließ.

Viel mehr als früher wird Politik heute durch Gremien bestimmt, durch die sich auch junge Menschen durchbeißen müssen. Ich kann verstehen, dass es für viele junge Leute Aufregenderes gibt als Politik. Wir hatten seinerzeit das Glück, in einer Umbruchphase in die SPD zu kommen. Es gab viel zu tun. Die neue Zeit war im Bunde mit uns. Alles was jung und modern war, galt als sexy. Die Kriegsveteranen-Atmosphäre war auf dem Rückzug, uns gehörte die Zukunft.

Über die Jahre haben wir einen sehr konservativen SPD-Kreis zu einer linken Bastion gemacht. Das war ein schöner Erfolg für uns, aber dem Wähler leider völlig egal: Tempelhof war rabenschwarz. Obwohl die SPD in unseren Stadtbezirken in der Minderheit war, gab es eine sehr lebhafte Streit- und Debattenkultur. Fast immer kam es zu Kampfkandidaturen, zu den Wahlversammlungen erschien mehr als die Hälfte der Mitglieder; wer vorher keine Hausbesuche gemacht hatte, und zwar möglichst viele, war ohne jede Chance. Natürlich wurde viel über Kinkerlitzchen gestritten. Aber wir hatten doch das Gefühl, einem sehr lebendigen Laden anzugehören.

Zu den Schattenseiten dieser politischen Kultur gehörte, dass manches Talent in den Schlachten auf der Strecke blieb. Der innerparteiliche Darwinismus war schon sehr ausgeprägt. Der Nachwuchs wurde nicht umhegt und umhätschelt wie heute, sondern musste von Anfang an raufen.

Alles war Kampf. Wer die Rivalen nicht wegbiss, war verloren. Das klingt brutal, hatte aber einen entscheidenden Vorteil. So wurde sichergestellt, dass nur abgehärtete Politiker nach oben kamen. Unsere Frustrationstoleranz war hoch. Das frühe Stahlbad hat uns manche spätere Enttäuschung erspart. Wir kannten die meisten Tricks schon. Uns konnte nicht mehr viel erschüttern. Nicht mal die CDU.

Politik war toll, aber nicht mein ganzes Leben. Ich war ein junger Berliner mit Leib und Seele. Als Studenten haben wir keinen Klub ausgelassen. Da gab es das »Riverboat« in einem Dachgeschoss am Fehrbelliner Platz, die »Dachluke« am Mehringdamm oder das »Cartoon« im U-Bahnhof Tempelhof. Besonders spannend war ein ganz abgefahrener Laden mit Laufsteg in Neukölln.

So aufregend ich unsere nächtlichen Klub-Ausflüge damals fand, mir wurde dennoch klar, dass ich ein wenig anders tickte als die anderen Jungs. Klar, ich fand Mädchen spannend, aber eben nicht nur. Ich ahnte, dass ich mich eher zu Männern hingezogen fühlte. In unserer brachialliberalen Schulzeit bereitete mir diese Erkenntnis zum Glück keine Probleme, auch wenn ich meine Neigung weitgehend für mich behielt.

Anpacken lag mir immer mehr als Theoretisieren.

Wie brutal muss es auf dem Land sein, irgendwo im pietistischen Baden-Württemberg, wenn ein junger Mann sein Schwulsein entdeckt, damit aber keinesfalls öffentlich werden darf, weil er weiß, dass sein Leben stigmatisiert sein wird. Auch wenn es in Berlin jede Menge Intoleranz gibt, so kann ich mir in Deutschland keinen besseren Ort vorstellen, um ein halbwegs unkompliziertes schwules Leben zu führen.

Wenn ich zu Besuch in westdeutschen Städten war, Hannover zum Beispiel, dann fühlte ich mich doch sehr privilegiert. Da war nicht viel los im Vergleich zu meinem geliebten Berlin. Die Unkenntnis der speziellen Berliner Situation im Westen war erschreckend. Bei meinen Besuchen hatte ich oft das Gefühl, dass die Berliner Symbolik als Insel der Freiheit im Feindesland an Bedeutung verlor. Junge Westdeutsche fanden an Berlin vor allem interessant, dass sie hier vor dem Dienst bei der Bundeswehr sicher waren. Ich erinnere mich noch an die Ausschusssitzungen des Bundestages im Reichstag, wenn die sowjetischen MiG's darüberdonnerten. Das war schon eine spezielle Atmosphäre.

In der Schule, bei den Jusos, überall haben wir unablässig Ost und West verglichen. Die Seminare wurden ja auch vom innerdeutschen Ministerium gesponsert. Diese Systemvergleiche, die für viele in Westdeutschland theoretisch daherkamen, hatten für uns konkrete Bedeutung. Sie bildeten einen Teil des Lebens in Ost und West-Berlin ab. Ohnehin fand alles, was in der Weltpolitik akut war, vor unserer Haustür statt.

Eines jedenfalls hatten wir Berliner anderen Deutschen voraus. Freiheit hatte für uns einen höheren Stellenwert als für den großen Rest der Westdeutschen. Wir erfuhren ja immer wieder am eigenen Leib, was Unfreiheit bedeutete. Allein die Schikanen, wenn man einfach nur in Ost-Berlin in die Oper gehen wollte, waren unerträglich.

Dieses Gefühl der Rechtlosigkeit hat mich immer erschreckt. Es herrschte Ohnmacht, man überlegte sich jedes Wort und verkniff sich auch den kleinsten Scherz. Die DDR war immer auch ein gewaltiger Stressfaktor.

Genauso unwirklich empfand ich unsere Rolle im anderen Teil der Stadt. In Ost-Berlin waren wir West-Berliner die Stars. Wir hatten Valuta und schickere Jeans. Drüben regierten blaue Plastikjacken und braune Trainingshosen, alles war auf eine gespenstische Art farblos. Gleichwohl empfand ich die Ost-

Deutschen als sehr fröhliche Menschen. Sie hielten zusammen, sie feierten, sie führten hoch anspruchsvolle Debatten, wenn sie sich in Sicherheit fühlten. Es war zumindest scheinbar eine solidarische Gesellschaft, weil fast alle nicht viel hatten, aber davon genug. Dafür kostete das Bier nur 30 Pfennig. Flächendeckende Depression habe ich jedenfalls nicht entdeckt.

Ich will nicht in Ostalgie verfallen, aber die DDR-Gesellschaft war etwas gleicher als die bundesdeutsche. Da die Jagd nach Statussymbolen und ökonomischer Anerkennung eine sehr viel geringere Rolle spielte als im Westen, waren die Menschen vielleicht ärmer, aber nicht unbedingt unglücklicher, solange sie nicht in Konflikt mit einem Regime kamen, das eine unvorstellbare Gnadenlosigkeit entwickeln konnte.

Andererseits war es auch auf eine Art beruhigend zu hören, dass selbst die Paranoiker der SED nicht in der Lage waren, alles und jeden unter Kontrolle zu bringen. Immer wieder gab es Randale, sei es beim Fußball oder auch in ostdeutschen Diskotheken, wenn die Latin Lover aus Kuba den Einheimischen die Mädchen streitig machten.

Ich selbst hatte in jener Zeit genug um die Ohren. Studiert habe ich eigentlich ziemlich nebenbei. Das Raufen und Gestalten in der Partei hat mehr Spaß gemacht als die Seminare in der Uni, außerdem musste ich mich um meine Mutter kümmern und natürlich Geld verdienen. Schließlich war ich Autobesitzer. Von meinem Bruder habe ich zuerst seinen alten Opel P2 übernommen, es folgte ein VW, dann ein Peugeot 304. Wir hatten zwar eine Fahrgemeinschaft aus Lichtenrade zur Uni, doch häufig haben wir die Kurve nach Dahlem nicht gekriegt und sind doch wieder am Grunewaldsee gelandet. Manchmal gingen wir auch zum Tennis bei Grün-Gold in der Nähe des Flughafens Tempelhof.

Dennoch hatte ich nach sieben Semestern alle Scheine zusammen. Beim Repetitorium habe ich dann ziemlich schnell gemerkt, dass es gar nicht so viel zum Repetieren gab. Das Meiste war Neuland. Es wurde Zeit, den Kampf aufzunehmen. Ich war es von der Schule gewohnt, Verantwortung für mich zu übernehmen. Wie ich meine Zeit einteilte zwischen Lernen, Spaß und Geldverdienen, das war mir selbst überlassen.

Mit 16 habe ich bereits in den Ferien beim Gartenbauamt gearbeitet. Den Job hatte mir meine Mutter vermittelt. Wir haben Rasen gemäht, Laub geharkt und Rabatten gepflegt. Der Verdienst war nicht schlecht. Aber mir fiel auf, dass wir beim gleichen Verdienst wie die Festangestellten ungefähr das dreifache Pensum geschafft haben. Offenbar ist es ein gewaltiger Unterschied, ob man sein Leben oder nur ein paar Wochen lang in der Sommersonne einen Schotterplatz harken und mit dem Rasenmäher den Hundedreck durch die Gegend schleudern muss.

Weit weniger attraktiv war meine Tätigkeit als Brotlieferant. Morgens um zwei begann mein Dienst bei »Schlüter Brot«, natürlich am Samstag. Ich bin mit dem Kleinlaster kreuz und quer durch das morgendliche Berlin gefahren, wenn sich die Freunde so langsam auf den Heimweg machten. Der Kurierdienst für Arzneimittel war da schon angenehmer. Oder der Telefondienst im Rathaus Tempelhof, Außenstelle Lichtenrade, wo ich als Urlaubsvertretung schon mal ein bisschen Bürgernähe üben konnte.

Bei aller Sympathie für die Lichtenrader Scholle liegt uns Wowereits allerdings auch die Reiselust im Blut. Mit 18, kurz vor dem Abitur, bin ich mit meinem Bruder Achim zu einem Abenteuerurlaub nach Marokko aufgebrochen. Allerdings nicht mit dem R4 zum Kiffen ins Rif-Gebirge, sondern auf eine Rundreise, Pauschaltourismus pur, mit gebuchten Hotels und deutschsprachiger Reiseleitung.

Zuvor war ich bereits in Finnland gewesen zum Schüler-austausch. Ich hatte eine Brieffreundschaft gepflegt mit Seppo aus Karhula am finnischen Meerbusen. Das war spannend, weil Seppo Deutsch konnte (ich aber kein Finnisch) und wir ganz gut miteinander kommunizierten. Ich war in den Sommerferien vier Wochen in Finnland. Wir sind kreuz und quer durchs ganze Land getrampt, im Norden bis nach Rovaniemi am Polarkreis, dann zu Seppos Bruder nach Helsinki, dann in das Landhaus der Familie zum Fischen.

Seppo war von bemerkenswerter Langsamkeit in allem, was er tat. Die Dynamik, die die finnische Wirtschaft und das Bil-dungssystem dort in den letzten Jahrzehnten entwickelt haben, konnte mit Seppo jedenfalls nichts zu tun haben. Er war trotz-dem ein feiner Kerl, und ich wüsste zu gern, wie er den an-schließenden vierwöchigen Aufenthalt bei der Familie Wowereit in Berlin-Lichtenrade empfunden hat. Könnte sein, dass er ei-nen leichten Kulturschock erlitten hat. Mein großer Traum war es immer, als Austauschschüler oder -student für ein Jahr in die USA, nach Kanada oder Australien zu gehen. Aber es ergab sich nicht. Das Geld hätte ich nie aufgebracht, ein Stipendium kam nicht des Weges, und meine Mutter wollte ich auch nicht allein lassen.

Wie jeder gute Student aus kleinen Verhältnissen habe ich natürlich BAföG bezogen. Das Darlehen habe ich jahrelang in kleinen Raten zurückgezahlt. Ich finde dieses Bildungsdarlehen eine gute Sache. Es spornt während des Studiums ein wenig an. und wenn man später einen Beruf hat, bringen einen die Raten-zahlungen nicht um. Diese Form eines Generationenvertrages finde ich ausgesprochen sinnvoll, sehr viel schlauer als die Stu-diengebühren, die unsere Universitäten noch elitärer machen werden.

Da ich noch zu Hause wohnte, waren meine monatlichen Kosten relativ übersichtlich. Meine Mutter war natürlich sehr stolz auf mich. »Ich mach' mir den Buckel krumm, damit ihr es mal besser habt«, so lautete ihr Mantra. Und ich, der Student, war der lebende Beweis, dass Herthas Traum vom gesellschaftlichen Aufstieg ihrer Kinder Wirklichkeit geworden war.

Die Botschaft, die meine Mutter uns mit auf den Lebensweg gegeben hatte, lautete: Sieh' immer zu, dass du dir selbst helfen kannst. Mache dich nie abhängig. Das bedeutete nicht, dass man auf Hilfe verzichtete, aber man erwartete sie nicht unbedingt. Vor allem hieß es: Lass' dich nach Niederlagen nicht gehen, hör' auf zu jammern, sondern steh' wieder auf und mach' weiter. Das packst du.

Mein Bruder Achim war es, der mir bis zu seinem Unfall von seinem recht ordentlichen Einkommen als Gerüstbauer jeden Monat ein Taschengeld gab, ohne jemals auf Rückzahlung zu drängen. Und meine Oma steckte mir auch immer etwas zu. Insofern wurde mein Studium gesamtgesellschaftlich finanziert. Mir ging es finanziell nicht rosig, aber bestimmt nicht schlecht.

Im Referendariat, das ich unter anderem in der Kanzlei Neumann/Benneter absolvierte, bei der ÖTV, in der Senatsjugendverwaltung und im Amtsgericht Tempelhof-Schöneberg, gab es ja auch schon etwas Geld.

Von meinem ersten Referendar-Gehalt hat meine Mutter einen Pelzmantel bekommen. Was heute als Beitrag zu Tierquälerei gilt, war damals der Inbegriff von Wohlstand. Zum Glück war es Sommer, da waren die Preise im KaDeWe etwas moderater. Meine Mutter platzte fast vor Glück und wäre im Pelz bis nach Hause gelaufen, wenn die Temperaturen es zugelassen hätten. Es waren die Jahre, als immer noch die Phantasie vom ewigen Aufstieg, vom automatischen Immer-alles-besser herrschte. Wir waren fest überzeugt, dass wir uns auf der gesellschaftlichen Leiter nach und nach emporarbeiten würden. Dieses Vertrauen in den dauerhaften Aufstieg ist seither massiv enttäuscht worden, auch ein Grund dafür, warum die Politik an Ansehen verloren hat.

Ausziehen aus unserem Haus in der Schillerstraße war kein Thema für mich, selbst wenn ich es mir hätte leisten können. Ich spürte Verantwortung für meine Mutter. Wenn du da jetzt abhaust, dann sitzt sie alleine dort, habe ich mir gesagt. Alleine wird sie mit dem großen Haus und dem Garten nicht mehr fertig, also muss sie auch irgendwann raus. Und das bricht ihr das Herz. Dieses Haus war das steinerne Lebenswerk der Hertha Grüner, so klein es auch sein mochte. Es lag in meiner Hand, ob sie dort weiter wohnen durfte. Ich dachte nicht lange nach. Ich blieb einfach. Ich hatte ja alle Freiheiten.

Mein Ehrgeiz war immer von zwei Faktoren bestimmt, Pole, die auch die große Politik determinieren: Freiheit und Sicherheit. In der Schule war diesbezüglich eine 2 die ideale Note. Sie sah gut aus, man stand aber nicht unter Perfektionismusverdacht. Sie schaffte Freiheit für die nächsten Wochen und Sicherheit vor dem Sitzenbleiben.

Von meiner Mutter habe ich ein ausgeprägtes Sicherheitsbedürfnis mitbekommen. Ich würde nie leichtfertig einen erreichten Status aufgeben, um etwas Verrücktes auszuprobieren. Ich würde mich aber auch nie in die totale Abhängigkeit einer Partei begeben, wie es manche Kollegen gemacht haben. Sie haben ihr gesamtes Leben auf die Politik ausgerichtet. Damit sind sie unfrei, was sich bisweilen auch in ihrem politischen Handeln niederschlägt. Womöglich sind solche Volksvertreter eher zum Populismus gezwungen als andere. Ich wollte nie auf das Wohlwollen der Politik angewiesen sein. Ich habe viele gesehen, die auf der Strecke geblieben sind oder blödsinnige Zugeständnisse machen mussten, nur aus der Angst heraus, ihr Mandat oder die Funktion zu verlieren.

Wenn ich auch nicht zu Job-Experimenten neige, so ist mir berufliche Unabhängigkeit doch sehr wichtig. Ich möchte jeden Tag die Möglichkeit haben, etwas anderes zu tun. Das ist die Freiheits-Komponente. Natürlich kann es sein, dass ich mein Leben lang Politiker bleibe. Aber es muss nicht sein. Ich bin frei, ich entscheide darüber.

Vermutlich sind es die ostpreußischen Gene, die mich da leiten. Um Sicherheit und Freiheit zu kombinieren, war für mich immer klar, dass ich mein Studium beenden würde. Das zweite Staatsexamen war Pflicht, eine ordentliche Note ebenfalls. Es wurde dann ein »befriedigend«, eine Note, die nach juristischen Maßstäben Freiheit und Sicherheit garantierte.

Mein Bedürfnis nach Handlungsfreiheit ist vielleicht einer der Gründe, warum der Kompromiss meine Sache nie war. Ich war ein Dickschädel. Mit den altgedienten Seilschaften in der SPD verband mich wenig. Ich gehörte zu keinem Block, der Mainstream lief an mir vorbei. Das machte mich verdächtig in der Misstrauenskultur, wie sie in jeder Partei herrscht. Man hat mich bei jeder Gelegenheit spüren lassen, dass ich nicht dazugehörte.

Es wurde allerdings selten offen über solche Dinge gesprochen, sondern allenfalls in einer verklemmten Symbolik kommuniziert. Wie kraftraubend und ineffektiv diese ewige Andeuterei sein kann, habe ich im Zusammenspiel mit Ditmar Staffelt erfahren. Er galt als der kommende Mann der SPD; gemeinsam beherrschten wir Tempelhof. Er war ein alter Weggefährte, ein Naturtalent, schlau, witzig und mit der nötigen Härte ausgestattet. Die richtete sich allerdings eines Tages gegen mich.

Irgendwer musste Staffelt gesteckt haben, dass ich ihm angeblich Böses wollte. Fortan hat er mit aller Macht mein Fortkommen behindert, ohne es allerdings auszusprechen. Er installierte Ekkehard Band, damit ich nicht Kreisvorsitzender würde. Ich bin ins Abgeordnetenhaus gefahren, um ein klärendes Gespräch mit Staffelt zu führen. Genauso gut hätte ich eine Qualle an die Wand nageln können. Er wand sich, suchte Ausreden, ließ mich ins Leere laufen. Der Verlauf des Gesprächs überraschte mich nicht, aber ich wollte ihm die Unannehmlichkeit nicht ersparen, sich erklären zu müssen. Wenn man bedenkt, wie viel Energie unnötig in diese verkrampften Kämpfe fließt, wie viele gute Leute auf der Strecke bleiben, nur weil Probleme nicht angesprochen und erst recht nicht gelöst werden, dann wundert es mich, dass überhaupt noch Zeit zum Politikmachen bleibt. Diese Grabenkämpfe, nicht wenige davon aus einem Gefühl von Hysterie und Paranoia geführt, lähmen die SPD, aber auch jede andere Partei.

Zum Glück hatten wir seit Jahren unsere eigene Seilschaft und waren überdies ziemlich aktiv. Seit 1975 wirkte ich zum Beispiel als Bürger-Deputierter. Ich war ein so genannter Sachkundiger Bürger, der im Schulausschuss saß. Meine Arbeit in der Schülermitverwaltung kam mir sehr zugute. Ich war stimmberechtigt und damit mehr als nur demokratisches Dekor. Derart gremiengestählt wurde ich 1979 sofort stellvertretender Fraktionsvorsitzender in der Bezirksverordnetenversammlung (BVV). Die Runde war überaus CDU-lastig. Als Junger und Linker erfüllte ich da gleich zwei wichtige Quoten.

Nach dem zweiten Staatsexamen musste ich mich so langsam mal für einen Beruf entscheiden. Sollte ich Anwalt werden? Das hätte ich zeitlich mit meinem BVV-Mandat nicht vereinbaren können. Ein Posten in der Verwaltung bot mir die sicherere Berufsperspektive. Also bewarb ich mich als Regierungsrat zur Anstellung (z. A.), ohne es zu wissen im allerletz-

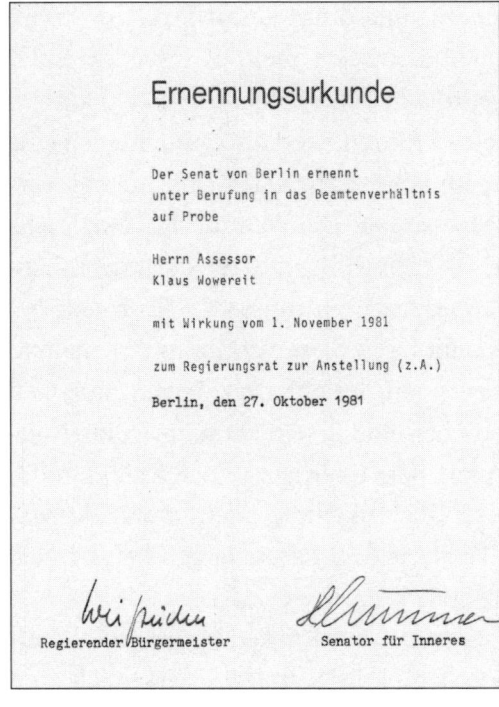

Ernennungsurkunde

Der Senat von Berlin ernennt
unter Berufung in das Beamtenverhältnis
auf Probe

Herrn Assessor
Klaus Wowereit

mit Wirkung vom 1. November 1981

zum Regierungsrat zur Anstellung (z.A.)

Berlin, den 27. Oktober 1981

Regierender Bürgermeister   Senator für Inneres

Richard von Weizsäcker und Heinrich Lummer unterschrieben meine Ernennungsurkunde.

ten Moment. Ein halbes Jahr später wurde ein Einstellungsstopp verhängt.

Meine Ernennungsurkunde wurde von dem Regierenden Bürgermeister Richard von Weizsäcker und von Innensenator Heinrich Lummer unterschrieben. Da konnte mir beim besten Willen niemand unterstellen, ich hätte den Job auf Grund meiner Parteizugehörigkeit bekommen. Allein meine ÖTV-Zugehörigkeit war schon ein gewaltiges Hemmnis. Ganz offensichtlich hatte ich mich im Bewerbungsverfahren durchgesetzt. Der Ernst des Berufslebens wartete auf mich. Wenn ich gewusst hätte, was auf mich zukam, wäre ich vielleicht doch erst mal auf Weltreise gegangen.

Berufsstart in der Politik:
Leben und Leiden eines Stadtrats

Expedition in den Behördendschungel – Kirschkuchen für den jüngsten Stadtrat aller Zeiten – für die Bürger, mit den Bürgern – Asbest und Kiezkultur – blonde Versuchungen und Sinnkrise – Ditmar Staffelt

>>*Fahr' du nur in Urlaub. Wenn du zurückkommst,*
liege ich in der Ecke.<<
Mutter Hertha zu ihrem Sohn Klaus

Das richtige Leben konnte grausam sein. Auf der Universität hatte ich eine Menge erfahren über Recht und Unrecht, über Gesetze, Verfahren und ihre Anwendung. Was ich allerdings in meinem ersten richtigen Job erlebte, hatte mit den schönen Hörsaal-Weisheiten nur wenig zu tun. Die Realität der Berliner Verwaltung unterschied sich gewaltig von den theoretischen Erörterungen in den Seminaren. Das Studium verhielt sich zu echten Aktenbergen wie Alex zu Ku'damm: Eigentlich sollten sie nah beieinander sein, doch tatsächlich lagen Universen dazwischen.

Mein Wirken als Regierungsrat z. A. verschaffte mir Einblicke in den Berliner Behördenalltag, die mich bis heute prägen.

Als eine Art Volontär wurde ich je neun Monate in verschiedene Abteilungen gesteckt. Im Rechnungshof bekam ich sehr schnell einen Eindruck, wer wo wie mit dem Geld der Bürger umging. In der Finanzverwaltung musste ich mit staatsanwaltschaftlichen Ermittlungen in der Hand Schadenersatzansprüche gegen Krawallteilnehmer durchsetzen, die sich am Nollendorfplatz entschieden daneben benommen hatten. Und in der Wirtschafts- und Verkehrsbehörde war ich mit einem komplexen Planfeststellungsverfahren für den Südgüterbahnhof beschäftigt. Seither weiß ich, warum Großprojekte wie etwa ein Flughafen eine unglaublich lange Anlaufzeit brauchen.

Wer jahrelang das kommode Studentenleben gewöhnt war, der bekommt bei so viel großstädtischer Verwaltungsroutine einen gehörigen Schock. Hier war nichts so, wie es in unseren Lehrbüchern gestanden hatte. Nach den ersten 14 Tagen einer schmerzhaften und von ziemlicher Verwirrung geprägten Gewöhnungsphase stellte ich plötzlich fest, wie spannend die Arbeit sein konnte, wenn man morgens Unterlagen vom Staatsanwalt erhielt, mittags eine Senatsvorlage und sich bis zum Abend noch zu komplexen Verfassungsfragen äußern sollte. Was die Politik auf der Bühne verkündete, musste hinter den Kulissen im Halbdunkel der Behörden in juristisch verlässliche Handlungsanweisungen gegossen werden – eine echte Herausforderung an die Kreativität. Das war die positive Seite.

Dagegen stand eine sehr eigentümliche Atmosphäre in den Verwaltungsstuben – besonders im Rechnungshof, einer weitgehend spaßbefreiten Zone. Mit den Jahren passten sich die Mitarbeiter offenbar ihrer Umgebung an. Alles musste funktionieren wie ein Leitz-Ordner: Klappe auf, Akte rein, Deckel zu, Ruhe. Bloß keine Überraschung, nur nichts Kompliziertes, das die Abläufe durcheinanderbrachte. Kreativität und Einsatz wa-

Ein Gruppenbild zum Thema Generationswechsel in der Politik. Ich war der jüngste Stadtrat Berlins.

ren nicht besonders gefragt. Es regierte die Vorschrift. Freudlosigkeit war Programm. Es fehlten eigentlich nur die Ärmelschoner.

Wieder waren es Glück und Zufall, die mir ein Berufsleben zwischen grauen Aktendeckeln und traurigen Zimmerpflanzen erspart haben. Die Umstände allerdings waren tragisch. Völlig überraschend erkrankte Willy Blume, unser Tempelhofer Stadtrat für Volksbildung. Er war Fraktionsvorsitzender in der Bezirksverordnetenversammlung (BVV), ich sein Stellvertreter. Als er Stadtrat wurde, stieg ich zum Fraktionschef auf. Den

Posten des Stadtrats allerdings wollte mir Gisela Pravda streitig machen. Ich sei doch noch sehr jung, erklärte sie mir fürsorglich, und solle ihr zuliebe doch bitte verzichten. Sie spekulierte auf die Frauenquote. Unbekümmert suchte ich den Konflikt. Noch vor dem Kreisdelegiertentag machte Frau Pravda einen Rückzieher.

Ich zögerte keine Sekunde. Das war meine Chance. Ich wurde nicht nur aus meiner Verwaltungslaufbahn befreit, sondern konnte zudem noch mein Hobby Politik zum Beruf machen. Und selbst wenn alles schiefgehen würde, hatte ich noch meinen Wiedereinstellungsanspruch als Regierungsrat. Mir ist bis heute wichtig, dass ein politisches Amt oder Mandat nicht meine alleinige Existenzgrundlage ist. Als gewählter Politiker muss man jeden Tag aussteigen können, egal, ob freiwillig oder erzwungen.

Am 1. Februar 1984 war es so weit. Der jüngste Stadtrat Berlins nahm seine Amtsgeschäfte auf. Seine gewaltige Bedeutung konnte er an einer ersten vergleichsweise harmlosen Geschichte in der *Bild*-Zeitung ablesen. »3K – Klopse, Kirschkuchen, Kandis« lautete die historische Überschrift. Denn ich musste einen Fragebogen ausfüllen, was ich am liebsten esse. Daraufhin wurde ich jahrelang, wo immer ich hinkam, mit Kirschkuchen bewirtet. Ich hatte einen gewaltigen Karrieresprung gemacht. Was hatte mich in dieser kurzen Zeit so weit gebracht? War es Glück? Zufall? Womöglich gar Können? Oder ein völlig normaler Schritt? Ein Grund war auf jeden Fall die Abwesenheit von Karriereplanung. Ich hatte Spaß an dem, was ich machte. Das ist in meinem Beruf nicht selbstverständlich. Viele Kollegen funktionieren einfach nur noch vor sich hin. Der Faktor Lust wird in der Politik häufig gering geschätzt.

Der neue Job war eine immense Herausforderung. Berlin ist ein Stadtstaat, so wie Hamburg und Bremen auch. Unter dem Regierenden Bürgermeister gibt es wiederum Bezirksbürgermeister, die ihre Stadtteile von der Größe westdeutscher Kleinstädte mit großer Unabhängigkeit regieren. Als Stadtrat ist man demnach ein kleiner Minister und ein relativ großer Lokalpolitiker zugleich, der sein Ressort sehr dicht am Bürger zu führen hat. Im Vergleich zu einem großen Bundesminister steht ein Berliner Stadtrat praktisch täglich im Kontakt, aber durchaus auch im Konflikt mit den Menschen, die ihn eines Tages wiederwählen sollen. Wie ein Bundesminister kommandierte ich zugleich an die 3000 städtische Angestellte. Da war jeden Tag Gesprächsbedarf. Man kann sich nicht in den Schutz hoher Ministeriumsmauern begeben, es gibt kein Entkommen vor den Bürgern.

Wie wohl jeder Job-Anfänger stürzte ich mich voller Elan und hochfliegender Pläne in die neue Aufgabe: Alles sollte besser, schöner, moderner werden. Ganz so einfach war der Start allerdings nicht. Die älteren Schulleiter hatten auf so einen neunmalklugen Jungspunt wie mich nur gewartet. Sie wollten mir bei jeder Gelegenheit beweisen, dass ich noch viel lernen müsse. Schnell merkte ich, dass ich nur eine Chance hatte. Ich musste genauso viel wissen wie sie, eher noch mehr.

Relative Jugend ist in Deutschlands seniorenlastigen Gremien ein echtes Diskriminierungsmerkmal. Ich konnte nur durch Kompetenz gewinnen. Dann würden sie mich ernst nehmen müssen. Immerhin: In meiner Partei hatte ich vorübergehend mal kaum Probleme. Als Fraktionsvorsitzender der Bezirksverordnetenversammlung, zu dem ich schon drei Jahre vorher gewählt worden war, war ich bereits bekannt und akzeptiert.

Bald musste ich allerdings feststellen, dass die Bildungspolitik eines der schwersten Politikfelder ist, voller Gruben und Fallstricke, ohne viel Aussicht auf Lob und Anerkennung. Viele Menschen geben sich der Illusion hin, man könnte jemals einen Idealzustand erreichen, in dem jedes Kind bestmöglich gefördert, jedes Talent erkannt, jede Schwäche und Ungerechtigkeit systematisch ausgeglichen werden kann.

Diesem Zustand kommt man womöglich nahe, wenn das soziale Umfeld, die Herkunft der Menschen sowie der Ehrgeiz von Schülern, Eltern und Lehrern in einem bilderbuchmäßig idealen Verhältnis zueinander stehen. In manchen Gegenden Süddeutschlands mag das der Fall sein. In deutschen Großstädten allerdings hat die Bildung immer mit widrigen Umständen zu kämpfen. Berlin ist genauso wenig Bullerbü wie Hamburg, Bremen oder Frankfurt.

Wer seine politische Karriere im Bildungsressort gleich am Anfang ruinieren will, der sollte erstens hochnäsig sein und zweitens nie eine Elternversammlung besuchen. Ich probierte das Gegenteil. Jeden zweiten Abend war ich unterwegs, um mir die Sorgen von Lehrern, Eltern, Schülern, Funktionären und anderen Experten anzuhören. Dazu musste ich mich in das komplexe Dienstrecht einfinden, Lehrstellenpläne ausklügeln und nebenbei noch die neuen Trends in der Pädagogik verfolgen, die denen in der Mode nicht ganz unähnlich sind.

Bildungspolitik ist eine Dauerbaustelle, ungefähr so wie die Golden Gate Bridge. Kaum hat man sie einmal gestrichen, kann man vorne wieder anfangen. Und mittendrin blättert und bröselt es trotzdem hier und da. Eltern, die verständlicherweise das Beste für ihr Kind wollen, haben oft eine Traumschule im Kopf, die sie der Politik mit aller Gewalt abverlangen. Diese Schulen, in denen alles klappt, in denen artige, fleißige Schüler mit hochmotivierten Lehrern in toll ausgestatteten Räumen zusammen-

Sommer fegt das Rathaus leer

Bürgermeister Jaroch hat schon eine Woche Paris hinter sich / Stadtrat Tobisch legt im Harz die Füße hoch / Detlef Schmidt schnuppert Sylter Luft

Sommer in Tempelhof, so manche Amtsstube ist leergefegt. Erholung wird gesucht, Abschalten vom Alltagsstreß, sei es in fernen Landen oder gar im heimischen Garten. Wir hörten uns im Rathaus um.

Bürgermeister Siegmund Jaroch (CDU) ist gerade von einer einwöchigen Reise in seine Lieblingsstadt Paris zurück. „Ich fahre mindestens einmal im Jahr dorthin. War

Siegmund Jaroch: Paris ist meine Lieblingsstadt!

auch dieses Mal wieder auf dem Eiffelturm, habe mir das Centre Pompidou und Notre Dame angesehen. Ich kenne die Stadt wie aus meiner Westentasche."

Volksbildungsstadtrat Klaus Wowereit (SPD) bricht Ende August zu einer zehntägigen Reise mit dem Drahtesel durch Burgund auf. „Die Fahrt ist organisiert. Ich werde täglich 30 bis 50 Kilometer abstrampeln."

Volksbildungsstadtrat Klaus Wowereit (SPD): „Zehn Tage mit dem Fahrrad durch Burgund – darauf freue ich mich riesig"

Die Titelseite des Wochenblattes *Lichtenrade/Marienfelde vom 2. August 1990.*

arbeiten und von engagierten Eltern gestützt und gefördert werden, es mag sie hier und da geben.

Aber der Normalfall sieht anders aus. Viele Eltern erwarten, dass die Schule richtet, was daheim versäumt wurde. Manche Lehrer sind in vielen Berufsjahren erstarrt und verzweifelt. Und die Verwaltung ist auch kein Musterbeispiel für Experimentierfreude.

Veränderungen kosten nicht nur Zeit, sie brauchen vor allem einen Mentalitätswechsel, durchaus auch bei den Eltern. Wenn ich die Klagen von Lehrern höre, dass Kinder am Montag völlig konfus in den Unterricht kämen, weil sie das ganze Wochenende vor Computer und Fernseher gehockt haben und durch Traumwelten gerast sind, die sie womöglich noch gar nicht richtig verstehen, dann fehlt mir das Verständnis für Erziehungsberechtigte, die eine solche Reizüberflutung zulassen.

Berlin ist Vielfalt, auch im Bildungswesen. Mag sich die ganze Republik über die Zustände an der Rütli-Schule in Neukölln empören, wir haben zugleich eine Vielzahl erstklassiger Schulen in der Hauptstadt. Und es werden immer mehr. Die Zahlen sprechen für uns: In den letzten Jahren hat sich Berlin beharrlich aus dem unteren Drittel der Ranglisten herausgearbeitet, wo andere Stadtstaaten wie Bremen oder Hamburg trotz langjähriger unionsgeführter oder -beteiligter Regierungen verharren. Schön auch, dass die konservative Bundesregierung das Thema Kinderbetreuung im Frühjahr 2007 mit großem Getöse für sich reklamiert hat. Fakt ist aber auch, dass im CDU-geführten Hamburg kaum eine Mutter die Chance hat, ihr Kind unterzubringen, wenn es nicht mindestens drei Jahre alt ist. Wir in Berlin dagegen bieten schon für Einjährige eine Vielzahl von qualitativ erstklassigen Betreuungsplätzen.

Tatsache ist aber auch, dass Bildungspolitik in den Metropolen oftmals eher Krisen-Management bedeutet als sorgsames und langfristiges Gestalten. Wenn überforderten Eltern die Bereitschaft fehlt, ihr Kind in die Krippen zu geben, wenn Kinder ohne ausreichende Deutschkenntnisse eingeschult werden, wenn das ganze häusliche Umfeld bildungsfeindlich oder zumindest gleichgültig eingestellt ist, dann kann selbst die Politik solche Verhältnisse nicht mit ein paar Gesetzen ändern.

Fakt ist: Ein Kind aus einem gutbetuchten Bildungsbürgerhaushalt, das mit sechs Jahren lesen, schreiben und Klavier spielen kann, besucht häufig dieselbe erste Klasse wie ein Einwandererkind, das nie im Kindergarten war und dessen deutscher Wortschatz sich in ein paar Brocken Reklametexte erschöpft, die es im Fernsehen aufgeschnappt hat.

Diese gewaltigen Unterschiede müssen ausgeglichen werden, so früh wie möglich, ohne dass eines der beiden Kinder um seine Chancen gebracht wird. Mit unserer im Bundesvergleich erstklassigen Betreuung von Kleinkindern versuchen wir, solche Ungleichheiten von Anfang an zu beheben. Aber die Politik kann nicht alles reparieren, was im Elternhaus oder in anderen Bereichen der Gesellschaft schiefläuft, auch wenn sich vieles

Die Integration der Kinder ausländischer Mitbürger ist für Berlin von zentraler Bedeutung.

fraglos besser organisieren lässt, als es unsere Vorgänger in Berlin lange Jahre gemacht haben. Meine Regierung ist sich der Probleme bewusst, nur dauern Reformen im Bildungsbereich immer besonders lange. Und manche müssen auch nachjustiert werden.

Bildung ist ein Endlosthema, viele Probleme von heute haben uns bereits in den 70er Jahren beschäftigt. Damals wurde heftig über »Bussing« debattiert: die Idee, Kinder aus Problemkiezen per Bus in die besseren Viertel zur Schule zu schaffen und umgekehrt, um eine soziale Durchmischung zu erreichen und eine Ghettobildung sowohl der Besser- als auch der Geringverdienenden zu verhindern. Wir haben auch damals schon über Zuzugsbeschränkungen geredet, in der naiven Annahme, die Politik könnte steuern, wie sich Schulklassen zusammensetzen. Die Kreativität, mit der Eltern sich solchen Maßnahmen zu entziehen wissen, würden wir heute wahrscheinlich nicht mehr so leichtfertig unterschätzen.

Es ist ja richtig, wenn der Neuköllner Bezirksbürgermeister Heinz Buschkowsky manchen Missstand kritisiert. Wenn er aber behauptet, die Berliner Verhältnisse kämen denen in Rio de Janeiro gleich, dann überzieht er. Bei uns toben keine Straßenkriege zwischen Dealerbanden und Polizei, die tägliche Todesopfer fordern. Unser »Arbeitsprogramm Hauptschule« haben wir lange vor dem Rütli-Skandal aufgelegt. Ich frage mich manchmal, warum Buschkowsky seine durchaus vorhandene Macht als Bürgermeister nicht besser nutzt und die beanstandeten Verhältnisse ändert, anstatt sich auf Kosten meiner und auch seiner Partei mit Brachialkritik zu profilieren.

Neben den allgemeinen Schulen waren dem Youngster Wowereit auch noch das Kunstamt, die Musikschule und die Volkshochschule unterstellt. Es war ein gewaltiger Batzen Geld, den ich zu verteilen hatte. Aber er schmolz auch in Rekordzeit. Immer waren es zu wenig Räume, zu große Klassen, zu viele Unterrichtsausfälle, Konflikte ohne Ende und immer alles gleichzeitig.

Nahezu täglich standen aufgebrachte Eltern auf meiner Matte, verzweifelte Direktoren und zumindest beim Protestieren hochmotivierte Mitglieder der GEW (Gewerkschaft Erziehung und Wissenschaft). Nie zuvor und seither auch nie wieder war Politik so unmittelbar zu greifen wie in diesen Jahren. Ich konnte die Rahmenbedingungen zwar nicht ändern, aber innerhalb dieses Rahmens frei entscheiden. Wenn ich bedenke, wie herzlich mein Abschied nach elf Jahren ausfiel, dann kann es so ganz falsch nicht gewesen sein, was ich damals gemacht habe.

Auf meinem neuen Posten wurde mir sehr schnell klar, dass die täglichen Krisen keine Ausnahme waren, sondern der Normalzustand. Als sich eines Tages herausstellte, dass einige Schulen asbestverseucht waren, standen plötzlich 2400 Schüler auf der Straße. Die eine Seite spielte das Thema herunter, die andere umso höher. Viele Eltern reagierten verständlicherweise hysterisch. Denn keiner wusste damals genau, was Asbest eigentlich ist und was es so gefährlich macht, nicht mal die Amtsärzte.

Aber alle redeten umso aufgeregter mit. Und jeder von ihnen verlangte mich pro Tag dreimal am Telefon. Ich hatte schlaflose Nächte, was bei mir sonst relativ selten vorkommt. Mit schlauen Reden oder Papieren war jedenfalls nichts gewonnen. Taten waren gefragt. Mir gelang es, Räume in der Uni zu organisieren, wir stellten Container auf, in denen vorübergehend Unterricht erteilt wurde. Wie immer in Ausnahmezeiten rücken die Menschen plötzlich zusammen, sie helfen und respektieren sich, Dinge sind möglich, die im verregelten Alltag völlig unvorstellbar gewesen wären.

Paradox, aber wahr: Nicht die guten, ruhigen Zeiten werden für Veränderungen genutzt. Dann fehlt offenbar der Druck. Nein, Krisenzeiten sind die wahren Produktivphasen von Politik und Gesellschaft. So erwies sich auch die Asbest-Seuche für viele Schulen und ihre Lehrer im Nachhinein als große Chance. Es gab die Möglichkeit zum Neuanfang in frischen Räumen, Schüler, Lehrer und Eltern fanden auf neuen Ebenen zusammen, manche Schulen erlebten nur deswegen eine Renaissance, weil sie endlich mal aus ihrem Trott gerissen worden waren.

Ganz ähnlich verhielt es sich im März 2006 mit der Rütli-Schule. Der offene Brief der Lehrer an den Senat war zwar eine Bankrott-Erklärung der Pädagogen, führte aber dazu, dass neue Kräfte eingestellt wurden und ein weiterer Schulpsychologe hinzukam. Das zum Teil deutlich überzogene mediale Gelärme hat die Verhältnisse an dieser Schule jedenfalls verbessert; eine Krise hat die Chance zum Neuanfang geboten.

Ein gutes Jahr nach Rütli müssen wir aber auch feststellen, dass alle Mittel, die die Politik zur Verfügung hat, nicht viel bewirken können, wenn sich ein Teil der Schülerschaft jeder Pflicht zur konstruktiven Mitarbeit entzieht. Junge Menschen haben das Recht auf eine gute Schule, auf motivierte Lehrer, später dann auf eine gute Ausbildung. Aber sie haben auch die Pflicht, ihr Bestes zu geben, Leistung und Engagement zu zeigen. Nur wenn beide Seiten mitmachen, kommen wir zu Erfolgen.

Junge Männer und Frauen, die bräsig und höhnisch in ihren Bänken lümmeln, entsprechen nicht meiner Vorstellung von konzentriertem Lernen. Wem seine Zukunft egal ist, der ist auch mit dem üblichen Instrumentenarsenal, das der Lehrer zur Verfügung hat, nicht zur Räson zu bringen. Und auch die Politik steht hilflos daneben, wenn Menschen sich den gesellschaftlichen Mindestanforderungen entziehen.

Ich will die früheren Zeiten bestimmt nicht idealisieren, aber ich meine schon, dass der Hunger der jungen Leute, der Wille zum gesellschaftlichen Aufstieg vor 20, 30 Jahren etwas stärker ausgeprägt waren. Im Notaufnahmelager Marienfelde landeten zum Beispiel täglich neue Um- und Aussiedler aus Polen und der Ukraine. Deren Kinder mussten wir integrieren, ohne dass die Kleinen ein Wort Deutsch beherrschten. Mich hat die Motivation dieser Leute sehr beeindruckt, die mit aller Kraft den Ein- und Aufstieg in unserer Gesellschaft erreichen wollten. Viele dieser Menschen waren aus dem Holz meiner Mutter geschnitzt.

Naturgemäß gab es auch Problemfälle, meist jüngere Männer, die den Wohlstand in der neuen Heimat nicht über den mühsamen Weg des ehrlichen Geldverdienens erreichen wollten. Einmal haben Eltern gedroht, ihr Kind würde sich umbringen, wenn es einen bestimmten Schulplatz nicht bekäme. Ein weiteres emotional besetztes Thema war die Integration behinderter Kinder in normale Schulklassen, die wir gegen die offizielle Politik der Bildungssenatorin Hanna-Renate Laurien durchgesetzt haben. Gerade bei der Beschulung von Kindern mit Down-Syndrom waren wir Berliner weit vorn im Bundesvergleich.

Es war ein großer Apparat, den ich in Schwung zu halten hatte, mit sehr verschiedenen Leuten, deren Vorgesetzter ich war. Es waren manche Idealisten darunter, manche Opportunisten, aber auch viele ebenso normale wie tolle Menschen. Ich bin dankbar für diese Jahre, in denen ich ein paar Erkenntnisse gewonnen habe, die mir noch heute helfen, den Weg – nicht nur – durch die Politik zu finden.

Erstens: Es hilft nicht automatisch, immer mehr Geld ins System zu pumpen. Weiche Werte wie Motivation, Kreativität und Offenheit für Neues sind meistens wichtiger.

Zweitens: Schule ist ein Herzstück jeder Kommune. Hier sind nicht nur Kinder, sondern auch Eltern, Großeltern, Verwandte beteiligt. Unser Nachwuchs lernt Rechnen und Schreiben, aber auch ein tolerantes Miteinander. Es genügt daher nicht, Kinder nur am Vormittag zu betreuen und sie dann sich selbst zu überlassen.

Drittens: Viele Lehrer machen ihren eigenen Berufsstand schlecht. Daraus hat sich eine verhängnisvolle Abwärtsdynamik entwickelt, die zu einem dramatischen Ansehens- und Respektverlust von Lehrern geführt hat.

Viertens: Man ist in der Bildungspolitik wie in der gesamten Politik fast immer mit den Problemfällen konfrontiert. Wenn es irgendwo gut läuft, interessiert es niemanden. Aber jede kleine Krise kann einen den Kopf kosten, wenn man nicht aufpasst.

Für mich war das ein unglaublicher Erfahrungsschatz, den ich da über elf Jahre zwischen Elternvertretern, Lehrergewerkschaftern und Schülern sammeln durfte. Meine stärksten Verbündeten waren oft die Eltern. In den Gremiensitzungen mochten sie noch sperrig sein, aber hinterher beim Bier kamen dann die wirklichen Beweggründe auf den Tisch. Es mag platt klingen, ist aber wahr: Wenn das zwischenmenschliche Klima stimmt, lassen sich Probleme oft einfacher lösen als durch das stumpfe Befolgen von Vorschriften.

Sobald ich den Menschen persönlich erkläre, wie meine Handlungsspielräume aussehen, warum ich bestimmte Grausamkeiten begehen muss, haben sie plötzlich sehr viel Verständnis. In einem Familienhaushalt ist es ja nicht anders. Alle Wünsche können nicht erfüllt werden. Aber man kann darauf achten, dass jeder zu seinem Recht kommt.

So haben der junge Stadtrat und seine Bürger an einem Kneipenabend womöglich mehr voneinander gehört und gelernt als in einem Dutzend Gremiensitzungen. Was nebenbei den Vorteil hatte, dass ich beim Einkaufen überwiegend nett angesprochen wurde. Ich hatte einen Horror davor, am Samstagmorgen zwischen Gemüseladen und Bäcker von aufgebrachten Eltern gestellt und beschimpft zu werden.

Es passierte natürlich doch immer mal wieder. Mehr als einmal haben mir empörte Lehrerinnen im Reichelt-Supermarkt aufgelauert. Ich wies sie dann immer darauf hin, dass sie den Dienstweg nicht einhalten würden, habe mich aber dennoch um ihr Anliegen gekümmert. So was spricht sich rum. Und über Jahre addieren sich viele kleine Supermarkt-Begegnungen zu einer politischen Mehrheit. Insofern hat sich Politik in den letzten Jahrzehnten kaum verändert.

In der Kommunalpolitik lernt man, Probleme sofort anzugehen und zu lösen und vor allem, die Menschen nicht zu unterschätzen. Auf Außenstehende mögen die Siedlungen und Häuserblocks in Lichtenrade, Mariendorf und Tempelhof einen verschlafenen Eindruck machen. Die Viertel sind nicht schick, nicht hip, nicht einmal niedlich. Hier stehen keine Fachwerkhäuser, selbst die Schmiedeeisen-Quote ist niedrig. Hier leben Normalbürger friedlich miteinander. Haben sie auch nicht alle Details parat, so besitzen sie doch ein sehr präzises Gespür für gute oder schlechte Politik. Wer als Politiker hier groß wird, der bekommt ganz zwangsläufig mit, was die Menschen umtreibt.

Am meisten Spaß hat mir die Kultur bereitet. Zum 60. Geburtstag von Günter Grass haben wir in unserer kommunalen Galerie eine große Ausstellung gemacht, wir hatten eine tolle Bilderschau von Nikolai Makarov, der aus der UdSSR übergesiedelt war, in Ost-Berlin lebte und sich inzwischen auch als Veranstalter von Kakerlaken-Rennen einen Namen in der Berliner Szene gemacht hat.

Im Volkspark Mariendorf haben wir einen Kultur-Lustgarten veranstaltet, auf dem die Kelly-Family drei Tage am Stück musizierte, als sie noch keiner kannte. Ich habe den jungen Max Raabe erlebt, mit dem Charlottenburger Turnschuh-Orchester, wir hatten den Sänger und Entertainer Gunter Emmerlich und den DDR-Schlagerstar Frank Schöbel zu Gast.

Schon wieder bewege ich mich auf dem gefährlichen Terrain der Nostalgie. Aber ich glaube tatsächlich, dass die Begeisterung gerade der freiwilligen Helfer damals größer war. Rita Sommerfeldt und Bernd O. Hölters waren meine wichtigsten Stützen. Wir waren eine Super-Truppe, engagiert, lebendig, lustig. Alle halfen, manche standen auch einfach nur geschäftig herum. Aber am Ende haben wir immer etwas auf die Beine gestellt, und wenn der Etat noch so klein war. Es war ein kommunales Leben wie aus dem Bilderbuch.

Eine solche Atmosphäre kann nur dort entstehen, wo die Sozialdemokratie die kulturelle Hegemonie erobert hat. Willy Brandt hat immer großen Wert darauf gelegt, dass die SPD alle Bereiche der Kultur pflegt und frei hält von den unmittelbaren Verwertungsinteressen einer oftmals seelenlosen Entertainment-Industrie. Nicht das Aktiendepot, sondern das kulturelle Kapital ist es, was die Menschen bereichert.

Kultur, das bedeutet für mich vor allem Mitmach-Kultur, bei der jeder dabei ist, vom Familienvater am Grill bis zur kostümnähenden Mutter und dem Kind auf der Bühne. Außer dem Sport gibt es keinen anderen Bereich, der die Menschen zusammenbringt und zusammenhält. Letztendlich ist es völlig gleichgültig, ob es um Schultheater geht, ein Rockkonzert oder irgendwelche experimentellen Happenings, deren Sinn sich mir auch nicht immer erschließt. Egal. Wichtig ist die intellektuelle Auseinandersetzung der Menschen mit ihrer Umwelt.

Und da waren wir Berliner schon immer weit voraus. Wenn die deutsche Hauptstadt eine verheißungsvolle Zukunftsperspektive hat, dann ist es die Kultur. Junge Maler aus Osteuropa müssen sich hier ebenso wohlfühlen wie Kunstsammler aus Amerika, museumshungrige Touristen aus der Provinz ebenso wie Schauspieler aus der ganzen Welt. Unsere Offenheit, unsere Gelassenheit, unsere Angebote von Opulenz bis zu spartanischer Klarheit, das alles macht die Berliner zu perfekten Gastgebern für die globale Kulturszene. Vom Zeltlager bis zum Grand Hotel, vom billigen Atelier bis zur Museumsinsel, vom illegalen Hinterhofklub bis zum Olympiastadion haben wir für alles eine Bühne zu bieten. Und wir freuen uns, wenn diese Bühnen jeden Tag aufs Neue bespielt werden.

1970 ist meine Mutter in Rente gegangen, Mitte der siebziger Jahre zog mein Bruder Achim wieder zu uns in die Schillerstraße. Weil Achim dauerhaft an den Rollstuhl gefesselt war, haben wir das Haus komplett umgebaut, mit Rampen und Hebebühne. Ich zog nach oben, die Treppe sicherte mir ein wenig Privatsphäre. Im Schnellkurs habe ich erfahren, was es bedeutet, in Deutschland behindert zu sein. Jede Treppenstufe kann zu einem unüberwindlichen Hindernis werden.

Meine Mutter hatte sehr starke Bestrahlungen bekommen, die den Krebs zwar vertrieben, sie aber zum Strahlenopfer machten. Die Dosierungen damals waren sehr viel heftiger als heute, zudem arbeiteten die Geräte längst noch nicht so präzise wie die modernen. Überdies litt Hertha an schweren Thrombosen. Gustav hatte sich schon zuvor davongemacht. Ob er wohl gedacht hatte, dass meine Mutter sterben würde? Sie hat sich aber immer aufgerappelt. Wenn Feiern anstanden oder eine Reise, dann war sie topfit. Das liegt in der Familie.

Wenn wir im Winter zum Skifahren gingen, kam sie häufig mit. Ich bin oft mit dem Auto gefahren und habe sie bis München fliegen lassen. Manchmal habe ich sie auch einfach eingepackt, und wir sind losgesaust. Es muss eine gewaltige Anstrengung für die alte Dame gewesen sein, aber sie hat nie geklagt. Hertha war dabei – das war wichtig, für sie und für uns.

Zum Glück hatte ich immer Freunde, die sich rührend um sie kümmerten. So kam ich auch dazu, mal einen halben Tag auf Skiern zu stehen. Meine Mutter wurde in den Pferdeschlitten gesetzt, manchmal gingen wir auch nur ein paar Schritte bis zum nächsten Café. Die klare Luft und der Ski-Trubel taten ihr gut. Meistens waren wir in Südtirol, in Sextenmoos.

Natürlich fiel es mir anfangs schwer, meine eigene Mutter zu versorgen und den gelähmten Bruder gleich danach. Aber mit der Zeit klappte es besser. Wenn es keine Alternative gibt, denkt man nicht lange nach, sondern macht einfach. Die Dinge müssen ja erledigt werden. Auch in dieser Hinsicht war meine Mutter ein Vorbild gewesen.

Ich habe diese Pflege nie romantisiert, sondern schnell begriffen, wie aufreibend dieser Job sein kann. Auch wenn ich mich nicht unter Druck gesetzt oder eingeschränkt fühlte, so erforderten die alltäglichen Spielchen meiner beiden Pflegebedürftigen doch starke Nerven und manchmal auch eine gewisse Härte. Es gibt da diese dauernden kleinen Erpressungsversuche, Vorwürfe, die Betreuungskräfte würden ihren Schützling beklauen oder sich nicht genug um ihn kümmern. Pflegefälle entwickeln eine unglaubliche Kreativität, wenn es darum geht, Aufmerksamkeit zu erlangen.

Der Pflegende, das ist die Kunst, muss der Versuchung widerstehen, laut oder sonst wie ungemütlich zu werden. Umgekehrt darf er auch auf keinen Fall ständig nachgeben, sonst entsteht eine totale Abhängigkeit. Wenn ich zum Beispiel ein paar Tage verreisen wollte, dann sagte meine Mutter: »Fahr' du nur in Urlaub. Wenn du zurückkommst, liege ich in der Ecke.« Das war der brachiale Versuch, ein schlechtes Gewissen zu erzeugen, um mich von der Reise abzuhalten. Auch wenn es manchmal schwerfiel, so war es wichtig, dass man trotzdem fuhr.

Es bedurfte mancher Anstrengung, dieses schlechte Gewissen nicht wuchern zu lassen. Als Pfleger hat man ohnehin ständig dieses Gefühl, nicht genug zu tun. Aber man darf sein eigenes Leben nicht aufgeben, sonst ist man in der Pflegefalle verloren. Wie schnell das gehen kann, habe ich bei einem Fall in der Nachbarschaft erlebt.

Es mag herzlos klingen, aber ich habe großen Wert darauf gelegt, mir meine Freiräume zu erhalten. Mag mir meine Mutter das manchmal übel genommen haben, sie hat es insgeheim sicher verstanden. Als wir uns an die Pflegesituation gewöhnt und aufeinander eingespielt hatten, herrschte ein wirklich gutes Verhältnis zwischen uns, ein Gleichgewicht von Geben und Nehmen. Ihre Dankbarkeit war mir wichtig.

Und für meine Reiselust musste sie einfach Verständnis aufbringen. Sie war ja genauso gestrickt. Sehr häufig bin ich mit meinem querschnittsgelähmten Bruder nach Italien gefahren. Wann immer es ging, bin ich auch auf Fernreisen gegangen. Eine Weile, lange vor dem großen Boom, zog es mich nach China. Mit einer Gruppe aus Tempelhof bin ich einen Teil der alten Seidenstraße abgefahren, auf der sich schon Marco Polo bewegt hat.

Wir fühlten uns, als hätte man uns auf einen anderen Planeten gebeamt. Es war doch erschreckend, in welcher Ärmlichkeit die Menschen dort ausharrten. Weil unser Gepäck verloren gegangen war, steckten wir tagelang in alten Umhängen der chi-

Reisen war immer eine meiner großen Leidenschaften. Hier in Island, in den 90er Jahren.

nesischen Armee. Die Einheimischen werden sich sehr über uns gewundert haben.

Beeindruckend war für mich auch eine Reise nach Birma. Die Menschen in diesem politisch seit Ewigkeiten zerrütteten Land sind von einer fast beschämenden Freundlichkeit und Zurückhaltung. Bei allem Elend haben wir kaum Bettler gesehen. Wie es die Leute dort schaffen, trotz eines brutalen Steinzeit-Kommunismus so höflich und anständig zu bleiben, ist mir ein Rätsel. Nirgendwo habe ich das Auseinanderklaffen von schlechter Politik, von Diktatur und Drangsalierung einerseits und einer aufrichtigen Alltagsherzlichkeit andererseits so dramatisch erlebt wie in Burma.

Die kontemplative Stimmung an den heiligen Stätten des Buddhismus ist mir bis heute im Gedächtnis geblieben. Wobei ich meine Zweifel habe, ob sich dieser Glaube so einfach in den Westen transportieren lässt. Ich verstehe zwar, dass sich viele Menschen angezogen fühlen von dieser Religion, die so friedfertig ist wie wenige. Aber die Wurzeln des Buddhismus liegen wohl tiefer, als dass man sie mit zwei, drei Wochenendseminaren freilegen könnte.

Von jedem Trip habe ich etwas mitgenommen, Kleinigkeiten gelernt oder Einblicke gewonnen. Politiker sollten immer wach durch die Welt gehen und nicht nur durch ihren Wahlkreis. Dass mir meine Reiselust immer mal wieder vorgeworfen wird, halte ich für albern. Wer so viel unterwegs ist wie ich, wie Politiker insgesamt, der schläft am liebsten im eigenen Bett und kann auf Zeitumstellung und Flugzeugessen gut verzichten.

1998 habe ich in der Lüneburger Heide angefangen zu golfen. Mein Freund Günther Sommerfeldt hatte mich damals überredet, einen Golfschläger in die Hand zu nehmen, und für mich und zwei weitere Freunde eine Probestunde arrangiert. Wenig später erwischte mich *Bild* eher zufällig bei einer Trainingsrunde im Golfclub Motzen. Das Blatt war dem Bausenator Kleemann auf den Fersen, der auch »Di-Mi-Do-Senator« genannt wurde. »Sie schoben in Motzen eine ruhige Kugel«, dichtete das Fachblatt für Missgunst. »Das mache ich nur zur Übung, damit ich den Ball vom Polo-Pferd aus besser treffe«, habe ich gesagt.

Auf eine Debatte, ob Sozialdemokraten golfen dürfen oder nicht, mag ich mich nun wirklich nicht einlassen. Ein gutes Rennrad ist allemal teurer als ein Satz Golfschläger. Ich bin fasziniert von diesem Sport und kann mich tatsächlich über Stunden dafür begeistern, diesem unglaublich widerspenstigen kleinen Ball meinen Willen aufzuzwingen, wenn auch oft genug erfolglos.

Außerdem ist Golf ein sozialistischer Sport, bei dem die Schwächeren wegen des Handicaps besser behandelt werden als die Cracks. Gleichwohl geht es auf dem Platz oft zu wie in der Politik. Nach drei, vier gelungenen Schlägen kommt aus heiterem Himmel ein Querschläger, an dem man allerdings nie ganz schuldlos ist. Golf ist obendrein ein pädagogischer Sport, denn er lehrt Demut.

Mein Golf-Freund Günther sagt, ich sei ein Naturtalent, was eine grobe Übertreibung ist. Ich bin ziemlich trainingsfaul. Anstatt auf der Driving Range zu üben, mache ich lieber eine Runde auf dem Platz. Es macht mir Spaß, Turniere zu spielen. Der Druck treibt mich dazu, wirklich präzise zu spielen. Mein Klub in Motzen ist angenehm unsnobistisch. Caddy oder Elektroauto brauche ich nicht. Ich trage mein Golf-Bag noch selber. Es soll ja noch ein bisschen mit Sport zu tun haben.

Gern verbringe ich meinen Urlaub dort, wo ein Golfplatz in der Nähe ist. Nichts gegen Kultur und Fortbildung, aber ich kann mit Golf, gutem Essen und Strandleben sehr gut zwei Wochen gestalten. Der Indische Ozean hat es mir angetan, aber auch der Golf von Mexiko, Cozumel zum Beispiel. Die kleinen Sundainseln, aber auch Griechenland oder Mallorca mögen Jörn und ich ebenfalls gern. Sonne, ein schöner Strand, ein gutes Buch, ein frischer Fisch, das ist für mich der Inbegriff von Zufriedenheit.

Ein Land wie die USA dagegen war für mich weniger spannend, weil ich glaube, dass sich dort touristisch relativ wenig verändert, auch wenn es gar nicht stimmen mag. Dienstlich bin ich ja öfter mal da, wie aufmerksame Leser detailgenau aus der Zeitung erfahren. Ich fürchte, dass die kleinen Refugien, die exotischen Strände und Inseln immer weniger werden. Deswegen fahre ich privat zuerst in die abgelegeneren Teile der Welt, solange dort noch ein Rest von Ursprünglichkeit erhalten ist.

Die ersten Jahre als Berufspolitiker waren großartig. Ich hatte mein Hobby zum Beruf machen können, ich war durchaus erfolgreich als Berlins jüngster Stadtrat, ich durfte mitmischen, ich fühlte mich gebraucht, ernst genommen und manchmal sogar wichtig. Ich hatte keine größeren Zukunftspläne, sondern war glücklich im Hier und Jetzt.

Doch nach fünf Jahren in der Lokalpolitik wuchs in mir eine Unruhe, die verschiedene Ursachen hatte. Berufliche und private Unzufriedenheit kamen zusammen und erzeugten ein wachsendes Unwohlsein. Ich fahndete nach einem tieferen Sinn. Es war eine seltsam stillstehende Zeit. In meiner Karriere ging nichts voran, privat war ich auf der Suche, ohne genau zu wissen wonach. Meine Erfahrungen mit Frauen machten mich ratlos. Es herrschte ein innerliches Durcheinander, auch wenn ich nach außen hin funktionierte als der liebe Wowi. Hinzu kam, dass die Pflege meiner Mutter immer anstrengender wurde, auch psychisch.

Offenbar hatte mich eine veritable Midlife-Crisis erwischt. Plötzlich tauchten Fragen auf, die ich bislang vor mir selbst verborgen hatte: Wohin sollte mein Leben gehen? Wer war ich? Was wollte ich?

Meine Unzufriedenheit hatte auch mit meiner beruflichen Situation zu tun. Mit Mitte 30 hatte ich viel erreicht, aber nun sah ich mein Leben in einer Sackgasse. Wollte ich lebenslänglich Stadtrat bleiben, überhaupt Politiker? Ich wusste es nicht. Ich fühlte mich nicht mehr gefordert. Es war wohl das Gegenteil von einem Burn-out-Syndrom. Ich war nicht ausgebrannt, sondern litt eher an einem Energieüberschuss, der aber keinen

Weg fand. Als Stadtrat fühlte ich mich nicht mehr ausgelastet, gern wäre ich Staatssekretär geworden.

Auch privat war ich etwas desorientiert. Bei Elternvertreterinnen galt ich als lohnendes Zielobjekt. Das hat mir durchaus geschmeichelt. Mir wurde ein Hang zu blonden Damen nachgesagt, was nicht falsch ist. Der Flirtfaktor war tatsächlich riesengroß und hat viel Spaß bereitet. Ich hatte auch zwei langjährige Beziehungen zu Frauen. Auch wenn es gute Partnerschaften waren, musste ich mir eingestehen, dass ich mir selbst etwas vormachte. Es war daher nur konsequent, die letzte Beziehung zu beenden.

Daraufhin suchte ich erstmals nach einer langfristigen Bindung zu einem Mann. Natürlich gingen die ersten Versuche schief. Wie immer, wenn man sich etwas ganz fest vornimmt, klappt es umso weniger. Irgendwann beschloss ich dann, mich nicht weiter zu quälen, die Suche nach einem festen Partner einfach aufzugeben und mich in die Hände des Schicksals zu begeben. Ich habe losgelassen, ohne dass ich bis heute weiß, wie genau ich das angestellt habe. Es geschah ganz einfach, schon deswegen, weil ich keine Lust mehr hatte, mich in Verzweiflung und Selbstmitleid zu suhlen.

Auch politisch fühlte ich mich missverstanden, zumal mir die Tempelhofer SPD nicht immer freundlich gesinnt war. Ich passte nicht ins System der Berliner Genossen. Eine Weile bildete ich mit Ditmar Staffelt das »Duo Tempelhofo«. Er war für das Land Berlin zuständig, ich für den Bezirk. Aber statt einer gemeinsamen Strategie entstand Konkurrenz, nicht offen, aber von seiner Seite her sehr demonstrativ vorgetragen. Als streitbarer Mensch habe ich offenbar nicht die notwendigen Unterwerfungsgesten vollführt. Gegen ihn als Landesvorstand hatte ich keine Chance.

Als Volksbildungsstadtrat (links) im Kommunalwahlkampf 1992 mit Ingrid Kühnemann, Manfred Christian, Hiltrud Lenz, Gerd Wöhrle und Hans Nickel.

Damit traf Staffelt durchaus die Stimmung in der SPD. Ich galt als unkonventionell, unberechenbar, genoss den zweifelhaften Ruf, über Leichen zu gehen. Es herrschte der kollektive Wunsch, diesen Wowereit um Himmels willen nicht nach oben kommen zu lassen. Ich habe immer versucht, Ditmar Staffelt zu unterstützen, weil ich ihn für ein unglaubliches Talent hielt. Leider hat er gern für sich gearbeitet, aber selten für andere.

Teile der SPD sind im Kern ohnehin recht weit entfernt von sozialdemokratischen Grundwerten wie Solidarität oder Toleranz. Schwulenfeindlichkeit ist keine Seltenheit in den konservativeren Kreisen der Partei. Meine Homosexualität war allerdings nie ein offen behandeltes Thema in der SPD, genauso wenig wie in anderen Parteien. Es gab noch ein Bezirksamtsmitglied, das schwul war, aber er gehörte nicht der SPD an. Hinter vorgehaltener Hand wurde manchmal darüber geredet, öfter mal getuschelt oder gekichert. Grundsätzlich galt die Regel: Man darf es sein, sollte es aber nicht an die große Glocke hängen.

Bisweilen wurde es auch unfair, wenn es etwa hieß, dass Schwule gar nicht mitreden könnten bei Familien- oder Bildungspolitik, weil sie ja keine Kinder hätten oder ordentliche Ehepartner. Welch ein Unsinn! Nach dieser Logik dürfte in Deutschland kaum noch jemand über Fußball reden.

Für Schwule ist Berlin wohl die angenehmste Stadt in Deutschland, wenn nicht auf der ganzen Welt. Die Community ist groß und weiß um den Wert von Diskretion. Bei allen Streitereien und Meinungsverschiedenheiten herrscht doch ein Gefühl der Zusammengehörigkeit. Dennoch gibt es auch in Berlin nach wie vor Gewalt gegen Schwule. Da ist ein Gefühl von relativer Sicherheit immens wichtig. Wer sich outet, lebt in dem Bewusstsein, einem Clan anzugehören, der allerdings eher eine Schutzgemeinschaft ist als ein gesellschaftlicher Lobby-Verband.

An die Macht von Netzwerken schwuler Politiker glaube ich ohnehin nicht. Guido Westerwelle oder Ole von Beust werden immer zuerst die Interessen ihrer Partei, ihrer Fraktion oder ihrer Stadt vertreten. Was wir gemeinsam haben, das ist allen-

Ditmar Staffelt, Hans Apel (Spitzenkandidat der Berliner SPD) und ich 1985 (von links)

falls unser Bestreben, keine polarisierende, schwulenfeindliche Politik zu machen und generell für Liberalität und Toleranz zu werben. Wenn es aber um harte Entscheidungen geht, um massive Konflikte zum Beispiel im Bundesrat, dann werde ich den geschätzten Kollegen aus Hamburg kaum auf meine Seite bekommen, nur weil wir auf einem anderen Gebiet zufällig gleich ticken. Übrigens: Ich bin im Nachhinein durchaus stolz auf meinen Mut, mich als erster Politiker einer Regierungsriege offen zum Schwulsein bekannt zu haben. Ich glaube, ich habe es einigen, die mir folgten, leichter gemacht.

Diese Entscheidung ist allerdings eine sehr private. Ich habe den Regisseur Rosa von Praunheim nie verstanden, der das Zwangs-Outing eine Weile wie ein Sektierer betrieben hat, vor allem bei prominenten Fernsehleuten wie Hape Kerkeling oder Alfred Biolek. Ich fand Zwangsmaßnahmen immer suspekt und menschenverachtend. In den USA führte das Outing oft zur offenen Schwulenhatz durch rechtskonservative Politiker.

Niemand hat das Recht, durch Outing oder sonstwie in die Autonomie eines Menschen einzugreifen. Gerade in der Provinz, vor allem im deutschen Süden, sind Schwule so vielen Drangsalierungen ausgesetzt, dass ich jeden verstehen kann, der lieber die Klappe hält. Gleichzeitig habe ich allergrößten Respekt für jeden, der sich öffentlich dazu bekennt. Natürlich hilft es der schwulen Sache, wenn wir uns nicht mehr verstecken müssen. Aber leider leben wir noch immer in einer Gesellschaft, die damit nicht angemessen umgeht. Selbst in der SPD ist die Homophobie noch verbreitet, wenn auch nicht mehr so stark wie zu den Zeiten, als die Flakhelfer-Generation das Sagen hatte.

Viel ist darüber debattiert worden, ob es bei Wahlen nun hilfreich ist oder schädlich, wenn man homo-, hetero-, metro- oder asexuell ist. Ich denke, dass keiner, der mit meiner Politik nicht einverstanden ist, mich dennoch wählen wird, nur weil ich schwul bin. Andererseits werden mich Schwulenfeinde garantiert nicht wählen, selbst wenn sie mit meiner Politik einverstanden sind. Am Ende basiert jede Wahlentscheidung auf einem komplexen Mix aus Argumenten und Präferenzen, wobei das Privatleben nur einer von vielen Faktoren ist.

Meine letzten beiden Wahlkämpfe haben ja sehr schön illustriert, wie man mit Ressentiments arbeiten kann. Sowohl Frank Steffel als auch Friedbert Pflüger strotzten ja nur so vor Familiensinn und konnten sich ein paar Spitzen in meine Richtung nicht verkneifen. Hat es ihnen genützt? Nein. Am Ende wird das Thema von Medien und Politik sehr viel ernster genommen als von den Menschen. Die wollen ordentlich regiert werden, völlig egal, ob von einem Schwulen, einer Frau, einem Rentner oder einem Einwanderer.

Mitten im Leben:
Die Freude der Wenden

Begrüßungsgeld und Patriotismus-Skepsis – Hochsitz und Kopierer – Kartoffelsuppe von Meissner Porzellan – Peer Giesecke, Heiner Scholl, Richard Schröder, Matthias Platzeck – Kohl und Lafontaine – Jörn.

> *»Er ist eine ehrliche Haut und hat die Gabe, menschliche Wärme mit politischem Gehalt zu verbinden.«*
>
> Sabine Christiansen

Wieder einmal war das Glück auf meiner Seite. Der Mauerfall und die deutsche Einheit elektrisierten mich derart, dass ich keine Zeit mehr fand, mich zu grämen. Ausgerechnet von Kohls »Mantel der Geschichte« hatte ich einen Zipfel erwischt, an dem ich mich festhielt und mitreißen ließ. Matthias Platzeck hat mal gesagt, er habe mich »völlig aus dem Häuschen« erlebt in der Zeit, nachdem sich die Mauer geöffnet hatte. Ich sei mehr im Landkreis Teltow-Fläming unterwegs gewesen als in Berlin. Er hat Recht gehabt.

Ich erinnere mich noch gut an diesen historischen Donnerstag im November 1989. Eine Verwandte aus der DDR war zu Besuch bei uns. Sie war Rentnerin und hatte deshalb die Möglichkeit, in den Westteil der Stadt zu fahren. Wir sind chinesisch essen gegangen und haben natürlich lebhaft über die Entwicklung in der DDR diskutiert. Ob das Regime dem Druck des Volkes nachgeben würde, über die Rolle Gorbatschows und das Leid vierzigjähriger Teilung. Das Gespräch war geprägt von Hoffnung und Skepsis.

Wieder zu Hause, meine Mutter und unser Gast waren schon zu Bett gegangen, rief mich ein aufgewühlter Nachbar an. Ich solle meine langweiligen Akten weglegen und den Fernseher einschalten. »Du wirst es nicht glauben, Klaus.« Der Satz ist mir im Gedächtnis geblieben, weil es mir in der Tat schwerfiel zu glauben, was ich da sah: Ostberlinerinnen und -berliner, die sich zu Tausenden an den Grenzübergängen drängten, DDR-Grenzer, die die Menschen durchwinkten, dazwischen, immer wieder eingeblendet, die legendäre Pressekonferenz mit Günther Schabowski. Ich werde diese Bilder nie vergessen, den lauten Jubel und die stille Freude der Menschen. Was Glück wirklich ist, war an diesem späten Abend von ihren Gesichtern abzulesen.

Am nächsten Morgen fragte mich unser Gast, ob es etwas Neues gebe. »Eigentlich nicht. Es könnte aber sein, dass gleich deine Kinder auf einen Sprung vorbeikommen«, antwortete ich. »Du willst mich wohl auf den Arm nehmen«, entgegnete sie, »mit so etwas macht man keine Scherze.« Die Kinder kamen dann tatsächlich, allerdings erst am Wochenende, weil sie erst einmal abwarten wollten, ob die Tore nicht wieder ins Schloss fielen. Viele Menschen hatten in den ersten Tagen schlicht Angst, nicht mehr zurück nach Hause zu kommen.

Für mich fing umgehend die Arbeit an. Als Bezirksstadtrat in Tempelhof musste ich unter anderem die Auszahlung des Begrüßungsgeldes organisieren. Es herrschte eine ganz eigentümliche Stimmung im Amt. Alle wollten anpacken, fast niemand klagte wegen Überstunden oder verwies auf das arbeitsfreie Wochenende. Diese Hilfsbereitschaft, die Selbstverständlichkeit, mit der auch Sonntagsarbeit akzeptiert wurde, haben mich tief beeindruckt. Aber nicht alle zogen mit. Eines Tages fragte mich ein Personalrat tatsächlich, ob die Wochenendarbeit auch genehmigt sei. Da bin ich aus der Haut gefahren. Wenn diese Einheit gescheitert wäre, dann vermutlich an übereifrigen Peronalräten und Wahnsinnsvorschriften.

Wir alle wissen, wie die Geschichte weiterging. Wir wissen um die Hoffnungen und Enttäuschungen, um die Schwierigkeiten und um die Fehler, die gemacht wurden. Wir haben die Erfahrung gemacht, dass der Prozess des Zusammenwachsens länger gedauert hat, als wir uns das gewünscht haben. Aber wir haben auch riesige Fortschritte gemacht. Wir sind zusammengewachsen. Vor allem aber erscheinen unsere Schwierigkeiten ziemlich klein, gemessen an jenem Abend puren Glücks.

Ich gehöre zu jener Generation, der jede Form von Patriotismus ausgetrieben wurde. Nationalstolz, das klang in meiner Schul- und Studentenzeit immer gefährlich nach Nationalsozialismus. Mir war immer bewusst, dass meine Generation nichts zu tun hatte mit den Nazi-Gräuel, aber ich spürte zugleich eine besondere Verantwortung, die mich gerade als junger Mensch auch hilflos ließ. Was hieß das genau: Verantwortung? Wie zeige ich sie, wie übernehme ich sie, wie lebt man sie, ganz praktisch? Ich habe für mich einen doppelten Weg gefunden. Auf der einen Seite geht es mir um das konsequente Erinnern an die Verbrechen jener schwarzen Zeit, auch wenn bisweilen Überdruss geäußert wird. Und zum anderen habe ich als Politiker die Chance, jedwede Form von Diskriminierung, Hetze und Intoleranz zu benennen und zu bekämpfen. Verantwortung

Als wir UN-Generalsekretär Kofi Annan im Juli 2001 ein Stück der Mauer überreichten, dachte ich: Mein Gott, so lange ist das her.

wird erst dann mit Leben erfüllt, wenn sie konkretes Handeln nach sich zieht.

Zwar erzeugt Nationalismus in jeder Form in mir bis heute ein massives Unwohlsein. Dass sich unser Verhältnis zu uns selbst während der Fußball-Weltmeisterschaft 2006 auf eine so friedfertige und fröhliche Art entspannt hat, gefiel mir dennoch. Wobei ich eine gewaltige Restskepsis in mir trage. Wie rechte Gruppierungen den Begriff des Nationalen missbrauchen, macht mir bisweilen Sorge. Begeisterung kann schnell in

Hass umschlagen. Es wäre naiv zu glauben, dass die Mobilisierungskraft der Fahne ausschließlich bei friedlichen Sportereignissen wirkt. Wir Deutschen haben eine Pflicht zu Vorsicht und Wachsamkeit, das dürfen wir niemals vergessen. Selbstbesoffenheit steht uns nicht an, niemals.

Die Schwierigkeiten mit meinem Heimatland wurden durch die vielfältigen Erlebnisse an der DDR-Grenze noch verstärkt. Es war eine demütigende Prozedur, wenn man stundenlang an den Grenzübergängen wartete, das Gepäck gefilzt und die »behelfsmäßigen Personalausweise« quälend lange inspiziert wurden, mit denen wir West-Berliner uns damals auswiesen. Man fühlte sich als rechtlose Person, schikaniert und der Willkür ausgeliefert. Uniformen verwandeln manche Menschen in stumpfe Befehl-und-Gehorsam-Maschinen. Ich war stets erleichtert, wenn wir die Grenze hinter uns gelassen hatten. Auch wenn uns nichts vorzuwerfen war, erzeugte das selbstgerechte Auftreten der Grenzer dennoch ein schlechtes Gewissen. Die Einschüchterungs-Rituale funktionierten perfekt. Wie konnte ich dieses Staatsgebilde als Teil meiner Heimat sehen?

Das Rollen über die Transitstrecke hatte gleichwohl seinen ganz eigenen Reiz. Man dämmert vor sich hin, hatte auf der schnurgeraden Strecke bei eintönigem Tempo zwangsläufig Zeit zum Nachdenken. Es bestand ja keine Chance, irgendwo abzubiegen. Die einzige Panik löste der Gedanke aus, das Auto könnte schlappmachen. Die Mauer, die Grenze, der Transit – sie waren die Realität, die ich seit jeher gewohnt war. Ich hätte niemals geglaubt, dass ich den Fall der Mauer erleben würde.

Die Wahrnehmung der DDR verlief fast immer auf einer aggressiven oder zumindest konfrontativen Ebene. Man hat Schüsse gehört, man hat von dramatischen Fluchtversuchen vernommen, gelungenen wie vereitelten, man hat Karl-Eduard von Schnitzler und seinen »Schwarzen Kanal« gesehen und dagegen Gerhard Löwenthal mit dem ZDF-Magazin. Immer war Kampf, um Menschen, um Schicksale, um Begriffe, um Albernheiten. Das Verhältnis der beiden Länder war über weite Teile eine Machtprobe zwischen zwei Halbstarken, die immer ihren großen Bruder hinter sich wussten.

Wir hörten aber auch von toller Kinderbetreuung und fortgeschrittener Emanzipation der Frauen und wagten es in den SPD-Versammlungen sogar, darauf hinzuweisen. Das Totschlagargument der Gegenseite lautete immer gleich: »Geh' doch rüber ...« Mit der DDR ließ sich nicht besonders gut argumentieren.

Wir in Lichtenrade hatten von Anfang an gelernt, mit dieser seltsamen Mauer zu leben. Etwas Besonderes war sie eigentlich nur für den Besuch aus West-Deutschland. Mit denen sind wir dann auf die Hochsitze geklettert und haben nach drüben gespäht. Bei Mahlow konnte man ganz gut gucken. Man hat aber nie Menschen gesehen. Dadurch wurde das beklemmende Gefühl eher noch verstärkt.

Wie den meisten Westdeutschen blieb mir der Blick in das tägliche Leben unter Hammer und Sichel leider versagt. Uns Schüler gruselte es, weil Polizei und Grenzer immer präsent waren; selbst Ausflüge in den Tierpark Friedrichsfelde verliefen nicht so ausgelassen wie die in den Zoologischen Garten. Selbst die Seminare in der Friedrich-Ebert-Stiftung zum Systemvergleich Ost und West lieferten kein authentisches Bild – was für uns damals zählte, war vor allem das Fahrtgeld, das großzügig erstattet wurde.

Obwohl ich denkbar dicht an der DDR lebte und aufgewachsen war, schienen mir Österreich und Italien doch sehr viel näher und vertrauter. Deswegen finde ich es bis heute anmaßend, wenn Westdeutsche in einer unglaublichen Gnadenlosigkeit alles abqualifizieren, was mit der früheren DDR zu tun hat. Umgekehrt gilt der Vorwurf allerdings auch. Ich bin bis heute immer wieder verblüfft, wenn mir Ost-Berliner ihre Geschichte erzählen. Die DDR war keinesfalls nur grau und kalt, sondern genauso vielfältig wie der Westen; die Staatsmacht war ungleich brutaler, keine Frage, dennoch oder gerade deswegen gab es unter den Menschen aber auch sehr viel Warmherzigkeit.

Ich hatte das Glück, diese andere DDR ebenfalls kennenzulernen. Unser Deutschlehrer las mit uns Christa Wolf, Erwin Strittmatter und Bertolt Brecht. Dieser Lehrer, Wolfgang Juche, war später Schulrat, als ich Stadtrat war. Er war ein toller Pädagoge, einer von der Sorte, von denen man gerne ein paar mehr gehabt hätte. Wir sind mit ihm nach Ost-Berlin gefahren, ins Berliner Ensemble und haben »Arturo Ui« gesehen. Er hat uns DEFA-Filme empfohlen, die das Dritte Reich aus Sicht der DDR aufgearbeitet haben.

Die Kultur war für mich eine entscheidende Brücke in den anderen Teil Deutschlands. Mir war allerdings als junger Mensch nicht ganz klar, ob eher die Grenzer oder eher die Künstler mein DDR-Bild bestimmen sollten. Es schwankte. Im Abitur habe ich die Weimarer Verfassung mit der DDR-Verfassung und dem Grundgesetz verglichen. Das war interessant, blieb dennoch theoretisch. Die Lebenswirklichkeit ließ sich durch Gesetzestexte nur unzureichend erfassen.

Unser Lichtenrader Stück Mauer öffnete sich am 10. November. Es war der Grenzübergang Kirchhainer Damm, wo jahrzehntelang nur der Müll passieren durfte auf seinem Weg zu den Deponien des Ostens. Viele DDR-Bürger trauten sich auch gar nicht weiter als bis nach Lichtenrade, so als wollten sie nur mal rasch nachschauen, ob dieser Westen wirklich so spannend war, wie die erzählten, die tags zuvor schon drüben gewesen waren.

Die Einheit bedeutete für mich von Anfang an sehr viel praktische und durchaus kreative Arbeit. Die SPD musste wiederauferstehen. Wir haben Leute nach drüben geschickt, Feldtelefone, Kopierer, Fax-Geräte über die ehemalige Grenze gefahren und angeschlossen. Eine funktionierende Parteistruktur musste so schnell wie möglich aufgebaut werden. Die Konkurrenz schlief schließlich nicht. Keiner fragte, ob Mitarbeiter etwas können oder dürfen. Wir machten einfach.

Schon im Januar 1990 haben wir in Blankenfelde die SPD-Fahne gehisst und zur Feier des Tages Kartoffelsuppe von Meissener Porzellan gegessen. Hier war Richard Schröder das prominenteste Ortsvereinsmitglied.

Am Anfang herrschte große Dankbarkeit bei unseren neuen, alten Brüdern und Schwestern, die leider gelegentlich auch in eine gewisse Zurückhaltung überging. Es war nicht so, dass man sich gedrängelt hätte, politische Ämter zu übernehmen. Was auch immer mit Partei zu tun hatte, war kontaminiert. Niemand wollte zum Beispiel Landrat werden. Und die, die Ja gesagt hätten, wenn man sie gefragt hätte, wären garantiert die Falschen gewesen.

Ich war zuständig für die Gegend rund um Zossen, dem heutigen Landkreis Teltow-Fläming. Meine Versuche als Personalberater waren anfangs nicht sehr erfolgreich. Ausgerechnet die, die wirklich gut geeignet waren, zierten sich. Der Ingenieur Heiner Scholl aus Ludwigsfelde zum Beispiel machte einen tollen Eindruck. Er hat sich dann doch erweichen lassen, wurde Bürgermeister und ist es bis heute geblieben. Oder Peer Giesecke, ein mustergültiger Sozialdemokrat, ein Mann mit Herz und Verstand, der in der Wendezeit eine wichtige Rolle als Anführer spielte. In seiner grenzenlosen Bescheidenheit scheute er ein Amt in der Politik. Ich habe ihn regelrecht bequatscht, in seiner eigenen Küche, Stunde um Stunde. »Erst Revolution spielen und jetzt kneifen, das geht nicht«, habe ich ihm an den Kopf geworfen. Irgendwann war er dann weichgekocht.

Ich glaube aber nicht, dass er mir deswegen undankbar ist. Die SPD kann stolz auf ihn sein. Denn bis heute ist Peer Giesecke einer der erfolgreichsten Landräte in ganz Deutschland. Er hat einen nicht ganz einfachen Landkreis entscheidend nach vorn gebracht, nicht zuletzt mit der wunderbaren Idee vom Fläming-Skate, über 190 Kilometer toll ausgebaute Wege für Inline-Skater. Damit zieht er junge Besucher in die Gegend, die essen, trinken, übernachten wollen. Diese Skate-Strecke, über die anfangs viele noch gelacht haben, hat sich nicht nur zu einem Markenzeichen, sondern auch zu einem Wirtschaftsfaktor entwickelt. Was die Brandenburger Sozialdemokraten seit der Wende in allen Bereichen geleistet haben, ist beachtlich und darf allemal als Vorbild und Motivation für die Genossen im Westen angesehen werden.

Zwischen der konkreten Arbeit in Brandenburg gab es immer wieder Momente, in denen sich Hoffnungen, Illusionen und Hirngespinste breitmachten. Die Verweigerungshaltung, die SPD-Ministerpräsidenten wie Gerhard Schröder und Oskar Lafontaine eingenommen hatten, konnte und wollte ich nicht verstehen. Aber auch manche Menschen in der ehemaligen DDR fielen ihren Illusionen zum Opfer. Die Idee, beide Staaten noch eine Weile nebeneinander existieren zu lassen, geisterte ebenso herum wie das Vorhaben, eine eigene Verfassung auszuarbeiten. Im Volkskammer-Wahlkampf 1990 wurde diese These noch vertreten, während Helmut Kohl bereits auf die Vereinigung setzte und »blühende Landschaften« versprach. Es nutzte nichts, dass Oskar Lafontaine mit seiner Kritik an Kohls Versprechen Recht behalten sollte. Die SPD hatte auf der emotionalen Seite verloren.

Im täglichen Miteinander mit den ebenso hoffnungsfrohen wie verständlicherweise verängstigten neuen Mitarbeitern galt es für mich, sensibel zwischen den Positionen zu vermitteln. Besonders hilfreich waren unsere Austauschprogramme, quasi im kleinen Grenzverkehr. Wir haben Künstler, Schüler, Verwaltungsleute von hüben nach drüben und zurück geschafft. Das waren die wirklich wichtigen Begegnungen. Am Ende haben alle gespürt, dass sie trotz vieler Unterschiede der letzten 40 Jahre doch sehr ähnliche Wünsche, Träume und Bedürfnisse hatten.

Dieser Austausch, der zwischen Lichtenrade und seinen Nachbardörfern stattfand, den hätte man im großen Stil dem ganzen Land verordnen sollen. Wenn ich höre, dass immer noch zwei Drittel der West-Bürger niemals länger im Osten waren und auch noch stolz darauf sind, dann fehlt mir jedes Verständnis. Mindestens eine Klassenfahrt sollte jeden Schüler einmal in den anderen Teil der Republik führen. Dann wäre diese längst überflüssige West-Ost-Debatte in einer Generation erledigt.

In jenen Tagen herrschte eine eigentümliche Spannung zwischen den Verlockungen des totalen Konsums und den ganz großen Fragen des demokratischen Miteinanders. Einerseits wurde der Weihnachtsmarkt in der Bahnhofstraße in Lichtenrade geradezu geplündert, andererseits wurden Grundsatzdebatten über unser demokratisches Miteinander geführt wie seit Jahrzehnten nicht mehr. Es herrschte so viel Euphorie und Hoffnung in diesen Tagen, in denen unsere Demokratie mit positiver Emotion aufgeladen war.

Leider hat Helmut Kohl dieses Fenster der Gefühle nicht genutzt, um tiefer wurzelnde Gemeinsamkeiten herzustellen. Der Bimbes-Kanzler regierte ausschließlich mit der Aussicht auf neue Autos und Bananen. Welch unglaubliche Chancen wurden damals vertan, das große, neue Deutschland emotional mitzunehmen und auf einige Härten einzustellen.

Leider hatten wir von der SPD auch keinen überzeugenden Gegenentwurf, sondern nur Oskar Lafontaine, der den DDR-Bürgern die Mark nicht geben wollte. Stattdessen hätten wir uns besser ein Konzept zur Integration der PDS überlegen sollen. Die Mystifizierung dieser Partei als letzte linke Bastion hätte die SPD jedenfalls vermeiden können. Meine Parteispitze gab ein katastrophales Bild ab in der Wendezeit.

Es wäre die einmalige Gelegenheit gewesen, das sehr lange und sehr folgenlos diskutierte Thema der föderalen Neuordnung anzugehen. Im Einheitstaumel hätte man den Kraftakt bewältigen und die Bundesländer neu und sinnvoll zuschneiden können, Berlin und Brandenburg inklusive. Man hätte sicher auch das eine oder andere aus dem DDR-System ins gemeinsame Deutschland hinüberretten können, anstatt wie ein militärischer Sieger erst einmal alles plattzumachen. Es ist doch absurd, wie die CDU nun auf einmal die Kinderbetreuung neu erfindet, die 20 Jahre zuvor bereits ganz ordentlich funktioniert hat. So richtig es von Helmut Kohl war, von Anfang an auf ein Deutschland zu setzen, so verheerend war die koloniale Methode: Ost war schlecht, West war gut. So wurde ohne großes Nachdenken dem Osten einfach der Westen übergestülpt.

Berlin galt zu Recht als kommende europäische Metropole, ohne dass jemand hätte erklären können, woher die prognostizierten sechs Millionen Menschen denn kämen und was sie denn wohl arbeiten würden in dieser Stadt. Man überschlug sich mit Wundergeschichten, die ihren Anfang allesamt in den »blühenden Landschaften« von Helmut Kohl genommen hatten. So viel der Kanzler im außenpolitischen Bereich richtig gemacht hat, so viel hat er im innerdeutschen Verhältnis, beim gelebten Miteinander, durch mangelnde Sensibilität kaputt gemacht, indem er falsche Hoffnungen weckte.

Die selbstherrliche Freude über den Sieg des eigenen Systems, die Kohl und seine Leute über Jahre zur Schau stellten, hat die Bürger der früheren DDR gekränkt und eine völlig überflüssige Gereiztheit zwischen den beiden Deutschland heraufbeschworen. Bezeichnenderweise ist kein historischer Satz von Helmut Kohl überliefert, der die Gemeinsamkeit betont.

Auch hier hat Willy Brandt den intellektuellen wie programmatischen Maßstab gesetzt: »Jetzt wächst zusammen, was zusammengehört.« Es sprach für Brandt, dass er sich hinter Kohl stellte. Und es sprach für Kohl, dass er in dieser historischen Zeit sowohl begriffen hat, dass es zur Einheit keine Alternative gab, als auch die Kraft hatte, diese Einheit in Moskau und Washington, in London und Paris durchzusetzen.

Dass die Ostdeutschen mit der Zeit enttäuscht, ungehalten oder richtiggehend sauer wurden, kann ich gut verstehen. Viele aus der Verwaltung, die bei uns völlig zu Recht keine Karriere gemacht hatten, purzelten ein paar Kilometer weiter östlich plötzlich drei Besoldungsstufen empor. Damals wurde das Wort von den »Besserwessis« geprägt. Statt Einheit ging es sehr bald wieder um Abgrenzung und Unterscheidung.

Waren am Anfang Aussehen oder Wortwahl nicht so wichtig, legten die Menschen plötzlich wieder Wert auf differenzierende Merkmale. Die ehemaligen DDR-Bürger wollten sich von irgendwelchen Angebern oder Klugscheißern aus dem Westen nicht ihre Biographien zerstören lassen.

Etwas mehr Behutsamkeit hätte beiden Seiten besser getan, ein paar mehr Gespräche sicher auch. Dass solche Missverständnisse bis heute existieren, zeigt der Film *Das Leben der Anderen*, der 2006 einen Oscar gewann. Dieser handwerklich und schauspielerisch zweifelsohne bemerkenswerte Film, der im Westen so bejubelt wurde, wurde im Osten vielfach als anmaßend und verfälschend empfunden, nicht nur von ehemaligen Stasi-Mitarbeitern. Der DDR-Alltag bestand eben nicht nur aus Bespitzelung. Dass ein 33jähriger Regisseur aus dem Westen gelernten Ostdeutschen mal eben erzählte, wie sie ihr Leben im Nachhinein zu betrachten haben, das wollten viele, völlig zu Recht, wie ich finde, nicht akzeptieren.

Die Debatten um Wolf Biermann und den Palast der Republik werden mit ähnlichen Emotionen geführt. Offenbar sollen die Schlachten von früher immer und immer wieder geschlagen werden. Mit Triumphgesten kommen wir jedoch ebenso wenig weiter wie mit Opferhaltung. Es ist doch gar nicht so schwer, die Empfindungen anderer Menschen erstens wahrzunehmen, zweitens zu respektieren und drittens entsprechend zu handeln.

Ich glaube, dass wir in dieser Hinsicht in Berlin schon einen Schritt weiter sind als der Rest der Republik. Wir in der Hauptstadt haben die einzigartige Chance, die Trennung durch gelebtes Miteinander vorbildlich für ganz Deutschland zu überwinden. Ich will nichts vergessen machen, aber ich würde mich sehr freuen, wenn die Jahre der Teilung uns ein bisschen Toleranz und Akzeptanz gelehrt hätten.

Ich bin übrigens sehr gespannt, wie unsere rot-rote Koalition eines Tages in den Geschichtsbüchern bewertet wird: als Sündenfall oder als Anfang eines normalisierten Miteinanders. Gerade in Berlin merkt man heute nicht mehr genau, wo die

Mauer einst verlief. Bei allen Fehlern, die gemacht wurden, ist die Einheit eine internationale Erfolgsgeschichte, für die uns die Welt sehr bewundert. Und Berlin ist das Symbol dieser wunderbaren Geschichte.

Fast wäre ich dieser Stadt wenig später verloren gegangen. 1994 baten mich Genossen aus Brandenburg, doch bitte für den Bundestag zu kandidieren, als Abgeordneter des Wahlkreises Zossen, Jüterbog, Königs Wusterhausen und Luckenwalde. Dort war gerade der Abgeordneten-Kandidat Richard Schröder abhanden gekommen, der einen Lehrstuhl für Philosophie in Verbindung mit Systematischer Theologie an der Humboldt-Universität bekommen hatte.

Meine Zossener Freunde ermutigten mich, für den Bundestag anzutreten. Mir schien die Aussicht auf eine neue Job-Perspektive verlockend. Ich war nur nicht sicher, ob die Freunde aus dem Osten tatsächlich einen Wessi haben wollten. Also stellte ich eine einzige Bedingung. »Ich trete an, wenn ihr keinen eigenen Kandidaten findet.« Das wurde mir zugesichert.

Auf dem entscheidenden Wahlkreisparteitag in Luckenwalde stellte sich allerdings heraus, dass es doch einen Gegenkandidaten gab, den ehemaligen Landrat von Königs Wusterhausen. Anders als meine Zossener Parteifreunde wollte er unbedingt einen Wessi verhindern. Meine Leute waren überrascht und hilflos zugleich. Immerhin konnten sie noch verhindern, dass ein Brief von Steffen Reiche verlesen wurde, der mich zwar lobte, am Ende aber doch für einen Einheimischen plädierte. Nach dem vierten Wahlgang war dann endlich alles klar: Ich hatte verloren, mit einer Stimme.

Eine Partei kann manchmal unglaublich brutal sein. Qualifikation, Charisma oder eine akademische Ausbildung sind zwar nicht hinderlich, aber im entscheidenden Moment unwichtig:

Mit Matthias Platzeck, damals Oberbürgermeister von Potsdam, verstand ich mich auf Anhieb prächtig.

bei Wahlen. Wer eine Stimme Mehrheit auf sich vereint, der hat gewonnen, egal ob Professor oder Arbeitsloser. Diese innerparteiliche Demokratie ist bisweilen gnadenlos, nicht immer mit den Gesetzen der Vernunft zu fassen, aber sie ist am Ende doch gerecht. Die Mehrheit entscheidet. Basta. So erklären sich auch manche Entscheidungen von Politikern, die die Öffentlichkeit nicht nachvollziehen kann. Bisweilen ist es klüger, 10000 Wähler zu verärgern als 50 Parteifreunde. Denn die entscheiden im Zweifel eher über mein Schicksal als die Wähler.

Im Nachhinein muss ich dankbar sein für die Niederlage. Eine Stimme mehr, und ich wäre Bundestagsabgeordneter aus Brandenburg gewesen, auf dem Posten, den Peter Danckert jetzt bekleidet. Das Amt des Regierenden Bürgermeisters wäre dann niemals in meiner Reichweite gewesen. Damals war ich enttäuscht, zumal mir in Tempelhof zunehmend scharfer Wind entgegenwehte. Dagegen war es eine Wohltat, im Osten neue unverbrauchte Sozialdemokraten kennenzulernen, die nicht von Kindesbeinen an in den Schützengräben des parteiinternen Kleinkriegs ausgeharrt hatten.

Matthias Platzeck war so einer, den ich von Anfang an sympathisch und wohltuend unprätentiös fand. Es stimmt schon: Wer eine Wende hinter sich gebracht hat, wessen Leben sich vom einen auf den anderen Tag fundamental geändert hat, wer einmal so richtig tief in den Abgrund geschaut hat und sich ein paar sehr grundsätzliche Fragen stellen musste, wer womöglich sogar eigenes Risiko eingegangen ist, der ist wohl gelassener, pragmatischer, der entspricht nicht dem Prototyp des kleinkarierten, neidzerfressenen, egomanischen Funktionärs, wie wir ihn in der Berliner SPD zum Glück zunehmend weniger finden. Diese elementare Erfahrung der Wende haben uns die Ostdeutschen voraus. Für sie hat sich ein ganzes Leben verändert, für die Westler kam nur der Soli dazu.

Platzeck und ich haben uns in den letzten Jahren wirklich schätzen gelernt. Wir haben ohne langen Anlauf einen sehr freundschaftlichen Umgang gefunden. Das liegt sicher auch daran, dass wir fast gleich alt sind. Bei vielen Themen ticken wir ähnlich. Die Dogmen-Huberei ist uns beiden fremd. Wir sind eher entspannte Zeitgenossen, die den fortwährenden Wettbewerb nicht zum Lebensinhalt gemacht haben.

Matthias und ich haben schon unterschiedliche Temperamente. Er ist womöglich etwas ruhiger und nachdenklicher. Aber wir ergänzen uns ganz prächtig. So ein gutes Verhältnis ist in der Politik eher ungewöhnlich und hilft bei der täglichen

Suche nach Kompromissen. Wir werden uns wahrscheinlich nicht mal darüber streiten, wer der Ministerpräsident unseres gemeinsamen Bundeslandes wird, solange er mir den Vortritt lässt. Scherz beiseite: Matthias Platzeck gehört zu den wenigen Kollegen, auf die ich mich blind verlassen kann.

Es hat mir in der Seele weh getan, dass er den SPD-Vorsitz so schnell wieder aufgeben musste. Andererseits spricht es für ihn, dass er seine Probleme ganz offen dargelegt hat. Wie viele Politiker hätten versucht, ihre Schwächen zu überspielen, und sich dabei vollends ruiniert. Es wäre sicher spannend geworden, Platzecks sehr eigenen Zugang und Stil über eine längere Zeit zu erleben.

Ich glaube nicht, dass es Zufall war, dass beide Volksparteien in dieser Phase der Krisen von Politikern aus dem Osten geführt wurden. Wer die Wendejahre erfolgreich durchgestanden hat, der hat eine große Problemlösungskompetenz erworben. Für alle Überinterpretierer sicherheitshalber noch der Nachsatz: Das Lob für Platzeck ist weder offene noch versteckte Kritik an meinem geschätzten Parteivorsitzenden Kurt Beck.

Die Niederlage im Kampf um das Bundestagsmandat ist mir zwar nahegegangen, hat mich aber nicht fundamental erschüttert. Das lag daran, dass ich meine Krise über die Wendejahre einfach vergessen hatte. Wenn man genug zu tun hat und die Aufgaben sich wichtig genug anfühlen, dann kommt man kaum noch dazu, sich zu grämen. Am Ende geht es immer darum, die richtige Mischung aus Loslassen und Anpacken zu finden.

Das galt für mich auch privat. Kaum hatte ich meine Partnersuche eingestellt, da stand plötzlich Jörn in meinem Leben, in der Bar Centrale an der Yorckstrasse. Es war der 29. März 1993. Der Kerl erwies sich als ausgesprochen angenehmer Zeitgenosse. Wenn ich damals gewusst hätte, dass er mit dem schleswig-holsteinischen FDPler Wolfgang Kubicki verwandt ist, hätte ich es mir vielleicht noch mal anders überlegt. Aber im Ernst: Kaum hatte ich beschlossen, mein zielloses Suchen aufzugeben, da lief mir Jörn über den Weg. Es war großartig.

Wie sehr wir uns mochten, wurde schon nach wenigen Tagen klar. Da verließ er nämlich Berlin, um zu seinen Eltern nach Süddeutschland zu fahren. Wir vermissten uns schrecklich. Ich habe gelitten wie ein Teenager. Doch der Trennungsschmerz hatte auch eine gute Seite: Ich wusste plötzlich sehr klar, was ich wollte.

Wieder hatte das Schicksal mir eine Entscheidung abgenommen. Mochte ich in Lichtenrade auch als Womanizer gelten, so war mir immer klar, dass ich mir nichts vormachen konnte. Ich kannte so viele Homosexuelle, die eine bürgerliche Existenz führten, mit Ehe, Kindern und Reihenhaus, und in dieser Situation endlos litten. Ich wollte kein Leben führen, das auf Angst und Verstellung basierte.

Jörn zwang mich zu einer klaren Entscheidung. Und das war gut so. Fortan waren wir viel zusammen zu sehen, auf zahlreichen öffentlichen Veranstaltungen.

Jörn ist mein bester Freund. Er ist zurückhaltend und fast immer freundlich. Er kann mit meinen Launen umgehen. Und er gehört nicht in diesen Politikbetrieb. Wenn ich nach Hause komme, reden wir über ganz andere Sachen. Er liest stapelweise Bücher, auch die, die ich geschenkt bekomme, und empfiehlt mir dann die wenigen wirklich wichtigen und guten. Er scannt Zeitungen und Fernsehen, er weiß, welche Filme man gesehen haben muss und welche nicht. Ich meckere über seine Kochkünste und er über meinen Bauch. Es ist wunderbar normal mit uns. Und der Beweis, dass ein Paar allemal mehr ist als zwei einzelne Menschen. Seit 2005 leben wir auch zusammen.

In einem Interview, das Jörg Thadeusz für die wunderbare Talk-Sendung *Zimmer frei* mit Jörn geführt hat, habe ich erfahren, was Jörn so über mich denkt. »So einen kleinen König an seiner Seite zu haben, ist ja nicht verkehrt«, hat er doch tatsächlich gesagt. Und er hat sich über meinen Musikgeschmack mokiert. »Er liebt Kuschelrock. Das finde ich ganz schlimm. Damit kann man mich meilenweit jagen.« Dabei habe ich ihn schon öfter ertappt, wie er leise mitgesungen hat, wenn ich Take That auflege. Wahrheitsgemäß hat Jörn immerhin eine meiner zentralen Qualitäten beschrieben: »Er ist überhaupt kein Morgenmuffel. Nach durchzechter Nacht und nur zwei Stunden Schlaf sieht er zwar unheimlich verwuschelt aus, springt aber trotzdem pfeifend aus dem Bett.«

Für aufmerksame Beobachter war es praktisch unmöglich, nicht zu kapieren, was los war mit diesem Wowereit. Wer es wissen wollte, der konnte es sehen, auch wenn ich kein Schild um den Hals trug. Alle wichtigen Journalisten wussten es, meine Kollegen im Parlament ebenfalls. Ich habe immer versucht, unsere Beziehung völlig normal und unspektakulär zu führen.

Das demonstrative Vorführen von Lebensstilen widerstrebt mir generell. Ich bin kein exhibitionistischer Typ, auch wenn das hier und da bezweifelt wird. Wir haben noch nie eine Homestory zugelassen. Bei uns zu Hause sind Fotografen oder Journalisten nur zu Besuch, wenn sie nicht im Dienst sind. Ich reklamiere mein Recht auf Privatheit für mich. Und ich wurde in den folgenden Jahren bei allen Enttäuschungen und Diskriminierungen, die es immer noch gibt, auch positiv überrascht. Das Private bleibt in Deutschland tatsächlich noch privat, jedenfalls dann, wenn man mit juristischen Mitteln etwas nachhilft.

Jörn kümmerte sich von Anfang an sehr liebevoll um meine Mutter. Hertha war bettlägerig und brauchte inzwischen rund

Jörn und ich.

um die Uhr Betreuung. Dass er so unkompliziert an ihrem Schicksal teilnahm, war ein weiterer Beleg für mich, dass wir zusammengehörten. Als Mediziner wusste Jörn, was er tat, das fand ich sehr beruhigend. »Studentchen« hat meine Mutter immer zu ihm gesagt, »mein Studentchen«, weil Jörn noch als Arzt im Praktikum arbeitete. Sie mochte ihn sehr gern und hat ihm immer Geld zugesteckt, weil so ein Studentchen in ihren Augen chronisch pleite war, was auch stimmte.

Die Pflege war ein Test für alle Beteiligten: Jörn bekam einen Einblick in meine etwas eigene Familie, meine Mutter konnte sich ein Bild von Jörn verschaffen, und ich sah, wie er mit meiner Mutter umging. Hertha hatte keine Probleme damit, dass ich mich für Frauen nicht interessierte, auch wenn sie sich eine Familie für mich gewünscht hätte.

In den letzten drei Jahren ihres Lebens konnte meine Mutter sich kaum noch bewegen. Als Stadtrat hatte ich die relative Freiheit, die Pflege und meine Termine zu vereinbaren. Zwischen zwei Sitzungen habe ich oft zu Hause vorbeigeschaut. Die Pflegehilfe von Arbeiterwohlfahrt und Diakonie war eine große Erleichterung. Am Ende war es vor allem eine Frage der Koordination. In dieser Zeit merkte ich kaum, wie anstrengend es ist, wenn man in seinen Tagesablauf morgens, mittags, abends und manchmal auch nachts die Rundum-Betreuung eines praktisch hilflosen Menschen einbauen muss. Die täglichen Pflichten ließen gar nicht in mein Bewusstsein dringen, wie groß die Verantwortung war, die ich trug.

Ich wohnte immer noch in der Schillerstraße. Eine eigene Wohnung hätte nur zusätzliche Wege und damit noch größeren organisatorischen Aufwand bedeutet. Natürlich hätte ich meiner Mutter einen guten Heimplatz besorgen können, womöglich wäre die Betreuungsqualität sogar besser gewesen. Aber das stand nie ernsthaft zur Debatte. Mir war völlig klar, dass Hertha daheim, in ihrem Zuhause bleiben sollte. Dieses Haus war ihre Burg, die sie selbst errichtet hatte. Alles andere hätte sie gar nicht ertragen.

Die Pflege alter Menschen ist ein Tabuthema in unserer Gesellschaft. Bettlägerige Senioren passen nicht zu unseren Idealen von Fitness, Schönheit und ewiger Jugend. Wer es sich leisten kann, spendiert seinen Eltern eine fürstliche Seniorenresidenz und erleichtert mit einer monatlichen Überweisung sein Gewissen. Für Kleinverdiener ist eine menschliche Heimpflege allerdings oft unbezahlbar.

Man muss kein Volkswirtschafts-Experte sein, um die Pflege-Katastrophe zu erahnen, die auf uns zukommt, wenn die geburtenstärksten Jahrgänge ins pflegebedürftige Alter kommen und die Gesellschaft zugleich die gesamte Seniorenbetreuung privatisiert hat. Wenn die Lebenserwartung auch noch ansteigt wie prognostiziert, dann werden wir spiegelbildlich zur Kinderbetreuungsdebatte in wenigen Jahren eine Altenbetreuungsdebatte bekommen. Wir werden über Quoten, Fonds, Wahlfreiheit und ganz sicher auch über Menschenwürde zu reden haben.

So normal, wie wir inzwischen die Anrechnung von Kinderbetreuungszeiten finden, wird eines Tages auch das Elternpflegejahr sein, inklusive der steuerlichen Besserstellung. Da man von einer Kleinstrente eine würdige Betreuung garantiert nicht finanzieren kann, kommen wir gar nicht umhin, die Pflege zu Hause durch die eigenen Kinder wieder ins Blickfeld zu rücken, nicht als Zwang, aber als eine Möglichkeit, die der Gesetzgeber durch entsprechende Regeln zumindest fördern sollte.

Viele Menschen sagen: Das schaffe ich einfach nicht. Ich entgegne: Ihr wollt nicht. Ich bin beileibe kein Übermensch und habe es auch hinbekommen. Ich war es meiner Mutter schuldig. Aus eigener Erfahrung weiß ich: Es geht, auch wenn die pflegebedürftige Person bettlägerig ist.

Es mag seltsam klingen, ist aber wahr: Solange ein alter Mensch mobil ist, ist die Betreuung fast problematischer, insbesondere in der Phase, wenn die Koordination nicht mehr richtig funktioniert und die Beine schwächer werden. Mehrfach ist meine Mutter beispielsweise gestürzt. Wir waren immer sehr erleichtert, dass sie sich keinen Oberschenkelhalsbruch zugezogen hatte.

Ihre kleine Rente plus das Pflegegeld reichten für die Betreuung, notfalls gab ich noch ein bisschen Geld dazu. Eine Mischung aus Verantwortung, Stress und empfangener Dankbarkeit zog sich durch diese Jahre. Und ich möchte keinen Tag missen.

Natürlich hatten wir Hilfe vom Pflegedienst, von der Diakonie, der AWO oder auch privaten Kräften. Herthachen hatte einen ziemlichen Verschleiß an Personal, weil sie nicht mit jedem zurechtkam. Wenn ich mal in die Ferien wollte, hat sie massiv herumgezickt. Aber da habe ich mich dann durchgesetzt, manchmal auch drastisch. Einen Rest von eigenem Leben zu verteidigen, das gehört eben auch zu einer Pflegesituation.

Wobei immer ein Anflug von schlechtem Gewissen bleibt. Man kann sich noch so sehr aufreiben, aber am Ende nagt dieses ungute Gefühl in einem, dass man vielleicht doch noch etwas mehr hätte tun können. Es ist wohl wie mit der Kindererziehung: Die allermeisten Eltern haben, gerade in unseren Zeiten des übergroßen Wettbewerbsdruck schon bei den Kleinsten, das Gefühl, nicht genug gegeben zu haben.

Im Spätsommer 1995 war dann deutlich zu spüren, dass Hertha nicht mehr wollte. Sie hatte vieles erreicht in ihrem Leben, sie hatte sehr viele Rückschläge einstecken müssen, aber am Ende auch viel Freude erlebt. Es war eine Erleichterung für sie, zumal ihr Tod kein böser war. Hertha hatte lange gekämpft, auch wenn sie ahnte, dass der Kampf verloren war. Sie hat sich in ihrem Leben krankgearbeitet und am Ende keine Kraft mehr gehabt. Zum Glück blieb ihr ein Lebensende auf der Intensivstation inmitten eines Geräteparks erspart.

Dass ich ins Abgeordnetenhaus einziehen würde, hat sie nicht mehr richtig mitbekommen. Dass ausgerechnet in diesen Wochen im Herbst meine Mutter verstarb, als sich mein politisches Leben grundlegend verändern sollte, kann man vielfältig interpretieren. Hatte ihr Befinden etwas damit zu tun, dass ich eine neue Aufgabe übernahm? War sie beruhigt, dass aus ihrem Jüngsten etwas geworden ist?

Sie war schon unbändig stolz auf ihren Sohn, den Stadtrat. Sie hat jeden Artikel aus der Zeitung ausgeschnitten und bei ihren Freundinnen endlos angegeben. Meine Mutter ist im Frieden mit sich und der Welt eingeschlafen, daheim, bei uns, an meinem 42. Geburtstag. Da ich die Familie zum Mittagessen eingeladen hatte, musste ich nicht einmal viel herumtelefonieren. Hertha Grüner war eben eine große Alltags-Ökonomin, bis über ihren Tod hinaus. Ich vermisse sie.

Ins Rote Rathaus:
Große Koalition, große Krise,
große Chance

Frischling im Hauptausschuss – Schlitzohr Landowsky – Mehltau des Proporzes – mit Strieder beim Kanzler – Ende der Starre – »Wer es nicht weiß, sollte es wissen« – die Republik steht kopf – letzter Tag in Freiheit

> *»Is' doch klar: Das macht der Klaus!«*
> *Bundeskanzler Gerhard Schröder*

Endlich. Ich war auf dem Sprung in das Berliner Abgeordneten-haus. Der Wahlkampf machte Spaß. Die Aussicht auf einen neuen Job erst recht. Dennoch hatte ich mir vorsorglich einen Antrag auf Niederlassung als Anwalt besorgt. Ich dachte mir, dass ein Doppelleben als Halbtags-Parlamentarier und Halb-tags-Anwalt recht komfortabel sein könnte. Im Ernstfall hätte ich mich zudem schnell für die eine oder andere Job-Option entscheiden können.

Während meiner Midlife-Crisis war ich fest entschlossen, die Politik an den Nagel zu hängen. Mit 40 wollte ich unbedingt etwas anderes machen. Dass ich mit 36 bereits pensionsberech-tigt war, erleichterte mir die Entscheidung, belegt auf der anderen Seite aber auch, warum viele Politiker ein Leben lang aus-harren, auch wenn sie längst keine Lust mehr haben. Mag die Bezahlung auch nicht fürstlich sein im Vergleich zu den Tarifen in der freien Wirtschaft, so ist die früh gewährte und vergleichs-weise großzügige Altersvorsorge gerade in Zeiten grassierender Rentenangst ein nicht zu unterschätzendes Privileg.

Der Status als Parlamentarier bedeutete zwar keinen Auf-stieg, aber genug Spannung für mich, um noch ein paar Jahre in der Politik weiterzumachen. Als Stadtrat hatte ich mindes-tens so viel Einfluss und zudem einen ordentlichen Etat, mit dem sich Macht spürbar ausüben ließ. Gleichwohl verspürte ich nach meinem Wechsel zum ersten Mal seit Jahren wieder eine Leichtigkeit des Seins. Zumal ich mich nicht lange anstel-len musste. Eine ganze Reihe alter SPD-Recken war zum Start der neuen Legislaturperiode 1995 ausgeschieden. Klar war, dass Klaus Böger die Fraktion weiterhin führen würde. Noch bevor ich im Abgeordnetenhaus saß, wurde ich für den Haupt-ausschuss ausgeguckt. Für einen Newcomer bedeutete ein Platz im wichtigsten Gremium einen großen Aufstieg. Auch wenn sie mich nicht sonderlich mochten, sahen die SPD-Oberen doch, dass ich was konnte und wollte. Eigentlich hatte ich mir den Kulturausschuss gewünscht.

Klaus Böger war derjenige, der auf mich zugekommen ist, was ich ihm hoch anrechne. Böger ist kein besonders kommu-nikativer Mensch, doch er ahnte, dass ich auf dem Sprung war. Auch als Ingrid Stahmer mir einen Staatssekretärsposten im Bildungsressort anbot, war es Klaus Böger, der mich nach einem langen intensiven Gespräch überzeugte, in der Fraktion zu blei-ben.

Die Zahl derer, die mit Rechenwerken umgehen konnten und wollten, war gering, und so begann ich im Parlament sogleich in einer Multifunktion: als stellvertretender Fraktionsvorsitzender, haushaltspolitischer Sprecher, stellvertretender Vorsitzender des Hauptausschusses und Vorsitzender des Unterausschusses Theater. Als Haushälter durfte ich mit zu den Koalitionsverhandlungen, auch wenn Neulinge dort nicht vorgesehen waren. »Frischling mit Spitzenposten« schrieb Brigitte Grunert im *Tagesspiegel*.

Das Berliner Abgeordnetenhaus ist ein Teilzeitparlament, der Verdienst dort relativ bescheiden. Doch bei all meinen Positionen durfte ich den neuen Posten von Anfang an als Vollzeitjob betrachten. Eine Rechtsanwaltkanzlei hätte ich nebenher kaum aufbauen können. Unter so einem Doppel-Job hätten beide gelitten: der Anwalt Wowereit und der Politiker Wowereit. Ich hatte also eine wichtige Entscheidung für mein Leben getroffen: Ich wollte Berufspolitiker bleiben.

Ich war in der komfortablen Situation, dass ich zwar Einfluss hatte, aber von der Öffentlichkeit nicht weiter wahrgenommen wurde. Natürlich gab es Phasen, in denen die Politik Tag und Nacht mein Leben regierte. Aber da waren auch Wochen, in denen nicht viel los war. Monaten von großem politischen Stress folgten Phasen relativer Entspanntheit, in denen ich nicht allzu viel Verantwortung auf mir lasten fühlte.

Da sich meine repräsentativen Pflichten in Grenzen hielten, konzentrierte ich mich auf die vielen Einladungen, die ich für Premieren bekam, und ging mit Jörn, so oft es möglich war, ins Theater, oft mehrmals die Woche, so viel wie nie zuvor in meinem Leben. Ich hatte Zeit für Freunde, zum Golfen, zum Verreisen. Nun spürte ich auch, wie viel Kraft, körperlich wie nervlich, die Pflege meiner Mutter gekostet hatte. Es war wie ein Geschenk des Himmels, dass sich mir die Chance eröffnete, den Akku über eine längere Zeit wieder aufzuladen.

Mit Ingrid Stahmer, im Mai 1995.

Der Parlamentarier Wowereit musste allerdings sein politisches Rollenverständnis justieren. Als Stadtrat war ich Chef. Ich gestehe, dass mir diese Rolle seit jeher gefällt. Und sie liegt mir auch. In der SPD-Fraktion im Abgeordnetenhaus musste ich dagegen lernen, dass ich einer unter vielen Anführern war. Am Anfang war ich wohl etwas wenig kompromissbereit. Ich möge lernen, mit dem Florett zu fechten, richtete mir ein Kollege anonym in einem Zeitungsartikel aus.

Davon ließ ich mich allerdings nicht beeindrucken und sperrte mich zum Beispiel ausdauernd gegen den weiteren Ausbau der Messe. Ich blieb so lange stur, bis ich eine deutliche Senkung der Kosten erreicht hatte. Damit war am Ende allen gedient außer ein paar Baulöwen. Und mir war wieder klar geworden: Sturheit lohnt sich, auch wenn ich mich leider nur zum Teil durchsetzen konnte.

Im Abgeordnetenhaus hatten wir Mitte der neunziger Jahre die komplexe Lage, dass die CDU ausgesprochen ausgabefreudig agierte und oft gegen unsere Finanzsenatorin Annette Fugmann-Heesing arbeitete. Dabei ist das Geldausgeben nach landläufiger Meinung doch die Spezialdisziplin der Sozialdemokratie. Wenn aber der eine Partner viel ausgibt, will der andere natürlich nicht nachstehen.

Umso wichtiger, das habe ich schnell gelernt, war die unbedingte Loyalität der Führungsspitze. Zwischen die Finanzsenatorin, den Fraktionschef und mich passte kein Blatt Papier, auch wenn Klaus Böger mit seiner verschlossenen Art nicht immer leicht im Umgang war. Aber er war zuverlässig. Das zählte.

Bis heute ärgern mich die Arbeitsbedingungen im Senat. Noch immer hat man das Gefühl, hier schlurft eine Verwaltung gemütlich vor sich hin, geradeso, als ob wir noch in den gemütlichen Mauerzeiten lebten. Wichtige Vorlagen wurden den Parlamentariern erst wenige Stunden vor der Sitzung vorgelegt – ein Unding. Wenn wir über Milliarden-Investitionen entscheiden sollten, die die Geschicke der Stadt womöglich auf Jahrzehnte bestimmten, dann konnten wir diese natürlich nicht mal eben kurz vor Sitzungsbeginn abnicken. Später erfuhren wir dann, dass diese Vernebelungsstrategien von der Union durchaus beabsichtigt waren.

Schon damals, vor über einem Jahrzehnt, war nicht zu übersehen, dass wir drastisch sparen mussten. Alle Beteiligten wussten, dass harte Maßnahmen erforderlich sein würden, beim Klinikum Benjamin Franklin ebenso wie bei der Oper, Maßnahmen, die in ihrer ganzen Radikalität auch längst angedacht waren. Vier Milliarden Mark mussten aus dem Haushalt herausoperiert werden, je eine bei Personal, Investitionen, Ausgaben und Wohnungsbau. Doch die Regierung hatte nicht die Kraft dazu.

Es war schon erschreckend, wie die Berliner Politik sich weitab von Bürgern und an gesellschaftlichen Erfordernissen vorbei in ihrer eigenen kleinen Schutzzone eingerichtet hatte, fernab jeglicher Realität. Rituale bestimmten die Politik. Die Union war auf Knopfdruck zu vereinen, wenn Landowsky die PDS/SED/DDR-Karte spielte. Unsere Genossen reagierten ebenfalls berechenbar, indem sie auf diese kalkulierte Provokation einstiegen oder sich untereinander stritten.

Auch ein halbes Jahrzehnt nach der deutschen Einheit hatten die Partner dieser Großen Koalition nichts Besseres zu tun, als den Kalten Krieg weiterzuspielen. Entsprechend gering war der Vorrat an emotionalen Gemeinsamkeiten. Nur in einem Punkt waren sich alle einig: beim hemmungslosen Geldausgeben. Unsere Finanzsenatorin Annette Fugmann-Heesing war angetreten, diese Verschleuderungs-Mentalität zu bekämpfen, doch da war sie mit Eberhard Diepgen an den Richtigen geraten. Die beiden waren wie Feuer und Wasser und auf Grund ihrer mangelnden diplomatischen Fähigkeiten auch nicht zu Kompromissen bereit.

Das besondere Merkmal dieser Koalition war es, dass sie nicht miteinander, sondern neben- und gegeneinander existierte. Die CDU bediente mit ihrer Politik traditionell die Baulöwen, die zugleich auch eifrige Parteispender waren. Die SPD dagegen war so eng mit den öffentlichen Wohnungsbaugesellschaften verbandelt, dass sich beide sogar zu gemeinsamen Klausurtagungen trafen. Man kannte sich, man schonte sich, man versorgte sich, hüben wie drüben.

Unsere drei Anführer Böger, Kujath und Borghorst schienen weder willens noch in der Lage zu sein, diesem verschwenderischen Treiben ein Ende zu bereiten. Böger führte die Fraktion, Kujath war für das Bauressort zuständig, Borghorst für Wirtschaft und Arbeit. Und Wowereit saß in den Haushaltsberatungen und sollte die ganzen Späße finanzieren.

Meine Position war insofern die mächtigste, als alle Entscheidungen der anderen Ressorts am Kassenwart vorbeimussten. Diese Macht war aber häufig nur eine theoretische, da ich mich stets den drei Führungskräften und ihren Verbündeten gegenübersah. Und die waren sich immer einig, wenn es gegen Sparheinis wie mich ging.

Ohne größere Truppen hatte ich wiederum keine Chance, zwischen diese Blöcke zu kommen, ohne zermahlen zu werden. Die Stadt war eine einzige Blockade, innerhalb der Parteien ebenso wie zwischen ihnen. Auf einer Klausurtagung der Berliner SPD, die wir traditionell vor den Toren der Stadt veranstalteten, damit niemand ausbüxen konnte, wurde zwar der »Geist von Dessau« beschworen. Doch der bestand vor allem darin, neue Milliardenprogramme hervorzuzaubern.

Ich hatte meinen neuen Job noch nicht mal richtig angetreten, da hatte ich schon die Nase voll. Ich war kurz davor zurückzutreten. Das Gekungel der alten Männer, über Jahrzehnte eingeübt, widerte mich regelrecht an. Zumal unsere neuen Mitstreiter aus dem Ostteil der Stadt wie selbstverständlich in die herrschenden Westberliner Verteilungsschemata eingefügt wurden.

Das Prinzip war ja auch sehr einfach zu kapieren: Haust du meins, hau ich deins, also haut keiner, und alles bleibt, wie es ist. Die Beharrungskräfte waren unvorstellbar stark. Selbst wenn man morgens um 5.30 Uhr zum Arbeitskreis Vermögensaktivierung bat, war keine Veränderung zu bewirken. Immer wieder wurde nachgegeben, neu verhandelt, Beschlossenes in Frage gestellt. Die ganze Stadt funktionierte nach diesem Prinzip des aufgeregten Stillstands, die IHK, die Sportverbände, die

Kulturszene, die Wohlfahrt. Überall sorgte der Proporz der beiden großen Parteien für Lähmung.

Erschwerend kam hinzu, dass Eberhard Diepgen den Ehrgeiz hatte, sozialdemokratischer als die SPD sein zu wollen. Da die CDU, allen voran der Arbeiterführer Landowsky, bei jeder Gelegenheit versucht hatte, uns links zu überholen, wurden die Spielräume für die SPD immer kleiner. Auf welches Thema soll eine sozialdemokratische Partei noch ihr Copyright erheben, wenn der Fraktionschef der Konservativen sich im Blaumann vor jedes Werkstor stellt? Bei jeder minimalen Veränderung, die die Politik bewirkte, waren wir die Buhmänner und die CDU zugleich der Bewahrer des Guten, Schönen und Althergebrachten.

Es war das Gegenteil von Politik, was wir damals trieben. Wir machten uns und den Bürgern unablässig etwas vor. Wir schufen die Illusion einer Stadt und ihrer wirtschaftlichen Lage, die es nicht gab, die es nie gegeben hatte. Wir trafen Entscheidungen wider besseres Wissen und Gewissen – und die SPD verlor dabei auch noch kontinuierlich an Zustimmung und innerer Substanz.

Es war eine verheerende Phase, für die Hauptstadt ebenso wie für die Berliner Sozialdemokratie. Meine Stellung im Hauptausschuss machte mich zwangsläufig zu einem Mittäter und Mitwisser, ohne dass ich allein etwas hätte ausrichten können. Es war Zeit zu handeln und die herrschenden Mehrheiten zu attackieren.

Die Berliner SPD war schon lange nicht mehr die Kleine-Leute-Partei; ihre Werte Freiheit, Solidarität und Gerechtigkeit dienten nur mehr zur Parteitags-Folklore. Schon als Juso hatte ich einige Schlüsselerlebnisse, die mir allen Grund zur Skepsis meiner eigenen Partei gegenüber lieferten. 1981 gab es zum

Beispiel die Stobbe-Krise. Jeden Abend lief da Klaus Riebschläger als Symbolfigur der Sozialdemokratie durch die Berliner »Abendschau«. Er sog an seiner dicken Zigarre und gab unumwunden zum Besten, dass er die Börsenkurse allemal besser kenne als das Abstimmungsverhalten seiner Fraktion.

Klaus Riebschläger hatte Jura an der FU studiert und war mit Anfang 30 bereits Senator geworden. Es war die Hochzeit der Bauskandale, ob Garski-Affäre oder Antes-Skandal. Es waren die fetten und verantwortungslosen Jahre Berlins, als das Geld aus Westdeutschland in Strömen floss und niemand so ganz genau hinguckte, wo es versickerte.

In diesen Jahren hat die SPD bei den Bürgern sehr viel Kredit verspielt. Wenn die Konservativen ein Thema exklusiv haben sollten, dann sind es Bau- und Bankenskandale. Wenn die Union uns unablässig zu den angeblichen Protagonisten einer Neiddebatte erklärt, dann sollten wir wenigstens behaupten können, die Gegenseite sei die Heimat der Gier.

Wer mit einer hart schuftenden Mutter wie Hertha aufgewachsen ist, die jeden Pfennig umdrehte, um ihr kleines Häuschen abzustottern, der brauchte keine Grundsatzprogramme, um seine politischen Koordinaten zu finden. Den Riebschlägers dieser Welt wollte ich die SPD nicht überlassen, die Machtlosigkeit den Kalten und Gierigen gegenüber war kein Gefühl, das mich vereinnahmen sollte. Ich wollte mich wehren, etwas ändern, selber Macht erobern, um zu gestalten.

Seit Jahren war die Berliner SPD in zwei starke Gruppen geteilt: Rechts stand der Britzer Kreis, in dem Klaus Böger das Sagen hatte, links operierte die Donnerstags-Runde. Dort ging es mir aber entschieden zu dogmatisch zu. Also habe ich eine dritte Gruppe gegründet zwischen den beiden Polen: »Kuschel-Links«. Wir waren ein Auffangbecken für alle, die sich mit den

Quotenspielchen der traditionellen Berliner Sozialdemokratie ebenso wenig anfreunden mochten wie ich.

Mit meinen beiden Verbündeten Petra Merkel und Annette Fugmann-Heesing machte ich mich daran, die statische Gruppenordnung aufzubrechen. Doch diese Legislaturperiode ermöglichte keine großen Schritte, sondern erzwang eine Politik der Stellungskriege. Bewegung gab es allenfalls im Millimeterbereich. Auszehrung und Trägheit, dein Name war Große Koalition.

Wir hatten vier Jahre so gut wie verschenkt. Zumal die Bundes-SPD auch kein strahlendes Bild abgab. Rotgrün war mit viel Hoffnung gestartet und mit ebenso viel Karacho gelandet. Weder der Abschied von Kanzleramtschef Bodo Hombach noch der peinliche Rückzug von Oskar Lafontaine halfen uns in Berlin.

Ich fand Oskar immer gut. Er war ein toller Redner, ein blitzschneller Denker, extrem wichtig für die Balance der Partei. Schröder und Lafontaine, Innovation und Gerechtigkeit, diese Bipolarität aus dem Wahlkampf 1998 deckte die SPD in ihrer ganzen Breite ab, viel besser, als es ein einzelner Politiker je geschafft hätte. Als Duo wären die beiden unschlagbar gewesen.

Bis heute kann ich mir Lafontaines Flucht nicht erklären. Am Abend des 10. März waren wir noch zusammen in der Volksbühne aufgetreten; 24 Stunden später war er schon verschwunden. Gegen den Rücktritt ist nichts einzuwenden, wohl aber gegen die Art und Weise. Am schlimmsten ist, dass sich durch sein plötzliches Verkrümeln der Eindruck festsetzt, die Linken würden sich immer in die Büsche schlagen, wenn es kompliziert wird. Dieses Image hat Lafontaine nun mitgenommen zur Linkspartei – und damit den Grundverdacht, die Linken könnten nur Opposition. Es ist nur eine Frage der Zeit, bis Oskar auch diese Partei ins Durcheinander manövriert hat.

Es war schon eine gespenstische Symbolik, die unserer Kandidatenaufstellung 1999 innewohnte. Wir hatten zwei nicht gerade charismatische Anwärter. Ein roter Schal und das verblasste Glück, zufällig im historisch richtigen Moment Regierender Bürgermeister gewesen zu sein, genügten Walter Momper, um Klaus Böger aus dem Rennen zu werfen. Momper verstand es, an der Basis eine Stimmung gegen die Funktionäre zu erzeugen. Viele Leute hatten zudem noch die Wintermonate von 1989/90 im Gedächtnis und wollten Momper eine Wiedergutmachung für die damals geplatzte rotgrüne Koalition zukommen lassen.

Ich hatte mich früh für Klaus Böger entschieden, auch wenn klar war, dass er mit seiner verschlossenen Art keinen brillanten Wahlkampf führen würde. Aber Momper war mir zu stalinistisch: Kompromisse kannte er nicht. Neue Ideen hatte die SPD nicht. Hauptsache, die Große Koalition ging weiter. Das Ergebnis waren magere 22,4 Prozent.

Wenn es einen fundamentalen Unterschied gibt zwischen SPD und Union, dann ist es die Hierarchietauglichkeit. Die Konservativen haben den Gehorsam im Blut und salutieren automatisch vor dem Chef. Wir Sozialdemokraten sind da sehr viel aufsässiger. Wenn einer zum Spitzenkandidat oder Parteivorsitzenden gewählt worden ist, so bedeutet das noch lange nicht, dass er auch von allen akzeptiert wird. Machterwerb und Machterhalt sind in der SPD weitaus schwieriger zu bewerkstelligen als bei den Kollegen von der Union. Das hält einen Spitzenpolitiker immerhin wachsam. Bisweilen wünscht man sich zwar eine folgsame Schafherde, doch im Herzen liegt mir die widerborstige Seele der SPD deutlich mehr.

Gegen Aufsässigkeit und Gehorsams-Skepsis ist nichts einzuwenden, doch in der Sozialdemokratie hat sich daraus eine stabile Mobbingkultur entwickelt, die sich überwiegend im Halbdunkel abspielt. Keine Partei in Deutschland verbringt soviel Zeit damit, sich selbst zu zerfleischen. Wobei unser Politikangebot dadurch nicht besser wird.

Wie kräftezehrend dieser in Bund und Land gleichermaßen gepflegte Politikstil sein kann, haben wir in den neunziger Jahren erleben dürfen. Unsere Bundes-Troika mit Oskar Lafontaine, Rudolf Scharping und Gerhard Schröder hat den Verschleiß eindrucksvoll bewiesen. Es war ja nicht Helmut Kohls Großartigkeit, die ihn 16 Jahre im Amt beließ, sondern die Dusseligkeit meiner Partei: Spätestens 1994 hätte Kohl wieder abgewählt werden müssen.

Doch unsere parteiinternen Machtkämpfe hielten ihn unverdient lange im Amt. Weil Teile der Partei damals unbedingt Schröder verhindern wollten, bekamen wir Rudolf Scharping, den denkbar ungeeignetsten Kandidaten. Auch wenn ich Schröders Umgangsformen nicht immer geschätzt habe, so war er doch von Anfang an der talentierteste Machtmensch, den die SPD zu bieten hatte. Dass Schröder und Fischer erst ein Jahrzehnt zu spät an die Macht kamen, war nicht nur der Einheit geschuldet, sondern zu einem Teil auch einer selbstreferentiellen SPD.

Helmut Kohl war für mich immer ein Symbol für Bewegungsunfähigkeit gewesen, für Stillstand und Lähmung. Wenn Politik permanente Veränderung, also das Anpassen an Realitäten meint, dann war Kohls Regieren das Gegenteil von Politik. Der Mythos vom Bewahren hat den Deutschen am Ende höhere Opfer abverlangt, als wenn dieser Kanzler behutsam aber entschieden geführt hätte.

Ob Rente, Bildung, Kinderbetreuung, Gesundheit, Umwelt, Pflege, Steuersystem oder Gleichstellung – auf fast allen Politikfeldern stand Deutschland 1998 im internationalen Vergleich nicht gut da. Unser Land war unmodern, ein Sanierungsfall. Was Gerhard Schröder in den sieben Jahren Rotgrün alles wegräumen musste, das war gewaltig. Seine Kanzlerschaft wird in ein paar Jahren in einem deutlich besseren Licht dastehen als heute. Viele Erfolge, vor allem ökonomische, hat Angela Merkel ihrem Vorgänger zu verdanken.

Der Kohlsche Geist lastete auch über Berlin, er wehte durch jede Amtsstube. Egal, wie gewählt wurde, es würde immer so weitergehen, wenn wir an der Großen Koalition festhielten. Es war ein Automatismus. Die SPD wurde immer unbedeutender, die CDU immer feiger. Der Vorrat an Gemeinsamkeiten, so es ihn je gegeben hatte, war nicht weit von Null entfernt. Es ist schon ernüchternd, wenn man bereits zu Beginn einer Koalition weiß, dass sie nichts zustande bringen wird. Dennoch war ich fest davon überzeugt, dass SPD und CDU auch die Legislaturperiode bis 2004 gemeinsam durchstehen würden. Aus lauter Not klammerten sich zwei Verzweifelte aneinander – mit dem Ergebnis, dass es beide in den Abgrund zog.

Welche Eigendynamik der Proporz- und Klüngel-Terror entwickeln kann, lernte ich nach der Wahl 1999, als gegen meinen erklärten Willen Annette Fugmann-Heesing den Senat verlassen musste. Es war bitter, mitanzusehen, wie sie für ihre notwendigen Sparbemühungen gnadenlos abgestraft wurde. Sie hat es leider nie geschafft, das Herz der Berliner SPD zu erreichen. Annette kannte nur Freund oder Feind, aber nichts dazwischen. Dennoch bewies ihr systematisch herbeigeführtes politisches Ende eindrucksvoll, wie sehr die gesamte Berliner Politik noch im alten Denken verstrickt war. Es ging vor allem darum, durch den frei werdenden Senatorenposten neue Freiräume zu schaffen, um den Proporz aufrechtzuerhalten.

Erneut stand ich vor der Grundsatzentscheidung, ob ich überhaupt weitermachen wollte. Es drohte ein Richtungswechsel, zurück zum alten Geldausgeben. »Was machst du hier noch?«, fragte ich mich, »lohnt es sich überhaupt, weiterzukämpfen?« War die gesamte Arbeit der letzten Jahre vergebens, mit der wir uns in kleinen Schritten von der alten Subventionsmentalität entfernt hatten? Außerdem hatte ich das Gefühl, an einer Weggabelung zu stehen. Wollte ich wirklich ganz nach oben? Der Fraktionsvorsitz brachte es automatisch mit sich, dass man bei künftigen Entscheidungen über Spitzenkandidaturen mit in der engsten Wahl sein würde. In der zweiten Reihe hatte ich mich sehr wohl gefühlt. Auch mein Privatleben war nur von mäßigem öffentlichen Interesse. Dagegen stand meine Entschlossenheit, die drohende Richtungsänderung zurück in die Vergangenheit nicht mitzutragen. Letztlich stand ich vor der Frage, ob ich die Politik auch an vorderster Front gestalten oder mich schrittweise zurückziehen wollte.

Es waren Petra Merkel, unsere parlamentarische Geschäftsführerin, und andere Vertraute, die mich bearbeiteten, nicht nur weiterzumachen, sondern auch für den Fraktionsvorsitz anzutreten, als Nachfolger von Klaus Böger, der Bildungssenator werden wollte. Ich zögerte. Viele hatten mich längst abgeschrieben. Mein Gegenkandidat Hermann Borghorst, der alte Strippenzieher, galt dagegen schon als sicher gewählt. Es war eine Richtungsentscheidung. Wäre Borghorst gewählt worden, gäbe es die Große Koalition wahrscheinlich heute noch, und die SPD läge bei 15 Prozent. Subventionsdenken herrschte bei den Traditionssozialdemokraten, die von ihnen dominierten Parteitage waren so quälend langweilig wie bei der SED.

Offenbar war ich nicht der Einzige, dem dieser falsch verstandene Traditionalismus auf die Nerven ging. Bis zur letzten Sekunde sammelte ich meine Truppen, während die Gegenseite sich sicher fühlte. Und das Unerwartete geschah. Ich gewann die Wahl mit 23:17 Stimmen, was klarer aussah als es in Wirklichkeit war.

Sofort machte ich mich daran, einen zerfahrenen Haufen zu einen. Dass wir mit unseren Flügelkämpfen einen gewaltigen Teil der Macht preisgaben und die CDU sich darüber diebisch freute, durfte nicht zum Dauerzustand werden. Mein Ziel war es, eine Kultur des Miteinanders in die Fraktion zu bringen. Künftig sollten Konflikte intern geklärt werden, anstatt sie krawallig über die Medien auszutragen. Wir mussten leiser werden, um Macht zurückzugewinnen.

Die Reihenfolge für politisches Handeln musste ab sofort lauten: Erst rechnen, dann fordern. Erst den Senator anrufen, ihn dann via Zeitung kritisieren. Dazu war es nötig, dass der Fraktionsvorsitzende sich nicht auf ein Lager festlegte. Die wichtigste Voraussetzung war dabei, nicht in der Gruppierungslogik zu denken, sondern strikt in Sachfragen. Egal, ob links oder rechts, wer etwas wollte, musste begründen, vorrechnen – und dann womöglich auch akzeptieren, dass nicht jeder Wunsch zu erfüllen war. Drängender als je zuvor war der Zwang zu einer eisernen Haushaltsführung.

Das war nicht leicht zu vermitteln, denn auch die neue Legislaturperiode begann verlässlich mit einer gespaltenen SPD. Der Kandidatenkampf zwischen Böger und Momper hatte die Partei im Wahlkampf polarisiert, gleich danach bildete sich eine neue Blockade-Konstellation. Peter Strieder führte die Linke an, war aber in der Stadt nicht sehr beliebt. Böger wiederum deckte den rechten Flügel ab, konnte aber nicht gut kommunizieren.

Die Fraktion verstand sich traditionell als Kampfgruppe gegen die Partei. Frühere Vorsitzende hatten die Fraktion vor allem für ihre persönlichen Ziele instrumentalisiert. Diese Frontstellung galt es aufzulösen. »Wir« lautete die neue Parole, nicht gegen den Senat, nicht gegen die Berliner SPD, sondern gemeinsam. Dieser Veränderungsprozess brauchte Zeit. Aus unseren Sitzungen wurden anfangs mindestens zwei Varianten nach draußen berichtet. Keine davon stimmte allerdings; die Wahrheit lag in der Mitte.

Ich beschloss, meine Kuschellinken besonders intensiv zu pflegen und weitere Erfahrungen im Nahkampf mit dem politischen Gegner zu sammeln. Wenn es ein Geheimnis gab, wie ich diese komplexe Fraktion befriedet habe, dann war es die persönliche Kommunikation. Ich war vielleicht etwas lockerer, natürlich jünger und bin für SPD-Verhältnisse mit geradezu naiver Offenheit auf jeden zugegangen. Nach dem in sich gekehrten Böger waren alle ganz froh, dass da plötzlich der nette Klaus des Weges kam.

Die Bedeutung der Fraktionsführung wird in der öffentlichen Wahrnehmung sträflich unterschätzt. Hier schlummert die wahre Macht. Nur wer zuverlässig die eigene Mehrheit organisieren kann, dessen Partei kann auch regieren. In der Fraktion werden alle Themen verhandelt, man muss frühzeitig explosive Inhalte und Konstellationen erkennen. Weil das nicht immer gelingt, sind Fraktionschefs permanent auch als Feuerwehrleute gefragt.

Gleichzeitig müssen wir Psychologen sein, Zuchtmeister, Kumpel, Genosse, Oberlehrer und Sportsmann. Ein feines Gespür für Fairness und Gerechtigkeit ist wohl die wichtigste Voraussetzung. Wer das Vertrauen eines Abgeordneten nur ein einziges Mal enttäuscht, und sei es unabsichtlich in einer völligen Nebensächlichkeit, der braucht eine Ewigkeit, um diesen Fehler wiedergutzumachen.

Die Vorstellung der Journalisten, man könne Entschlüsse »durchpeitschen«, ist häufig realitätsfremd. Eine Fraktion ist kein Rudel, das einem Leittier folgt, sondern eine Ansammlung individualistischer Querköpfe. Kein Abgeordneter will Teil einer Schafherde sein, sondern für seinen Wahlkreis etwas erreichen. Natürlich möchte er seiner Partei gefallen, aber mindestens in gleichem Maße auch den Menschen, die ihn wiederwählen sollen. Außerdem lehrt die Politik, dass es oftmals von größerem Nutzen ist, erst einmal gegen etwas zu sein. Dann kann man sich seine Zustimmung teuer abhandeln lassen.

Und genauso denkt und handelt der Nachbar auch. So stehen sich Interessen und Ziele oft unversöhnlich gegenüber. Die Fraktionsspitze ist nun gefordert, diese vielen Einzelinteressen auf eine Linie zu bringen, oftmals bis spät in die Nacht, hin und wieder mit einem freundschaftlichen Glas Wein, nicht viel seltener auch mit einer halb bis ganz ernsten Drohung.

Politik ist ein ad-hoc-Geschäft, bei dem es unglaublich viele Fallen gibt. Letztendlich steppen wir jeden Tag durch ein Minenfeld, vor einem gnadenlosen Publikum. Deswegen haben es Seiteneinsteiger auch so schwer in der Politik. Wer die Geruhsamkeit einer Universität gewohnt ist oder die klare Befehlsstruktur eines Unternehmens, der erlebt in der Politik sein blaues Wunder.

Ein Missverständnis lautet zum Beispiel, dass ein Spitzenpolitiker unendlich viel Macht habe. Das Gegenteil ist der Fall: Die Fraktion, die Partei, die Senatoren, insbesondere der Finanzer, aber auch Mitarbeiter, Berater und am Ende die Juristen engen die täglichen Handlungsspielräume gewaltig ein. Dennoch gibt es auch bei den eigenwilligsten Individualisten ein

Bedürfnis nach Führung, und sei es nur, um hinterher den Schuldigen identifizieren zu können. Das Prinzip von Befehl und Gehorsam funktioniert jedoch nicht jeden Tag. Der allzu häufige Gebrauch weist eher auf Machterosion denn auf Stärke hin.

Es mag albern klingen, aber es wirkte manchmal schon Wunder, wenn ich ein paar Stücke Gebäck mit in die Fraktion gebracht habe. Von meiner Mutter wusste ich um die magische Wirkung, die von einem Teller Kuchen ausgehen kann. Ich habe auch veranlasst, dass wir nach den Fraktionssitzungen noch zum Italiener gegangen sind. Die wirklich wichtigen Gespräche, die eigentlichen Sorgen kommen oft erst nach einem Glas Wein auf den Tisch, außerhalb der gewohnten Arbeitsumgebung. Die Bereitschaft, geduldig zuzuhören, auch außerhalb der Dienstzeiten, ist die wesentliche Voraussetzung für einen erfolgreichen Fraktionschef.

Zugleich muss er die Gegenseite unentwegt unter Dampf halten. Eberhard Diepgen zum Beispiel war ein dankbares Opfer. Er war wahnsinnig leicht auf die Palme zu bringen. Das hat immer wieder Freude gemacht. Aber der eigentliche Kopf auf Seiten der CDU war Klaus-Rüdiger Landowsky. Diepgen war eher für das kleine Karo zuständig, Landowsky bestimmte die großen Linien. Es war schon in der ersten Legislaturperiode eine spannende Erfahrung für mich, mit einem so ausgebufften Verhandler die Nächte zu verbringen. Noch spannender war allerdings die Erkenntnis, dass auch Landowsky kein Regenmacher war. Es machte mir Spaß, in Verhandlungsrunden mit ihm die Klingen zu kreuzen.

Die wichtigen Sitzungen, in denen es immer um Geld ging, liefen stets gleich ab: Jeder war mit Tonnen von Papier bewaffnet und hatte eine Reihe von Ausgabenposten, die er als unverhandelbar hinstellte. Alles zusammen ging natürlich nicht.

Eberhard Diepgen, mein Vorgänger im Amt des Regierenden Bürgermeisters, am Tag der Amtsübergabe.

Also wurden Posten getauscht und verrechnet, gegenseitig die Schwachstellen und Luftbuchungen identifiziert und neue Vorschläge gemacht. Nicht alle behielten den Überblick, andere hatten keine gute Kondition. Lando aber war immer sehr aufmerksam und trickreich. Manchmal hat er theatralisch seine Tasche gepackt, um uns, der Gegenseite, zu signalisieren, dass er die Verhandlungen abzubrechen gedenke.

Ich habe mich davon allerdings nicht beeindrucken lassen, sondern einfach weiterverhandelt. Gegangen ist Landowsky nie. Er hatte gemerkt, dass seine Drohung nicht funktionierte. Manchmal habe ich ihn bis zum Morgen der entscheidenden Sitzung im Unklaren gelassen. Weil meine Nerven recht stabil sind, hat er mich »Spieler« getauft, einen Spitznamen, den ich nicht sonderlich schätzte. Ich hatte einfach nur bessere Nerven als andere und wusste, wie man bis zum Letzten reizt. Sozialdemokraten waren schon immer die besseren Skatspieler. Und ich spiele nur, wenn ich ein starkes Blatt habe.

In der Öffentlichkeit wird häufig unterschätzt, dass das Verhandeln eine der wesentlichen Beschäftigungen des Politikers ist. Volksvertretung ist permanenter Interessenausgleich. In den Medien wird viel zu häufig der Streit thematisiert, jene völlig selbstverständlichen Meinungsverschiedenheiten, die in einem komplexen Gemeinwesen nun mal herrschen und die medial einfach zu transportieren sind.

Mindestens so interessant wie der Streit ist allerdings die Lösung. Nicht ohne Grund ist die Rede häufig von »Verhandlungskunst«. Tatsächlich glaube ich, dass erfolgreiches Verhandeln, bei dem jeder Partner etwas bekommt, aber auch etwas abgibt, ohne sich übervorteilt zu fühlen, eine Kunstform ist. Völlig undenkbar, dass einer der Unterhändler wie Rambo seine Position durchsetzt. Schließlich muss jeder draußen vor der Tür seine Ergebnisse vor seinen Anhängern rechtfertigen. Für Asiaten ist es ein riesiges Problem, wenn man sein Gesicht verliert. In der Politik gilt das auch für uns Europäer.

Gleichwohl gibt es viele unterschiedliche Stile, eine Verhandlung zu bestreiten. Ich setze mir meist ein Limit, das nah am worst oder best case liegt. Wo diese Grenze verläuft, behalte ich natürlich für mich. Nun kann ich sehr hart an dieses Limit herangehen und einige Zugeständnisse machen – aber nicht darüber hinaus. Ein Ergebnis um jeden Preis ist oft schlechter als kein Ergebnis. Was habe ich davon, wenn ich nachher von meinen Parteifreunden für ein schlechtes Resultat geschlachtet werde? Die Öffentlichkeit bekommt diese Verhandlungen nur selten in ihrer ganzen Dramatik mit, zum Beispiel bei der »Nacht der langen Messer«, wie sie im Bundesrat oder bei Tarifrunden gepflegt werden. In Wirklichkeit besteht Politik aus nichts anderem als langen Messern. Man kann es auch Interessenausgleich nennen. Wichtig war es für mich dabei immer, Ergebnisse in ruhigen Gesprächsrunden vorzubereiten, statt auf einen medialen Showdown zu setzen. Den sollte man sich nur gönnen, wenn das Ergebnis bereits vorher feststeht und von allen Seiten akzeptiert ist.

Ich hatte mich inzwischen gut vernetzt. Jede Woche saß ich im Senat, ich hatte mir einen Platz im Rundfunkrat des SFB gesichert und war im Beirat der Lotto-Stiftung. Ich hörte viel und fragte Bittsteller immer zuerst: »Wer soll das bezahlen?« Meist wusste ich ziemlich genau, wo die Schwachstellen lagen. Auch ausdauerndes Nein-Sagen gehört zu den wesentlichen Aufgaben eines Politikers.

Viele Journalisten wollten mir nachweisen, dass ich damals schon einen ausgeklügelten Masterplan entwickelt hätte, der mich praktisch automatisch zum Regierenden Bürgermeister machen würde. Welch ein Unsinn! Eine politische Karriere kann man nicht planen. Man kann sich allenfalls Handlungsfreiheit bewahren. Andererseits wäre es als Fraktionschef naiv gewesen, eine Chance auf das Amt des Regierenden von vornherein auszuschließen.

Ich hatte in meiner Zeit im Abgeordnetenhaus keine großen Marketing-Aktivitäten in eigener Sache entwickelt. Mich kannten nur etwa 40 Prozent der Berliner. Das störte mich nicht, im Gegenteil: Ich fühlte mich wohl, denn mir bot sich das Beste aus beiden Welten. Einerseits war ich in alle wichtigen Entscheidungen eingebunden, andererseits konnte ich mich frei in der Stadt bewegen und musste nicht überall damit rechnen, dass mir ein Kamera-Team auflauerte. Die ersten Porträts, die über mich erschienen, waren durchaus schmeichelhaft. Es gab offenbar Bedarf an netten, neuen politischen Figuren.

»Ich will keine Aura haben«, habe ich früher mal bei einer Wahlkampfveranstaltung in Tempelhof gesagt. Das klingt so unkokett, dass es schon wieder perfide eitel daherkommt. Aber es stimmt schon: Ich will nicht einer von diesen wirklichkeitsfremden Politikern werden, die nur noch zwischen Staatsempfang, Hochsicherheitstrakt und rotem Teppich hin und her pendeln.

Aura und Hermelin gehören zusammen. Sie stehen für Gefolge, höfisches Gehabe, für Distanz. Die Gefahr, die Lebenswirklichkeit der Bürger aus den Augen zu verlieren, ist riesig, wenn nur noch Ergebene um einen Politiker herumscharwenzeln. So hart wir von den Medien manchmal kritisiert werden, so übertrieben werden wir andererseits auch hofiert. Zuweilen ist es mir wirklich unangenehm, wenn Bürger einen Sicherheitsabstand halten und sich nicht trauen, ein Wort mit mir zu sprechen. »Erzählt mir was von euch«, würde ich denen am liebsten sagen.

Auch die Arbeit im Abgeordnetenhaus hatte mit Bürger- und Realitätsferne zu tun. Wie ein graues Netz lag diese neue Große

Koalition über der Hauptstadt und verhinderte jede Bewegung. Weder die frische rotgrüne Bundesregierung noch der Umzug aus Bonn hatten uns einen Schub gegeben.

In Berlin war alles wie immer. Und alle waren halbwegs zufrieden. Keiner wollte etwas verändern. Dafür gab es immer noch so viel zu verteilen, so dass sich jeder, egal ob SPD oder CDU, halbwegs arrangieren konnte. Peter Strieder spielte immer mal wieder in Gedanken durch, was denn wäre, wenn wir die Koalition vorzeitig beenden würden. Aber er kam zu keinem zufrieden stellenden Ergebnis. Alle Zeichen standen auf einem selbstgenügsamen Weiter-so.

Insofern herrschte auch keinerlei Alarmstimmung, als im Februar 2001 die ersten Hinweise und Beschwerden aus Immobilienkreisen eingingen, dass es bei bestimmten Fonds zu Unregelmäßigkeiten käme, zu merkwürdigen Bevorzugungen. Die Bankgesellschaft Berlin entstand 1994 als Holding, unter deren Dach die Landesbank Berlin, die Berliner Hypotheken- und Pfandbriefbank (BerlinHyp) sowie die Berliner Bank schlüpften. Die Konstruktion war umstritten, da die Landesbank eine öffentlich-rechtliche Anstalt war, die anderen beiden Institute jedoch privatwirtschaftliche Unternehmen. Landowsky war nicht nur Vorstandschef der BerlinHyp, sondern galt auch als Architekt der Bankgesellschaft.

Die Bankgesellschaft engagierte sich über Tochterfirmen und über Kredite im Bau- und Immobiliensektor. Bereits zwei Jahre nach ihrer Gründung wurden die ersten Wertberichtigungen vorgenommen, in Höhe von mehr als zwei Milliarden Mark. Um Wachstum zu erzielen, wurden Immobilienfonds mit surreal günstigen Konditionen eingerichtet: hohe Mietzinsgarantien, extrem lange Laufzeiten, Rückzahlungsgarantien. Das Land Berlin war letztlich Bürge für diese Versprechen.

Über die Fonds wurde die wahre Lage der Bank verschleiert, kritische Immobilien wurden von den Kreditnehmern gekauft und in die Fonds verschoben. Die Fonds wiederum wurden als sichere Anlage an Privatanleger verkauft. Unter den Immobilien befanden sich vor allem Plattenbauten im nordöstlichen Bundesgebiet, die die AUBIS-Gruppe den verschuldeten Kommunen zu günstigen Konditionen abkaufte. Das Geld stammte aus einem Kredit über 600 Millionen DM, den Landowskys BerlinHyp vergeben hatte, obwohl AUBIS über fast kein Eigenkapital verfügte.

Obgleich sich die Probleme bereits im Jahr 2000 häuften, verbreiteten positiv testierte Geschäftsberichte und Expansionspläne noch Optimismus. Der versuchte Verkauf der Immobilientochter IBAG an eine Scheinfirma auf den Cayman-Inseln, der durch Kredite der Bankgesellschaft finanziert werden sollte, kam Anfang 2001 in die Presse.

Noch schien alles ein ganz normaler Immobiliendeal zu sein, wie er seit jeher Tradition hatte in Berlin. Doch rasch bekam die Sache Dynamik, weil immer neue heikle Details publik wurden. Plötzlich nahm die Staatsanwaltschaft Ermittlungen auf. Ich war im Ski-Urlaub, das Fax stand nicht mehr still. Ich rief Landowsky an. Da sei nichts dran, beteuerte er. Es fiel mir nicht ganz leicht, ihm zu glauben. Seine Doppelrolle als Banker und Politiker war selbst für Berliner Verhältnisse immer fragwürdig gewesen.

Die Hinweise auf ein massives Fehlverhalten Landowskys verdichteten sich; alles konzentrierte sich auf ihn. Aus der CDU kamen gezielte Indiskretionen, vermutlich die Rache geprellter Anleger. Als Koalitionspartner waren uns allerdings die Hände gebunden. Wir konnten ja keinen Misstrauensantrag gegen den Fraktionsvorsitzenden der CDU stellen. Andererseits wurde immer klarer, dass die Vorgänge um die Bankgesellschaft nicht ungesühnt bleiben konnten.

Anfang März trat Landowsky von seinem Vorstandsposten bei der BerlinHyp zurück. Er hatte einen Trümmerhaufen hinterlassen. Die Bankgesellschaft benötigte mindestens zwei Milliarden Euro, um ihre Geschäfte fortführen zu können. Es kam zu Einbrüchen in mehrere Gebäude der Bankgesellschaft, die Ermittler konnten aber keine Zusammenhänge feststellen. Den Schaden, so viel war jedenfalls klar, hatte das Land Berlin.

Über Ostern sollte ich drei Wochen lang mit dem Young Leadership Programm der US-Botschaft in die USA reisen. Ich wäre in den Genuss einer Einzelreise gekommen, mit tollen Gesprächsterminen und den allerbesten Chancen, mehr über die Vereinigten Staaten zu erfahren und zugleich viele wertvolle Kontakte zu knüpfen. Schweren Herzens sagte ich diese Reise ab.

Die Dynamik der Berliner Vorgänge war unkalkulierbar geworden. Da konnte ich mich beim besten Willen nicht drei Wochen lang jenseits des Atlantiks aufhalten. Von einem Bruch der Koalition war allerdings immer noch nicht die Rede. Während Strieder dazu neigte, die Koalition parallel zur Bundestagswahl 2002 zu beenden, plädierten viele Kräfte in der SPD für eine Fortsetzung. Ein Bruch bedeutete eben auch ein Risiko für die eigenen Pfründe. Und Landowsky war ja nicht irgendwer.

Er war der Kopf der Berliner CDU, der die großen Linien bestimmte, der strategische Denker. Er und Eberhard Diepgen kannten sich schon aus dem Jura-Seminar an der FU. Gemeinsam waren sie stark, zumal jeder dem anderen Platz ließ. Diepgen und Landowsky hatten der SPD gegenüber einen entscheidenden Vorteil: Sie waren sich einig. Ich habe so manche Nachtsitzung mit Landowsky ausgefochten. Er war ein Schlitzohr, aber ein zuverlässiges. Wir haben uns gut verstanden. Bisweilen sind wir am Ende eines langen Arbeitstages noch ins Borchardt gegangen. »Erst ein Bier gegen den Durst und dann ein Fläschchen Wein«, das war sein Standardspruch. Nicht unsympathisch.

Ende März 2001 musste ich allerdings ein Gespräch mit ihm führen, das unser Verhältnis nachhaltig belastete. »Sie sind nicht mehr zu halten«, habe ich ihm geradeheraus gesagt. Landowsky war nicht nur eine Belastung für die CDU, sondern auch für uns. Wenn wir als Berliner SPD uns einen Rest an Glaubwürdigkeit und Eigenständigkeit erhalten wollten, dann mussten wir Landowskys Kopf fordern. Das hätte der CDU, insbesondere Eberhard Diepgen, klar sein müssen.

Die Koalitionskrise lag nun wie eine Betonplatte auf der Stadt. Es war an der Zeit, dass wir uns mit der Bundes-SPD koordinierten. Der Skandal um die Bankgesellschaft schlug längst bundesweite Wellen. Das Klima der Koalition war frostig. Für mich persönlich brachte es eher Vorteile, wenn die Koalition brach, aber viele in der SPD fürchteten um ihre Ämter. Ich war der Erste, der das Unwort »Neuwahlen« in die politische Debatte warf. Der Kühnheit dieses Vorhabens war ich mir bewusst, schließlich brauchten wir eine Mehrheit im Parlament, um den Amtsinhaber Diepgen abzuwählen. Aber ich spürte, dass die SPD stark genug war, die Wende zu schaffen; die CDU sackte immer weiter in den Sumpf.

Peter Strieder und ich machten einen Termin im Kanzleramt, was eher als Strategie-Treffen gedacht war, weniger als Krisengespräch. Wir wollten uns sowohl mit dem SPD-Vorsitzenden und Genossen Gerhard als auch mit dem Bundeskanzler Schröder abstimmen.

Schröders alter Juso-Freund Klaus Uwe Benneter saß schon

da, als Strieder und ich das Kanzlerbüro betraten. Ich wusste, dass sich Gerhard Schröder für Berlin eine Ampel-Koalition wünschte, quasi als Pilotprojekt für die Bundestagswahl 2002. Die Bundes-SPD war im Dauertief, eine Wiederwahl von Rot-grün erschien ziemlich unwahrscheinlich. Schröder sah müde aus, er hatte viel einstecken müssen. Wir erklärten in wenigen Worten, welche Folgen ein Ende des Berliner Bündnisses haben könnte und vor allen Dingen die notwendige Unterstützung der PDS bei der notwendigen Abwahl von Diepgen.

Was heute fast schon normal erscheint, war damals ein gewaltiges Tabu. Die PDS wurde beharrlich als SED-Nachfolge-partei bezeichnet; die SPD hatte noch keinen Weg gefunden, mit der Konkurrenz von links umzugehen. Weder in der Bevölkerung im Westteil der Stadt, noch in der veröffentlichten Meinung, noch in meiner Partei galt die PDS als satisfaktionsfähig.

Nachdem wir alle Optionen für den Weg zu Neuwahlen durchgesprochen hatten, ging es um die Frage, wer für die Berliner SPD als Spitzenkandidat in Frage käme. In seiner unnachahmlich direkten Art hörte Schröder unseren strategischen Ausführungen zu und sagte plötzlich: »Is' doch klar: Das macht der Klaus!« Der Tonfall des Kanzlers und Parteivorsitzenden, seine ganze Art machten klar, dass er zu diesem Vorschlag keine Alternative sah.

Peter Strieder rang um seine Fassung. Es war spannend zu beobachten, wie er sich wand. Strieder wollte offenbar auf Zeit spielen und eine Interimslösung herbeiführen. Denn er hatte das Problem, dass er selbst in den Gremien der Landesbank saß. Er wurde in der Öffentlichkeit bestimmt nicht als Haupt-verantwortlicher, aber eben auch nicht als völlig unschuldig gesehen. In der Partei war er nicht sonderlich beliebt, deswegen war jeder Monat Zeitgewinn wichtig für ihn. Er hatte die Idee, Lore Peschel-Gutzeit als Übergangskandidatin für etwaige Neuwahlen zu gewinnen. Insgeheim hoffte er vielleicht sogar, Franz Müntefering würde sich opfern. Ich glaube, Strieder hat mich immer etwas unterschätzt. Spätestens, seit ich 1999 Fraktionsvorsitzender geworden war, war für mich klar, dass eines Tages noch größere Aufgaben auf mich zukommen könnten. So war es immer gewesen, bei fast allen meinen Vorgängern. Immerhin verfügte Strieder in diesem für ihn schwierigen Moment über die bei Politikern nicht gerade häufig verbreitete Fähigkeit zur realistischen Selbsteinschätzung. Ich glaube, er hat sehr schnell eingesehen, dass er es nicht mehr werden konnte. Dass er mir fortan keine Steine in den Weg gelegt hat, rechne ich ihm hoch an. In unserem Metier ist das nicht selbstverständlich.

Ich selbst war nach Schröders Vorschlag mindestens genauso perplex wie Strieder. Ich teilte zwar die Einschätzung meines Parteivorsitzenden, Schröders unmissverständliche Position überraschte mich aber doch. Der Kanzler versicherte am Ende des etwa eineinhalb Stunden dauernden Gesprächs, dass es keine Störfeuer aus der Bundes-SPD geben würde, sollte die Koalition brechen. Er sicherte uns freie Hand zu und seine Unterstützung. Wir hatten zwar keine Strategie festgelegt, weil niemand wusste, wie sich die Krise entwickeln würde, doch verfügten wir jetzt immerhin über einen Kandidaten für Berlin und das Wohlwollen des Bundesvorsitzenden.

Als wir das Kanzleramt verließen, wurde uns langsam klar, dass wir einem historischen Moment für die Zukunft Berlins beigewohnt hatten. Dabei wollten doch nur zwei Landespolitiker zum Rapport antreten. Eigentlich hätte ich vor Begeisterung Luftsprünge vollführen müssen, doch in dieser Situation hielt sich meine Freude in Grenzen. Schröder hatte mich ja nicht nur aus lauter Sympathie vorgeschlagen, sondern weil niemand anders da war.

Mir war klar, dass mein Aufstieg nicht zwangsläufig einen Karrieresprung bedeuten musste. Ich war nicht der strahlende Held, sondern der große Unbekannte, der vom Wähler nicht dem alten System zugeordnet wurde. Ich galt als sauber. Andererseits hatten die Bürger die Nase voll von der Politik und ihren Repräsentanten. Nicht auszuschließen, dass ich schnell unter die Räder kam.

Im Nachhinein betrachtet ging es mir so ähnlich wie Angela Merkel. Auch sie profitierte auf dem Höhepunkt einer Krise, der Kohlschen Spendenaffäre, von ihrer relativen Blockfreiheit. Sie gehörte weder zum engsten Kreis der Kohl-Freunde, noch führte sie die Anti-Kohl-Fraktion an. Sie war mit keinem Parteiflügel so eng verbandelt, dass sie für eine konkurrierende Gruppe partout nicht wählbar gewesen wäre. Das hatte den Nachteil, dass sie keine große Hausmacht hinter sich wusste, bot andererseits aber den Vorteil, dass sie für alle wählbar war.

So ähnlich verhielt es sich auch mit mir und der Berliner SPD. Meine Kuschellinken waren ein auf die Fraktion konzentrierter kleiner Haufen, der vor allem eine Qualität bot: Wir waren undogmatisch. Wir hielten uns nicht mit Grundsatzfragen auf, sondern wollten Probleme pragmatisch lösen. Wir versuchten, nach allen Seiten gesprächsfähig zu bleiben. Diese Position sollte sich in den Wirren des Frühlings 2001 als Erfolg versprechend erweisen.

Wie Angela Merkel auch, profitierte ich von meiner Rolle als relativer Neuling. »Sein Name taucht in keiner der zahlreichen Filz-Affären auf«, schrieb die *Frankfurter Rundschau*. Zudem hatte ich nichts zu verlieren. Viele meiner Parteifreunde

Gerhard Schröder, Doris Schröder-Köpf und ich im Kanzleramt.

sträubten sich mit mehr oder weniger leiser Beharrlichkeit gegen einen Bruch des Regierungsbündnisses, weil sie Angst vor einer ungewissen Zukunft hatten. Es lagen also persönliche Motive vor, die uns Kuschellinke nicht ganz so stark umtrieben. Wir hatten bei den Verteilungskämpfen der Lager ohnehin nicht viel abbekommen. Unsere Unabhängigkeit war unsere Stärke.

Überraschenderweise entwickelte die SPD eine wachsende Geschlossenheit. Die Genossen spürten wohl, dass sie sich jetzt nicht von der CDU einlullen oder auseinandertreiben lassen durften. Die Krise durfte auf gar keinen Fall zu uns herüberschwappen. Parteispenden, die sollte die CDU doch bitte exklusiv behalten. »Nur nicht nervös werden«, hatte ich meinen Leuten versucht einzuschärfen.

Für uns galt die Linie: Opferte Diepgen Landowsky, würde die Große Koalition weitergehen. Doch Diepgen sperrte sich. Er entschied sich für Nibelungentreue. Das war ein Fehler. Wie kann man nur so dusselig sein, dachte ich damals. Aber der Glaube an den ewigen Bestand einer CDU-geführten Regierung vernebelte offenbar den Blick für die Realität. Eine Eskalation schien unausweichlich. Noch immer war allerdings nicht klar, dass die Koalition brechen würde, im Gegenteil: Nach wie vor hielt Eberhard Diepgen das Heft des Handelns in der Hand. Wie in jeder politischen Krise forderte die Öffentlichkeit ein Opfer, einen symbolischen Akt der Reinigung.

Im April war ich bei Diepgen, um ihm klipp und klar zu sagen: »Lieber Regierender Bürgermeister, Sie können diese Krise nicht aussitzen. Jeder Tag, den Sie länger an Ihrem Freund Lando festhalten, bedeutet einen Sargnagel mehr für die Koalition.« Selbst Landowsky, der politische Instinktmensch, muss geahnt haben, dass seine Tage gezählt waren. Ich frage mich bis heute, was Diepgen damals bewogen hat, an seinem Freund festzuhalten und sich von ihm in den Untergang ziehen zu lassen. Hat er wirklich geglaubt, diese monumentale Krise einfach nach der Methode Kohl bewältigen zu können? Oder hatte er Angst vor Landos Rache?

In der SPD herrschte ebenfalls keine Bruch-Stimmung. Die Furcht, das eigene Mandat, die komfortablen Posten womöglich zu verlieren, fachte die revolutionäre Stimmung unter den Genossen nicht gerade an. Andererseits konnte man die CDU nicht einfach ungestraft davonkommen lassen. Damit hätte die SPD sich auf lange Zeit unglaubwürdig gemacht. Strieder sprach auch noch mal bei Diepgen vor. Das Treffen dauerte ewig, aber es änderte nichts.

Die Situation war maximal verworren. Strieder wusste, dass er bei einem Ende der Koalition zu den Verlierern gehören würde, ebenso Klaus Böger. Ich würde der einzige große Gewinner sein. Paradoxerweise war der Block jener am größten, die vom Fortbestand der Großen Koalition profitieren würden. Vor der entscheidenden Krisensitzung im Senatsgästehaus hatte ich einige Bedenken, dass meine Parteifreunde Fracksausen bekämen oder versuchen würden rumzutricksen.

Zur Krisensitzung war fast der komplette Senat erschienen. Finanzsenator Kurth verlas ein Papier mit Einsparungen – Diepgens letzter, verzweifelter Versuch, ein Ablenkungsmanöver zu inszenieren. Es wurde abgestimmt, ob diese Sparvorschläge die Grundlage für ein Weitermachen bilden könnten. Ergebnis negativ. Diepgen hoffte offenbar immer noch, die Macht mit ein paar Bauerntricks retten zu können, den Realitätsnäheren in der Runde war jedoch völlig klar, dass das Ende unmittelbar bevorstand.

Draußen wartete ein gewaltiges Journalistenheer. Nach Mitternacht war es dann so weit. Strieder erklärte den Reportern, dass das Regierungsbündnis nicht mehr tragfähig sei. Danach haben sich die führenden Sozialdemokraten in einer Weinstube am Roseneck zusammengesetzt, um einen Schlachtplan zu entwickeln.

Das Ende einer Regierung ist die große Sensation, der neue Anfang aber ungleich wichtiger. Eine Beratung jagte die andere. Es musste nominiert, terminiert, organisiert werden. Wir waren nicht mehr von den Entscheidungen anderer abhängig, sondern mussten, wir durften wieder selbst handeln. Es war die Befreiung der SPD aus der unseligen Gefangenschaft der Konservativen.

Deren Rache würde ohne jeden Zweifel fürchterlich werden. Die konservative Presse würde, munitioniert durch die CDU, jede Chance wahrnehmen, mich mit Dreck zu bewerfen. Es war kein Geheimnis, dass ich mit einem Mann zusammenlebte. Aber öffentlich war es nicht. Die *taz* hatte in einem Interview sogar mal frech gefragt: »Sind Sie der erste schwule Regierende?« Ich habe damals nicht geantwortet. Das hätte eigentlich schon Antwort genug sein müssen.

In meiner Generation ist der tabulose Umgang mit Homosexualität nicht so selbstverständlich. Ich finde die Strategie des *slow outing* eigentlich ganz vernünftig: Man verschweigt nichts, lärmt aber auch nicht herum. Irgendwann hat es sich dann überall herumgesprochen. Damit wurde es jetzt nichts mehr. Mein Privatleben eignete sich geradezu perfekt für eine verlogene Schmutzkampagne – die Rache für den Koalitionsbruch würde allein mich treffen, und zwar mit voller Wucht.

Viele in der Berliner SPD wussten, dass ich mit Jörn zusammen war. Und die meisten interessierte es nicht einmal. Es war schon erstaunlich, wie wenig man von den privaten Angelegenheiten der anderen wusste in einer Fraktion, in der man praktisch täglich zusammenarbeitete. Auch die meisten Journalisten wussten Bescheid, hielten sich aber an den damals noch geltenden Kodex, die Homosexualität eines Politikers nicht öffentlich auszubreiten. Ich war tatsächlich der Meinung, dass meine sexuelle Orientierung Privatsache sei. Ich hatte zwar nichts unternommen, etwas zu verbergen, gehörte aber auch nicht zu denjenigen, die es sich auf die Stirn geschrieben hatten.

Für den Fall, dass ich tatsächlich Regierender Bürgermeister

Die Ernennungsurkunde ▶

Es wird hiermit beurkundet, dass

Herr Klaus Wowereit

in der 29. Sitzung der 14. Wahlperiode des Abgeordnetenhauses von Berlin

am Sonnabend, dem 16. Juni 2001, der Verfassung von Berlin gemäß

zum

Regierenden Bürgermeister von Berlin

gewählt und am gleichen Tag vor dem Abgeordnetenhaus vereidigt worden ist.

Berlin, den 16. Juni 2001

Der Präsident
des Abgeordnetenhauses von Berlin

Reinhard Führer

werden sollte, musste ich mir allerdings sehr genau überlegen, wie ich mit meiner Homosexualität umgehen wollte. Mit der Prominenz käme das öffentliche Interesse, keine Frage. Ein Zwangs-Outing via Boulevardpresse erschien mir als die schlechteste aller Lösungen. Ein krampfhaftes Verheimlichen war auch nicht praktikabel. Guido Westerwelle hat ebendies eine Weile lang versucht. Man verkrampft zwangsläufig und gerät in seltsame Situationen. Das öffentliche Rumoren ist belastend.

Mir war klar: Auch wenn ich ein Recht auf Schutz der Privatsphäre habe, so war es doch unumgänglich, meine Homosexualität zu thematisieren. Weil ich nicht getrieben werden wollte von der medialen Öffentlichkeit, blieb nur eine Lösung: Ich musste das Thema offensiv behandeln. Auf der gemeinsamen Fraktions- und Landesvorstandssitzung am Abend, auf der ich bereits nominiert werden sollte, machte ich den ersten Vorstoß. »Wer es noch nicht weiß, der sollte es wissen«, erklärte ich den Genossen und stimmte sie darauf ein, dass die Gefahr bestünde, dass die Gegenseite meine Homosexualität instrumentalisieren würde. Ich wollte, dass alle vor der Nominierung wussten, auf wen und was sie sich da einließen. Die Genossen waren großartig. Etwa 100 Leute klatschten, manche schienen regelrecht bewegt. Ich war erleichtert.

Anfangs hoffte ich, dass dieser Auftritt genügen würde. Doch sehr bald entwickelte das Thema ein irres Tempo. Ich musste in die Offensive gehen. Es herrschte eine unglaublich freundschaftliche Stimmung, der Applaus trug mich den ganzen Abend. Selbstbewusst stellte ich mich der Presse, ohne mein Privatleben jedoch zu erwähnen.

Vor lauter Begeisterung über mein Bekenntnis hatten meine Freunde von den Schwusos, den Schwul-lesbischen Sozialdemokraten, allerdings nichts Besseres zu tun, als meinen Auftritt vor der Parteispitze in der Szene herumzuposaunen. Immerhin war ich der erste Spitzenpolitiker, der sich bekannte. Aus der Kaste der Fraktionschefs, Minister oder Landeschefs hatte es bislang nicht einen gegeben, der sein homosexuelles Leben öffentlich gemacht hatte. Niemand wollte der Erste sein, alle fürchteten sich vor unkalkulierbaren Reaktionen. Jeder wartete auf den anderen, und das schon seit vielen Jahren.

Damit war es jetzt vorbei. Keine 24 Stunden nach meinem Auftritt vor dem Landesvorstand gab das Schwulenmagazin *Queer* eine Pressemeldung heraus, in der mein Bekenntnis zitiert wurde. Die Szene war begeistert.

Abends traf ich mich mit Jörn im Prenzlauer Berg. »Ist doch toll«, jubelte mein Lebensgefährte.

Ich war nicht ganz so euphorisiert. »Weißt du, was das bedeutet?«, fragte ich ihn.

»Nö, wieso?«, entgegnete er.

Ich versuchte, ein paar der möglichen Konsequenzen zu skizzieren. Sie reichten von unserem Privatleben, das fortan unter größter medialer Beobachtung stehen würde, bis hin zum anstehenden Wahlkampf. Die Konservativen würden durchdrehen. Jörn schwieg.

Es waren einfach zu viele Tabu-Themen auf einmal, für die ich als Person stand.

Tabu Nummer eins: Der Bruch der Großen Koalition bedeutete ja weitaus mehr als nur das Ende einer Regierung. Es war, zwölf Jahre nach der Wende, das endgültige Ende des provinziellen, aber vertrauten West-Berlin.

Tabu Nummer zwei: Eine Mehrheit ohne CDU war womöglich nur unter Beteiligung der PDS zu schmieden. Die Konservativen aller Parteien waren zahlreich, die in der PDS vor allem eine Verbrecherorganisation sehen wollten, deren Wurzeln ausschließlich in den schwärzesten Löchern des DDR-Regimes zu finden waren. Natürlich war die PDS alles andere als ein idealer Koalitionspartner. Andererseits bot sie die einzige Chance, die Stadt von dieser Großen Koalition zu befreien und zugleich eine Brücke zwischen Ost und West zu schlagen, die nach meiner festen Überzeugung eine wesentliche Bedingung war, um die anstehenden Sparmaßnahmen auf eine breite Basis zu stellen.

Und jetzt noch Tabu Nummer drei: Auch noch ein schwuler Spitzenkandidat. Mir war nicht klar, wie ich auf dem Landesparteitag am Wochenende damit umgehen sollte. Ein Reporter vom *Stern*, der an einer Geschichte über mich arbeitete, hatte die Gerüchte mitbekommen und fragte, ob er darüber schreiben dürfe. »Besser nicht«, entschied ich und bat um Verständnis.

Senatssprecher Michael Donnermeyer und Peter Strieder waren sich einig, dass man das Thema besser kleinhalten und auf dem Parteitag keinesfalls offensiv herausstellen sollte. Ihre Argumentation folgte dem beim kleinbürgerlichen Wähler vermuteten Ideal von Normalität und war deswegen durchaus einleuchtend. Viele Berliner dachten bestimmt: Erst die korrupten Rechten und jetzt die schwulen Linken – das ist doch alles nicht mehr normal.

Aber das Thema ließ sich beim besten Willen nicht mehr einfangen. Am Samstag kam die *Frankfurter Rundschau* bereits mit einer Meldung, wie ich aber erst später erfahren habe. Ich hatte kaum Zeit, mir über eine Strategie, geschweige denn über einen längeren Redetext Gedanken zu machen.

Am Sonntagmittag war ich zu Ruprecht Esers Runde ins ZDF eingeladen. Ich stand morgens beim Hemdenbügeln, als der stellvertretende Senatssprecher Helmut Lölhöffel anrief. Er hatte gehört, dass die *B.Z.*, eine nicht immer zartfühlende Berliner Boulevardzeitung, zwei Leute angesetzt hatte, um im Milieu zu recherchieren. *Bild* hatte angeblich schon die Titelzeile für Montag reserviert.

Wenig später riefen die Ermittler im Dienste der Wahrheit bei mir selbst an. Fast entschuldigend erklärten sie, dass sie beauftragt seien, also von ganz oben, um zu, ääh…, wie soll man das jetzt sagen, ähm … – dann spätestens begann ein großes Gedruckse. Schwer zu sagen, für wen diese Gespräche unangenehmer waren. Mir war jedenfalls klar, dass es kein Zurück mehr gab. Es würde garantiert große mediale Aufregung geben. Für mich stellte sich nur mehr die Frage: Wollte ich Handelnder sein oder Getriebener? Wollte ich die Debatte steuern oder mich steuern lassen?

Ich vertröstete die recherchierenden Journalisten und erklärte, dass ich auf dem Parteitag etwas dazu sagen würde. Ich wusste allerdings selbst noch nicht so genau, was. Außerdem ließ ich den *Stern*-Reporter anrufen, der immerhin so fair gewesen war, mich in seine Überlegungen einzubeziehen, und warnte ihn vor, dass da noch etwas käme, was seiner Geschichte womöglich noch etwas mehr Süffigkeit verleihen würde.

Gleich nach Esers Runde tagte der Landesvorstand der SPD. Ich weihte die Parteifreunde in meine Überlegungen ein. Mein Bekenntnis am Donnerstag zuvor war spontan erfolgt, weil es mir ein Bedürfnis war, meine Parteifreunde auf alles Denkbare einzustimmen, was da im Wahlkampf auf sie zukommen konnte, an jedem einzelnen Straßenstand. Jetzt kam ein wenig Wut, vor allem aber Trotz hinzu. »Das ist dein Leben«, sagte ich mir, »du hast dir überhaupt nichts vorzuwerfen. Es gibt nichts zu entschuldigen und nichts zu rechtfertigen. Damit kriegen die dich nicht.«

Ich hatte weder Zeit noch Ruhe, um mir einen komplett neuen Auftritt zu überlegen. Es war klar, dass ich nicht gleich am Anfang meiner Rede mit der entscheidenden Passage kommen durfte, sondern eher gegen Ende. Es war bis dahin die bedeutendste Rede meines Lebens, denn ich musste mich als Kandidat vorstellen, zukunftsweisende Gedanken entwickeln und auch noch etwas höchst Persönliches kundtun. Ich fühlte einen Druck auf mir, wie ich ihn bislang nie erlebt hatte.

Praktischerweise werde ich in solchen Situationen immer ganz ruhig. Zittern ist nicht meine Art. Ich durfte die entscheidende Passage weder überdramatisieren noch allzu beiläufig fallen lassen. In keiner Sekunde habe ich überlegt, ob es nutzen oder schaden würde. Die Frage stellte sich schon deswegen nicht, weil eine Antwort nicht zu prognostizieren war. Ich wollte einfach unangreifbar sein. So kam es kurz vor Ende meiner Rede zu jenem Satz, der zum bekanntesten meines Lebens werden sollte: »Ich bin schwul, und das ist auch gut so.« Ich hatte mir diese Formulierung nicht vorher ausgedacht, sie war ein spontaner Einfall.

Nun war es raus. Ich war erleichtert, hatte aber keine Ahnung, was passieren würde. Vielleicht würden es diese Stadt, dieses Land ja fast so gelassen hinnehmen, als hätte ein Politiker gesagt: »Ich liebe Frauen – und das ist auch gut so.«

Weit gefehlt. Es brach ein Orkan los, den ich mir in meinen wildesten Träumen nicht hätte ausmalen können. Jörn, der die Live-Übertragung überhaupt nicht verfolgt hatte, bekam umgehend einen Anruf seiner Mutter Grete, die mit ihrem Mann Gerhard in einem kleinen Ort in Baden-Württemberg vor dem Fernseher gesessen hatte. Völlig außer Atem fragte sie ihren Sohn: »Hast du das gesehen? Klaus hat es gesagt. Jetzt weiß es die ganze Welt. Ich bin so stolz auf ihn.«

Ein Foto, das um die Welt ging: Jörn und ich nach dem Wahlsieg 2006.

Kaum war die Rede vorbei, bat mich Sabine Christiansen noch für denselben Abend in ihre Sendung. Es folgte am Montagnachmittag Sandra Maischberger. Da Reinhold Beckmann mich unbedingt noch am Montagabend in seiner Sendung in Hamburg haben wollte, schickte er mir sogar einen Learjet. Die ganze Woche über folgte Interview auf Interview und Talkshow auf Talkshow. Mein Bekanntheitsgrad stieg nicht nur in Berlin, sondern im ganzen Land rasant in die Höhe.

Da der Wahlkampf mit dem Ende der Koalition begonnen hatte, ließ ich die Hysterie um meine Person gern geschehen. Keine Werbe-Kampagne hätte es vermocht, mich so schnell so bekannt zu machen. Noch eine Woche vorher wäre ich stolz gewesen, bei Christiansen überhaupt auf die Liste für Reserve-

Gäste zu kommen. Das Beste aber war: Alle überschlugen sich vor Nettigkeit. Ich hatte Mut bewiesen und die Sympathien auf meine Seite gezogen. Das Schicksal hatte mich von der Landesliga in die Champions League geschossen.

Besonders hat mich die weltweite Resonanz der schwulen Szene gefreut. So viel Zuspruch, so viel Bestätigung und so viele gute Wünsche habe ich in meinem gesamten Leben nicht bekommen wie in dieser Woche. Ob ich wollte oder nicht, ich war eine Ikone der Bewegung geworden. Überall auf der Welt werde ich bis heute angesprochen und fast immer voller Sympathie. Mir war die Symbolkraft meiner Äußerungen nie bewusst gewesen; sonst hätte ich wahrscheinlich gar nicht den Mut gehabt, sie in der ohnehin angespannten Lage auszusprechen. Ich spürte Stolz und Verantwortung zugleich.

Nur wenige haben mich enttäuscht, wie Giovanni di Lorenzo, damals Chefredakteur des *Tagesspiegel*, heute Chefredakteur der *Zeit*, mit einem Leitartikel, den ich beim besten Willen nicht verstanden habe. Er schrieb, dass ich mir meine Auftritte auch hätte sparen können, weil Schwulsein doch schon lange nichts Besonderes mehr sei. Da frage ich mich, warum so viele Homosexuelle in Politik, Wirtschaft und Medien zum Teil gut nachvollziehbare Probleme haben, sich zu ihrem Leben zu bekennen. Wir haben das Thema später bei viel Rotwein aufgearbeitet.

Der öffentliche Umgang ist dennoch weit entfernt von gelassener Selbstverständlichkeit. Als ich Jörn beim Wahlsieg 2006 auf die Bühne holte, mokierte sich doch tatsächlich die *Berliner Zeitung*. Das wäre bei einem heterosexuellen Politiker niemals Thema gewesen. Gleichwohl schaffte es das Bild weltweit in die Zeitungen, sogar bis in die *New York Times*.

Interessant fanden wir, dass etwa das Bundespräsidialamt

Die Titelseite der B.Z. vom 12. November 2001.

bei Einladungen zu offiziellen Anlässen Jörn völlig normal und selbstverständlich behandelt. Von anderen wird er manchmal ignoriert; manche Leute drehen sich weg, wenn wir gemeinsam kommen, andere begrüßen ihn einfach nicht. Dass er bisweilen als »First Lady« bezeichnet wird, versuchen wir witzig zu finden, mit Professor Joachim Sauer, dem Ehemann von Angela

Merkel, hat er ja jetzt auch einen Leidensgenossen im Damenprogramm.

Für Partner ist es nicht leicht, an der Seite eines Politikers zu stehen. Wir haben eine klare Vereinbarung, dass Jörn nur solche Termine wahrnimmt, an denen er ein eigenes Interesse hat. Nach meinem Amtsantritt war es für mich wichtig, ihn erst einmal aus der Öffentlichkeit herauszuhalten, weil ich sicher war, dass sich alle auf ihn stürzen würden. Es war am Anfang nicht einfach, ihn davon zu überzeugen. Aber wir haben es bis heute durchgehalten, dass er keine eigenständigen Interviews gibt; genauso wenig lassen wir Homestories zu. Unsere Erfahrung ist, dass sich dieses Prinzip durchhalten lässt, wenn für alle Journalisten gleiche Regeln gelten.

Jörns erster öffentlicher Auftritt war bei der Aids Gala im November 2001 in der Deutschen Oper. Es war lustig mitanzusehen, dass die Scharen von Fotografen bei unserem Defilee auf dem roten Teppich erst gar nicht mitbekommen hatten, wer der Mann an meiner Seite war. Umso heftiger setzte das Blitzlichtgewitter ein, als sie es dann kapiert hatten. Im Verlauf der nächsten Wochen folgten weitere Auftritte, so dass sich das Interesse sehr schnell normalisierte. Ich habe Hochachtung dafür, dass er sich so tapfer dem nicht immer leichten öffentlichen Dasein stellt.

Natürlich wurde nach meinem Bekenntnis sofort die Theorie aufgestellt, ich hätte das Schwulsein eiskalt für meine politischen Zwecke instrumentalisiert. Es schmeichelt mir durchaus, dass mir so viel Marketing-Geschick unterstellt wurde und die Fähigkeit, die vielfältigen Folgen vorherzusehen, die mein kleiner Satz mit sich brachte. Leider ist es Unsinn. Wer hinter diesem Bekenntnis in einem entscheidenden Moment des Lebens ein Kalkül der Selbstvermarktung vermutet, der hat nicht die geringste Ahnung, welches Wagnis ein *Coming-out* für Homosexuelle bedeutet.

Es gibt viele schlaue und noch mehr weniger schlaue Bücher zu diesem Thema, und alle sind sich einig: Es ist ein einschneidender Moment im Leben, tiefer als die meisten anderen. Man beendet eine vertraute Phase und beginnt etwas Neues. Selbst- und Fremdbild justieren sich neu, bei manchen nur um Nuancen, bei anderen komplett. Es ist wie eine Häutung. Es gibt kein Zurück.

Es existieren viele gute Gründe, sein Schwulsein zu verstecken, dafür muss man nicht einmal in Bayern wohnen. Ich kenne Schwule, die sind verheiratet und haben Kinder, ich kenne andere, die panische Angst davor haben, entdeckt zu werden. Ich habe Respekt und Verständnis vor jedem einzelnen Lebensentwurf. Auch wenn ich für mich anders entscheiden'und handeln würde als manche meiner Freunde, so würde ich mir nie anmaßen, Menschen einen bestimmten Umgang mit ihrer sexuellen Orientierung verordnen zu wollen.

Viele Schwule und Lesben haben schlichtweg Angst davor, sich öffentlich zu bekennen. Und für diese Angst habe ich großes Verständnis. Wer als Banker oder Geschäftsmann arbeitet, wer im Spitzensport oder in der Kultur tätig ist, der bewegt sich oftmals in einem Umfeld, das mit Unverständnis, manchmal mit Ablehnung, seltener auch mit Ekel reagiert. Ich erfahre es doch selbst immer wieder, wenn auf Veranstaltungen hinter meinem Rücken abfällige Bemerkungen gemacht werden oder wöchentlich Schmähbriefe der alleruntersten Sorte bei mir eintreffen. Schlagzeilen, die mich mit einer Frau zeigen und dann heuchlerisch fragen: »Hat sie ihn umgedreht?«, sind nicht nur geschmacklos, sondern diskriminierend.

Unsere Gesellschaft mag sich in manchen Bereichen als

wahnsinnig fortschrittlich und liberal empfinden, in manchen Kreisen ist es geradezu schick, sich mit Schwulen zu umgeben. Das ändert nichts daran, dass der Alltag von Homosexuellen, gerade in der Provinz, mit Diskriminierungen gepflastert ist. Deswegen werde ich auch in Zukunft beim Christopher Street Day dabei sein, das Schwul-lesbische Straßenfest besuchen und am Roten Rathaus die Regenbogenfahne hissen. Erst wenn dieses Thema kein Thema mehr ist, dann ist Gleichberechtigung verwirklicht.

Besonders absurd fand ich die Einlassung des journalistischen Rechtsaußen Georg Gafron, der sich jahrelang von der Kirch-Gruppe unterhalten ließ und zu seinen aktiven Zeiten keine Kampagne gegen ihm unliebsame Minderheiten ausgelassen hat. Ich sei gar nicht schwul, behauptete er, sondern tue nur so, aus strategischen Gründen. Das ist ungefähr so, als würde ich behaupten, Gafron sei gar kein sektiererischer Giftzwerg, sondern tue nur so.

Habe ich meinen Auftritt bereut? Nein, niemals. Ich habe mit hohem Einsatz gekämpft und nicht das Gefühl, verloren zu haben. Ich habe Glück gehabt. Ich hatte viele Sympathien auf meiner Seite. Es war ja nicht nur dieser Satz, sondern auch die Art und Weise, wie er gesprochen wurde. So was kann man nicht üben, sondern es kommt einfach. Ich war einfach ich, nicht juxig oder intellektuell verklausuliert, sondern gerade heraus. Zack. Kein Verstecken, kein Tricksen, keine Debatte. Die Gegenseite hatte keine Chance. Wenn ich mir überlege, dass ein Marketing-Team sich so etwas ausgedacht hätte – au weia. Das hätte nie geklappt. Solche Situationen kann man nicht planen.

Allein dieses Wörtchen »auch«. Ich habe es intuitiv gebraucht, ohne mir vorher etwas zu überlegen. Aber es hat sich als brillanter Zufall erwiesen. »Das ist auch gut so« bedeutet etwas anderes als einfach nur »Das ist gut so«. »Auch« lässt alle anderen Formen des Miteinanders zu. »Auch« verweigert den Totalitätsanspruch und ist zutiefst tolerant und liberal. In diesem »auch« liegt viel von meinem Wesen – und das ist auch gut so.

Nun war ich also ein Prominenter. Es fühlte sich interessant an, etwas erreicht zu haben, wonach viele Kollegen ein Leben lang vergeblich streben. Auf die Frage, ob es schlimmer sei, dauernd oder nie erkannt zu werden, würde sich wohl kaum ein Politiker für das »dauernd« entscheiden. Wer jedoch in die Politik geht, der will auch Prominenz, ganz einfach. Ich hatte diese Situation in meiner Phantasie schon mehrfach durchgespielt. Aber der Realität war ich nie nahegekommen. Lustig ist es, wie sich die Perspektiven verkehren. Heute bin ich irritiert, wenn mich einer nicht kennt. Ich gebe zu, ich habe es verlernt, mich vorzustellen. Das war damals noch anders.

Als ich am Morgen des 16. Juni von meinem Interview-Marathon aus Hamburg zurückkehrte und mein Zug im Bahnhof Zoo einlief, warteten schon die Sicherheitsleute auf mich. »Das war dein letzter Tag in Freiheit«, dachte ich mir.

Heikle Koalition:
Ein Neustart ins Ungewisse

Geisterbahn und Schreckgespenster – 9/11 – Schröder und Bush – Steffel und die schönste Stadt Deutschlands – Theater im Bundesrat – Solidarpakt mit Bsirske – Gysi und Strieder – tückische Bayern – ein Bär für Pflüger.

»Sein Markenzeichen ist Mut.«
Brigitte Grunert im Tagesspiegel

In den Tagen der Wahl fuhr ich auf dem deutsch-amerikanischen Freundschaftsfest an der Clay-Allee in einer Geisterbahn. »Sie werden in die Welt des Schreckens geführt«, sagte eine unheimliche Stimme zu Beginn der Fahrt. Ich kam nicht umhin, dieser Ansage etwas mehr Bedeutung als üblich zu geben. Meine neue Aufgabe würde länger dauern als ein paar Minuten, und es würde auch sehr viel heftiger rumpeln. »Es gibt kein Zurück mehr!«, dröhnte die Geisterstimme. Ein Fahrgeschäft auf dem Rummelplatz hatte in brutaler Deutlichkeit ausgesprochen, was mich erwarten würde.

Am 16. Juni 2001 haben wir Eberhard Diepgen abgewählt. Ich führte eine rotgrüne Minderheitenregierung, allerdings nur durch die Sommerpause und in einen Wahlkampf. Zwar hätten wir die Legislaturperiode bis 2003 zu Ende bringen können. Doch ich wollte Klarheit und eine stabile Mehrheit. Zudem war die CDU in einem verheerenden Zustand. Warum sollten wir diese Situation nicht nutzen? Andersherum wäre es genauso gewesen. SPD und Grüne waren entschlossen, diese Wahl zu gewinnen. Kanzler Schröder und die Bundes-SPD waren auch dafür. Trotz aller Holprigkeiten in der Bundesregierung sprachen alle Zahlen für dieses Bündnis.

Die CDU hatte eben ganze Arbeit geleistet, nicht nur Berlins Finanzen, sondern auch den eigenen Ruf zu ruinieren. Uns Sozialdemokraten konnte man den berechtigten Vorwurf machen, dem Treiben der Konservativen nicht eher Einhalt geboten zu haben. Wir mussten alles tun, um neue Enttäuschungen zu vermeiden. Denn das kostbarste Gut der Politik, Vertrauen, war nachhaltig zerstört.

Unser Problem war, dass wir den Bürgern in dieser angespannten Stimmung auch noch gewaltige Bürden würden aufladen müssen. In dieser Lage waren behutsame Töne gefragt. Wir mussten Zeit gewinnen, um zur Ruhe zu kommen und belastbare Strategien für die Zukunft zu entwickeln. In solchen Übergangsphasen ist es besser, dreimal zu viel zu schweigen, als einmal zu viel dummes Zeug zu reden. Auch auf die Gefahr hin, dass Schweigen als Ratlosigkeit gedeutet wird.

Das Einzige, was feststand: Wir mussten sparen, eisern. Das ist ein politisches Programm, welches oft notwendig ist, aber nie Applaus bekommt. Ein erster Schritt war für mich die Fusion von unnötigen Doppelstrukturen. Ich wollte die S-Bahn mit der BVG schnellstmöglich fusionieren, ebenso SFB und ORB. Wir mussten unsere Personalkosten runterfahren, in einer gigantischen Größenordnung von einer Milliarde Mark.

Solcherlei Entwürfe sind kaum attraktiv. Aber sie sind elementar für die Zukunftsfähigkeit der Stadt. Eberhard Diepgen war der letzte Vertreter des alten Berlin, der in blendendem Vertrauen auf Bundessubventionen die Kosten einfach laufen ließ. Diese Haltung musste aus der Stadt vertrieben werden, aus jedem einzelnen Büro. Unser Programm hieß: Mentalitätswechsel.

Obgleich ich dieses Vorhaben nach wie vor für historisch halte, weil es einen über Generationen gelernten Berliner Opfer-Gestus verändern wollte, war es medial kaum zu verwerten. Wir würden den Menschen weh tun müssen; Proteste waren nicht zu vermeiden. Meine Aufgabe war es, dennoch Hoffnung zu vermitteln. Ich ahnte schon: An manchen Tagen würde ich vormittags Kündigungen oder Streichungen beschließen und nachmittags vor dem Gehege eines Bären lächeln müssen. Das ist nicht einfach, gehört aber zu den breit gefächerten Aufgaben eines Bürgermeisters.

Mitten in einem unspektakulären Wahlkampf geschah das Unfassbare: der 11. September 2001. Wir hatten am Nachmittag unsere Fraktionssitzung, als unser Sprecher Stadtmüller hereinstürmte: »Es ist etwas Schreckliches passiert!« Wir gingen sofort in den Presseraum und sahen gemeinsam die Bilder, die inzwischen jedes Kind auf der Welt kennt. Ich berief umgehend eine Sondersitzung des Senats ein. Allen war klar, dass es hier nicht nur um zwei Hochhäuser und die Menschen darin ging, sondern um einen Anschlag auf alle westlichen Demokratien. Die Terroristen erklärten uns den Krieg. Der Kölner Erzbischof Joachim Kardinal Meisner hat gesagt: »Wir haben uns angewöhnt, nicht mehr an die Hölle zu glauben. Nun bekommen wir die bittere Lektion, dass es die Hölle in unserer Mitte gibt.« Fanatismus, Rassismus und Intoleranz sind der Vorhof der Hölle; das haben uns die Ereignisse von Manhattan und Washington gelehrt.

Trauer, Mitgefühl, aber auch tiefe Sorge beherrschten mich in diesen Stunden. Wir verstärkten den Schutz der Botschaften, umgehend nahmen die Krisenstäbe ihre Arbeit auf. Ich war zugleich sicher, dass für Berlin keine akute Gefahr bestand. Es galt dennoch, die Ängste und Sorgen der Menschen ernst zu nehmen. Es hat mich sehr beeindruckt, wie vor allem junge Menschen auf die Straßen gingen, still demonstrierten und Zusammenhalt zeigten. Die Kirchen organisierten einen ökumenischen Gottesdienst im Dom. Berlin war immer eine Stadt, die integriert. Ich war entschlossen, alles zu tun, damit unser friedliches Zusammenleben durch diese heimtückischen Attacken nicht gestört würde. Es gehörte zur Pflicht jedes Demokraten, daran entschieden mitzuwirken.

Es waren Tage, an denen die Verletzlichkeit unseres demokratischen Miteinanders so offen lag wie selten. Diese Katastrophe war nicht anonym und fernab geschehen, sondern mitten in unserem Wertesystem. Immer wieder fragten mich Journalisten und Bürger: »Können Sie derartige Anschläge für Berlin ausschließen?« Was für eine Frage! Natürlich kann kein Mensch irgendetwas ausschließen angesichts eines Terrorismus', der die Perfidie neu definiert. Wahrheitsgemäß habe ich geantwortet, auch auf die Gefahr hin, damit die Neigung zur Panik nicht zu verringern.

Umso überraschter und erleichterter war ich, dass die Berliner ruhig und besonnen geblieben sind. Als Stadt, die von den Vereinigten Staaten ganz besonders abhängig war, haben wir vielfältige Zeichen der Solidarität gesendet, nicht nur die Alten, die die Rosinenbomber noch über ihren Köpfen donnern gehört und gesehen haben. So tragisch die Anschläge auf das World Trade Center in Manhattan waren, so stolz war ich auf mein Berlin. Obgleich ich Gewalt in jeder Form verabscheue, stand ich voll und ganz hinter Gerhard Schröder, der den NATO-Einsatz in Afghanistan befürwortete.

Gerade in kleinen Runden war zu spüren, wie schwer der Druck auf dem Kanzler lag. Die Entscheidung, Deutschland in einen Krieg nach Afghanistan zu schicken, lastete schwer auf ihm. Es zeichnet Gerhard Schröders Kanzlerschaft aus, dass er in den großen außenpolitischen Fragen nie falsch entschieden hat. Er musste seine Entscheidung einer Partei vermitteln, einer zur Widerspenstigkeit neigenden Fraktion, und er musste einige Leute umwerben, die nur aus reinem Opportunismus plötzlich ihre pazifistische Gesinnung entdeckt hatten. Selbstverständlich ist es die Entscheidung jedes Einzelnen, ob er deutsche Soldaten in einen unkalkulierbaren Konflikt schickt. Ich habe Respekt für jedes Gewissen, das sich sträubt und sagt: »Deutschland darf so etwas nicht tun.« Dennoch bin ich sicher, dass manch einer sein Gewissen auch den Stimmungen und Umfragen entsprechend justiert hat.

Wenn die Macht zur Last wird, werden Politiker zu unglaublich einsamen Menschen. Politik mag ein kaltes und zynisches Geschäft sein, aber in Fragen von Krieg und Frieden wird so ziemlich jeder Volksvertreter zu einem menschlichen Wesen, zumal Schröder, dessen Vater im Zweiten Weltkrieg gefallen ist, so wie der erste Mann meiner Mutter. Es gibt sicher Parallelen zwischen Schröder und mir, vor allem was Kindheit und Jugend angeht. Andererseits hat Schröder immer etwas Einzelgängerisches gehabt, etwas Unnahbares und Unverbindliches. Das würde ich für mich nicht in Anspruch nehmen.

Nach meinem Amtsantritt waren wir für eine Weile recht eng miteinander. Ich glaube, Schröder freute sich über einen, dem man noch nicht alle Eigenheiten ausgetrieben hatte. Er hat immer darauf geachtet, dass ich bei großen Anlässen gut platziert war, beim Bush-Besuch im Mai 2002 zum Beispiel. Ich stand unter Beschuss, weil ich in meiner Funktion als Bundesratspräsident zu einer Dienstreise nach Australien aufbrechen wollte, ausgerechnet in den Tagen, da der Präsident der Vereinigten Staaten in Berlin weilte. Da ich im Programm nicht vorgesehen war, sah ich keine Probleme. Doch der Aufschrei war so groß, dass ich die Reise verschob, nach eingehender Beratung mit dem Kanzler.

Schröder war so nett, mich umgehend mit ins Programm zu nehmen. So gingen wir mit dem US-Präsidenten ins Restaurant Tucher am Pariser Platz. Der damalige Botschafter Coats war auch dabei. Beim Betreten des Restaurants sah ich viele bekannte Gesichter. Denn die Gäste stammten aus den Stäben von Auswärtigem Amt und Botschaft, es war eine handverlesene diplomatische Komparserie versammelt. Schröder musste mich gar nicht erst vorstellen, Bush hat mich gleich mit »Mister Mayor« angeredet. Wir haben eineinhalb Stunden dort verbracht. Schon Wochen vorher hatte der Koch wechselnde Menü-Folgen bekannt gegeben, doch hatte das Protokoll gar keine Mahlzeit eingeplant.

Auf die Frage, ob wir nicht doch einen Happen essen wollten, begehrte Bush einen Apfelstrudel, ebenso der Botschafter und ich. Der Strudel musste eigens aus dem Hotel Adlon herbeigeschafft werden. Schröder verspeiste eine Currywurst, die im Tucher ganz besonders effektvoll kredenzt wird. Unter einer Silberhaube wird eine Bratwurst angeliefert, dazu gibt es einen Teller mit einem Ketchup-Spiegel, auf dem mit Curry das Brandenburger Tor nachgezeichnet ist. Sehr gediegen also. »Dear George« und »dear Gerhard« verstanden sich prächtig. Die gute Stimmung zwischen den beiden kippte allerdings einige Monate darauf. Der Bundestagswahlkampf sollte beginnen.

Mit George W. Bush und Gerhard Schröder im Mai 2002 im Tucher.

Es war immer ein sehr angenehmer Umgang mit Schröder, solange man seine Sympathie oder sein Interesse genoss. So waren wir auch nach dem Bush-Besuch noch gemeinsam unterwegs. Er hat Doris abgeholt, ich Jörn, wir haben in der Weinbar Rutz zusammen eine Kleinigkeit gegessen und getrunken und viel gelacht.

Die Zuneigung konnte aber genauso schnell erkalten. Schröder hatte einen sehr klaren Instinkt, wen er gerade brauchte und wen nicht. Entsprechend wurden die Leute in die Kammer gestellt und bei Bedarf wieder hervorgeholt. Dieses Verhalten war sicher ursächlich für Schröders Probleme mit der Partei. Die SPD hegte immer dieses unbestimmte Gefühl, von Schröder benutzt zu werden. Er wiederum brachte der Sozialdemokratie tiefere Gefühle entgegen, als man das von einem einsamen Wolf wie ihm erwarten durfte.

Ich gehörte zu den wenigen, die sich trauten, Schröder auch mal zu widersprechen. Das war, je nach seiner Tagesform, ein mehr oder weniger glückliches Unterfangen. Eine Zeitlang, gerade zum Ende hin, war es fast unmöglich, eine andere Meinung überhaupt zu äußern. Je dramatischer die Lage wurde, desto weniger kam es noch zu inhaltlichen Auseinandersetzungen. Da habe ich einen unwirschen und bisweilen kurzsichtigen Regierungschef erlebt. In der Panik, die infolge der vielen verlorenen Landtagswahlen ausbrach, wurde aus dem Kanzleramt immer heftiger befohlen. Häufig wurde nur noch mit Drohungen oder Einschüchterungen regiert. Vernünftige Kompromisse kamen kaum noch zustande. Alles war Machtspiel.

Mit einer Politik des Schreckens und Erschreckens allerdings kann kein Volksvertreter dauerhaft regieren. Sicher, manchmal muss man seine Waffen zeigen und signalisieren, wo die Grenzen sind. Aber am Ende ist es doch wichtig, möglichst viele Menschen mitzunehmen oder zumindest nicht dauerhaft zu vergrätzen. Auch hier ist die Demokratie von grausamer Gerechtigkeit. Wer seine Leute zu oft zu hart belastet, dem entgleitet eines Tages die Gefolgschaft. So war es auch mit Schröder. Zum Schluss stand er allein da. Erfolgreiche Politiker haben immer eine Vielzahl von Handlungsoptionen; Schröder hatte nach der Niederlage in NRW im Mai 2005 keine mehr. Aber die Macht der Hoffnung trieb ihn immer weiter. Umso faszinierender war es, dass er die Wahlen 2005 fast doch noch für sich entschieden hätte.

Ich könnte »Schröders kleiner Bruder« sein, hat die *Financial Times* einmal geschrieben. Das betrachte ich nicht als Beleidigung. Zumindest unsere Biographien weisen Parallelen auf. Schröder wurde, wie ich, von einer hart schuftenden Mutter aufgezogen, einen Vater gab es nicht. Wir haben uns ohne große Hilfe nach oben gekämpft. Ich hatte immer großen Respekt vor seiner Lebensleistung. Schon in den Wirren des Jahres 1994, als Heidi Wieczorek-Zeul auf dem SPD-Parteitag mit ihrer aussichtslosen Kandidatur auf den Posten der Kanzlerkandidatin Schröder verhinderte und Scharping half, war ich für dieses Kraftpaket aus Hannover. Schröder verkörperte seit langem mal wieder eine SPD, wie ich sie mir wünschte: selbstbewusst, weltläufig, aber dennoch ihrer Verantwortung für die Menschen bewusst.

Nach dem 11. September hielten wir mit unserem Wahlkampf eine Woche inne. Der Schock war so groß, dass wir kaum eine vernünftige Veranstaltung zu kommunalen Themen hinbekommen hätten. Es war bereits abzusehen, dass das Thema Bundeswehr-Einsatz jeden kommunalpolitischen Aspekt überlagern würde. SPD und Grüne in Berlin zeigten sich solidarisch mit ihren Bundesparteien und verzichteten auf die durchaus verlockende Variante, sich gegen Schröder und Fischer zu stellen.

So bescherten wir der PDS natürlich einen Wahlkampfschlager. Gregor Gysi hatte unversehens ein erstklassiges Kampagnenthema geschenkt bekommen. Bei Wahlkampfauftritten und Leserforen spürte ich, wie sehr der Krieg gerade die Menschen im Ostteil bewegte. Mit einer differenzierten Haltung war da nicht viel auszurichten. Man spürte regelrecht, dass die Stimmung kippte und die PDS Tag für Tag an Popularität gewann.

Erstmals machte ich mich mit dem Gedanken vertraut, dass es für Rotgrün nicht reichen könnte. Das Problem war ja nicht unsere alte Konkurrentin CDU, die mit ihrem Kandidaten Frank Steffel den perfekten Herausforderer aufgestellt hatte. Seine Pöbeleien gegen Einwanderer und Behinderte auf dem Schulhof, die verunglückte Selbstdarstellung vom »Kennedy von der Spree« oder das Bekenntnis, dass München die schönste Stadt Deutschlands sei – er lieferte den Berliner Medien praktisch täglich frische Ware. Steffel war unser bester Mitarbeiter.

Da ich keine große Erfahrung mit Wahlkämpfen hatte, war ich heilfroh, dass wir die Düsseldorfer Agentur Butter gewonnen hatten. Werner Butter ist einer der ganz großen Werber in Deutschland, er hat die brillant einfache Idee gehabt, für IBM-Computer mit dem Wort »SchreIBMaschine« zu werben. Butters Nachfolger Frank Stauss hatte Wahlkampf in Amerika gelernt und bei der Bundestagswahl 1994 mit dem Kandidaten Rudolf Scharping trotz oder wegen der knappen Niederlage gegen Helmut Kohl viele wertvolle Erfahrungen sammeln können.

Frank Stauss hatte auf eine brachiale Kampagne verzichtet und den Berlinern stattdessen sehr einfühlsam diesen weithin unbekannten Wowereit nahegebracht, mit sehr schönen Schwarzweißfotos, die mich inmitten von ganz normalen Menschen zeigten, als bürgernah eben. Zum Glück haben die Butters gar nicht erst versucht, aus mir eine Figur zu machen, die ich nicht bin. Mancher Werbemensch mag die Kampagne für zu ruhig gehalten haben, aber der Erfolg gab ihr schließlich Recht. Und es ist ja auch kein Zufall, dass fast alle erfolgreichen SPD-Kampagnen der letzten Jahre von Frank Stauss stammen, auch die von Kurt Beck in Rheinland-Pfalz.

Wahlkampf, das heißt für mich: positiver Stress. Da der Politiker ja meistens zu Anhängern gelotst wird, ist sichergestellt, dass jeden Tag Sympathiebekundungen ohne Ende auf einen herabprasseln. So bekommt man ununterbrochen Adrenalin mit einem guten Schuss Glückshormonen eingeflößt. Trotz aller Anstrengung des permanenten Präsent-Sein-Müssens bin ich wie auf Wolken gelaufen. Seit meinem »…und das ist auch gut so« kam auch aus der weltweiten Schwulen-Szene sehr viel Zuspruch.

Zugleich wirkten die schrecklichen Ereignisse des 11. September nach. Es waren hochemotionale Tage. Erst in der relativen Ruhe des Wahlwochenendes realisierte ich, welch großes Rad der Herr Wowereit aus Lichtenrade hier gerade drehte. Berliner Politik war immer auch Bundes-, manchmal sogar Weltpolitik. Ich versuchte, nicht zu erschrecken angesichts der Aufgaben, die vor mir lagen. Vieles war ungeklärt, vor allem die Koalitionsfrage. Nur eines war sicher: Es würde keine Wiederauflage der Großen Koalition geben. Anders war kein glaubwürdiger Neuanfang hinzubekommen.

Die alten Kräfte der SPD hatten bereits alles darangesetzt, mich kunstvoll einzumauern. Klaus-Uwe Benneter wollte Chef der Senatskanzlei werden. Aber ich hatte mich bereits für André Schmitz entschieden, einen ziemlichen Exoten. Er wollte eigentlich Schauspieler werden und versteht für einen Politiker ausgesprochen viel von Kultur. André war während seines Jura-Studiums Regie-Assistent bei Ida Ehre in Hamburg. Als gehobener Verwaltungsmensch konnte man Kultur und Jura verknüpfen, fand er. Deswegen ist er heute auch ein guter Kulturstaatssekretär für Berlin.

Am Wahltag tigerte ich unruhig durch die Wohnung. Es herrschte eine Stimmung wie früher an Weihnachten. Bekommt man das, was man will? Vielleicht sogar mehr? Oder doch sehr viel weniger? Jörns Familie war angereist, die Spannung war zum Greifen. Nachmittags fuhren wir in mein Büro ins Abgeordnetenhaus. Michael Müller, mein alter Tempelhofer Mitstreiter, und André Schmitz kamen dazu. Als gegen 15.30 Uhr die ersten Prognosen von den Umfrageinstituten bekannt wurden, war ich etwas enttäuscht. Jeder Favorit hofft auf einen strahlenden Sieg, hier aber zeichnete sich ein ziemlicher Dämpfer ab. Nach den Umfragen der letzten Wochen hatte ich mir doch ein Ergebnis deutlicher über 30 Prozent erhofft. Ich beruhigte mich. Manchmal werden die ersten Zahlen ja noch übertroffen. Dem war aber leider nicht so. Es blieb bei 29,7 Prozent.

Ich wartete noch ein wenig und dachte nach: War es klug, meinen ersten Auftritt als Sieger nicht in den Fraktionsräumen stattfinden zu lassen, sondern nach draußen zu gehen? Ich fand meine Entscheidung nach wie vor angemessen. Mir war wichtig, mich den Leuten zu präsentieren, die im Wahlkampf hinter mir gestanden und mich unterstützt hatten. In der großen Halle von DaimlerChrysler am Potsdamer Platz, da warteten sie alle, die Treuen und Unermüdlichen, auf die ich mich verlassen konnte.

Über tausend Menschen empfingen mich mit gewaltigem Applaus; es war ein bewegender Augenblick. Sie alle hatten für mich gekämpft. Trotz der Delle im Ergebnis war ich mächtig stolz. Von 22 auf fast 30 Prozent, das war eine ordentliche Leistung. Warum sollte ich einen Erfolg kleinreden? Am Abend genehmigte ich mir im Kreise von Jörn und seiner Familie noch ein Glas zu Hause. Ja, es war ein besonderer Moment. Bis vor wenigen Jahren wäre einer wie Klaus Wowereit völlig undenkbar gewesen als Regierender Bürgermeister. Erst jetzt kam das neue Berlin, die neue alte Hauptstadt, die spannendste Metropole Europas, so richtig in Fahrt. Zwölf Jahre nach der Wende war die Zeit reif für eine neue Figur in einer neuen Stadt. Und diese Figur war ich, der zur richtigen Zeit am richtigen Ort war. Das war mein Glück.

Ein Wahlerfolg ist nie ein Ende, so erschöpft man auch sein mag, sondern immer ein Anfang. Trügerisch ist die Annahme, man könnte nach einem Wahlsieg erst einmal tief durchatmen, in Ruhe frühstücken und die seltene Ballung von Elogen in den Zeitungen genießen. Von wegen. Nach der Wahl ist vor der Wahl. Die Koalitionsverhandlungen müssen vorbereitet werden, das Telefon steht nicht still: Dutzende Interviewanfragen, hunderte Nettigkeiten, tausend Begehrlichkeiten.

Der unglaubliche Adrenalin-Schub, den mir dieser Sieg beschert hatte, wirkte sich gleichwohl ausgesprochen positiv auf meine Kondition aus. Nach 12 bis 14 Stunden im Büro zog ich praktisch jeden Abend los: Aids-Gala, Publishers Night, Bundespresseball, überall genoss ich meinen Erfolg. Ich nahm die Gelegenheit wahr, nun auch Jörn ein wenig ins Blitzlichtgewitter zu schubsen. Ich konnte ihn ja nicht ewig verstecken. Der Zuspruch war überwältigend. Die nachfolgende Kritik allerdings auch. Vielleicht habe ich etwas übertrieben, aber ich habe diese Tage nun mal in vollen Zügen genossen, auch in dem Bewusstsein, dass garantiert andere Zeiten kommen würden.

Heftige Probleme hatte ich anfangs mit der offiziellen Anrede. Plötzlich hatte ich meinen richtigen Namen verloren. Wenn mich jemand mit »Regierender Bürgermeister« ansprach, habe ich mich die ersten Male wirklich umgedreht, weil ich dachte, Eberhard Diepgen stünde hinter mir und sei gemeint. Bis heute habe ich nichts dagegen, wenn man mich »Wowi« nennt. So wurde ich schon in der Schule gerufen. Der Name begleitet mich durchs Leben, und er gefällt mir. »Kläuschen«, wie ich in der Familie gerufen wurde, ist ja auch nicht gerade ein Hit. Ich fühle mich überhaupt nicht beleidigt oder herabgewürdigt, wenn in Zeitungen nur »Wowi« steht. »Wowereit« hat ja außerdem eine Länge, die eine Zumutung für jeden Schlagzeilenproduzenten darstellt, dessen Leben aus Verkürzung besteht.

Ich lege durchaus Wert auf Respekt. Aber die Ehrfurchtsbekundungen, die auf einen herabprasseln, sobald man ein wichtiges Amt bekleidet, die sind mir unheimlich. Es gibt eine Menge Zeitgenossen, die mich früher mit ausdauernder Missachtung gestraft haben. Und jetzt, ganz plötzlich, konnten sie vor Katzbuckeleien kaum noch laufen. Dieses willfährige Untertanentum ist mir zutiefst zuwider, weil es falsch und unernst ist.

Schlimmer sind nur jene Zeitgenossen, die den Eindruck verbreiten, sie wüssten alles ganz genau. Wenn man ein bisschen nachbohrt, stellt man fest, dass sie immer nur geredet, aber nie etwas zustande gebracht haben. Solche Blender regen mich wahnsinnig auf: Pausenlos schlau daherreden, aber selber nichts auf die Beine gestellt haben – da hört es auf bei mir. Kaum drehe ich mich um, werden solche Menschen als Erste schlecht über mich reden. Ich bilde mir allerdings ein, dass ich inzwischen ganz gut einschätzen kann, wer es halbwegs ernst meint mit seinen Freundlichkeiten.

Doch für solcherlei Befindlichkeiten war keine Zeit. Wir mussten regierungsfähig werden, und zwar schleunigst. Feststand: Es gab keine einfache Koalition, die sich aufdrängte. Gerhard Schröder wünschte sich die so genannte Ampel-Koalition, als Experiment für die Bundestagswahl 2002. Ich hatte von vornherein kein Bündnis außer dem mit der CDU ausgeschlossen. Dass es auch die PDS werden könnte, hatte ich bereits im Wahlkampf klar und deutlich angesprochen. Das mochte uns einige Prozent gekostet haben.

Dennoch gab ich der Ampel die erste Chance. Aber es stellte sich schon sehr bald heraus, dass die Kulturen der beiden Kleinparteien grundverschieden und beim besten Willen nicht vereinbar waren. Im Nachhinein bin ich wirklich froh, dass die Koalitionsverhandlungen geplatzt sind. Dieses Bündnis hätte nicht lange gehalten, auch wenn mir Grüne und Gelbe nach ihren Zweiergesprächen leutselig versicherten, wie großartig man sich verstünde. Dabei weiß man bei der FDP bis heute nicht, was Gender Mainstreaming bedeutet – dass man nämlich bei allen gesellschaftlichen Vorhaben die unterschiedlichen Lebenssituationen und Interessen von Mann und Frau berücksichtigt. Dass die Gespräche dann schließlich an Kinkerlitzchen wie einer Bootssteuer scheiterten, war ein deutlicher Hinweis darauf, welch albernen Kleinkrieg man den Berliner mit diesem unflotten Dreier zugemutet hätte.

Der Kanzler war ausgesprochen sauer, dass Rot-gelb-grün platzte. Die Familienministerin Christine Bergmann war es, die ihn trotz ausgewiesener PDS-Skepsis darauf aufmerksam machte, dass insbesondere die geteilte Stadt Berlin durch eine Ampel-Koalition erneut gespalten würde, die zwar jede Facette West-Berlins von Dahlem bis Kreuzberg repräsentierte, aber den ganzen Ostteil der Stadt einfach ausblendete. Doch Schröder wollte einen Präzedenzfall für den Bund; Berlin selbst war ihm ziemlich schnuppe.

Natürlich gibt es eine Reihe begründeter Vorbehalte gegen die PDS. Auf der anderen Seite müssen wir Sozialdemokraten aber bis heute feststellen, dass wir in einer strategischen Zwickmühle stecken. Es gibt in vielen Bundesländern und auch im Bund eine linke Mehrheit: SPD, Grüne und Linkspartei erreichen mehr Wähler als der schwarzgelbe Block der Konservativen. Die SPD darf dieses Potenzial nicht von vornherein und freiwillig verloren geben und Wähler enttäuschen. Wenn wir Sozialdemokraten uns bis in alle Ewigkeit bestimmte Bündnisse verbieten, sind wir genauso lange abhängig vom Goodwill der Union. So war es in Berlin.

So viel Verständnis ich für die Kritik auch hatte, so verhängnisvoll war sie auch. Wir konnten nur regieren, wenn wir die PDS als Partei akzeptierten. Letztendlich lautete die Alternative, dass die CDU bis in alle Ewigkeit mitregieren würde. Was war langfristig besser für die Berliner, die SPD, uns alle? Ich bin bis heute der Meinung, dass es richtig war, was wir gemacht haben. Und ich bin froh, um nicht zu sagen stolz, dass die SPD über diese Frage nicht auseinandergeflogen ist. Viele, die damals durchaus nachvollziehbare Bedenken hegten, müssen zugeben, dass sich die PDS unter dem Druck des Regieren-Müssens deutlich verändert hat. In ihrer Erklärung aus dem Jahr 2002 distanziert sich die Partei deutlich von der DDR. Ich bin fest davon überzeugt, dass diese Erklärung ohne unsere Koalition nicht so früh zustande gekommen wäre.

Die entscheidende Frage der Zukunft lautet doch auf allen politischen Ebenen: Wie können wir unsere SPD-Politik am besten durchsetzen? In der Opposition, als Junior-Partner einer Großen Koalition? In einem Drei-Bund? Oder als stärkste Kraft in einem rot-rot-grünen Bündnis? Diese Frage muss man nach jeder Wahl und für jede Konstellation aufs Neue stellen und ehrlich beantworten. Entscheidend ist das handelnde Personal. Ich weiß nicht, wann und wo, aber der Tag wird kommen, wo es auch außerhalb Berlins und Ostdeutschlands ein erfolgreiches Linksbündnis geben wird. Die Dämonisierung der Ex-PDS wird mit den Jahren auf jeden Fall abnehmen.

Bei meiner Wahl zum Bürgermeister allerdings bekam ich deutlich zu spüren, wie tief die Vorbehalte saßen. Zwei Abgeordnete stimmten gegen mich, was ich jedoch als heilsamen Schock empfand. So sehr mich die Freude über den Wahlsieg beseelt hatte, so klar wurde mir jetzt, wie fragil unser Bündnis am Anfang war.

Umso erstaunter war ich, wie schnell wir die Knackpunkte

ausräumten. Ich legte Wert darauf, dass die PDS sich ihrer Geschichte stellte und sich von der unseligen SED-Tradition lossagte. Manche PDSler waren richtiggehend erleichtert, dass es endlich so weit war. Der Tag wäre ohnehin gekommen, das war den Realitätsnahen klar. Die Koalition bot eben auch die Chance, einer bundesweiten Stigmatisierung zu entkommen.

Harald Wolf und Stefan Liebig waren mir aus dem Hauptausschuss bekannt und als umgängliche Typen sympathisch, Gregor Gysi lernte ich im Wahlkampf kennen – alle drei vernünftige und angenehme Menschen, mit denen eine stabile Vertrauensgrundlage bestand. Gysi ist ein lustiger Mensch, zugleich aber sehr pedantisch. Als aktiver Anwalt ist er es gewohnt, Akten bis auf das letzte Komma zu durchforsten. Genau diese Neigung hat ihn als Senator umgebracht. Wenn er abends in die Talkshows ging, war er müde und ausgelaugt. Das war eine neue Erfahrung für ihn. Dabei waren seine Entertainer-Qualitäten extrem wichtig für unsere Koalition. Er zerstreute dieses vor allem in Westdeutschland herrschende Bild vom grauen SED-Apparatschik.

Manchmal hieß es sogar, Gysi stehle mir die Schau. Zum Glück war ich immer noch derjenige, der die Einladungen verteilte. Wenn an einem Abend zugleich ein Treffen mit Gina Lollobrigida im Hotel Adlon anstand und der Karneval in Cottbus, dann habe ich gesagt: »Gregor, rate mal, wo du hingehst ...« Er war selten richtig böse, aber auch nicht immer amüsiert.

Seine so genannte Meilen-Affäre, wegen der er bereits Anfang August 2002 zurücktrat, kam ihm in Wirklichkeit gerade recht. Er hatte am eigenen Leib gespürt, was es bedeutet, täglich Akten zu wälzen, Mehrheiten zu organisieren und zu repräsentieren. Ich habe aus meinem Urlaub versucht, ihn am Telefon zum Bleiben zu bewegen. Keine Chance. »Ich denke noch mal darüber nach«, beendete er unser Gespräch. Ich wusste,

Damit in der Koalition alles glattgehe, überreichte ich Gregor Gysi Anfang 2002 zu seinem 54. Geburtstag ein Bügeleisen. Natürlich verstand er die Anspielung.

dass er von seiner Entscheidung nicht mehr abzubringen sein würde. Er nutzte die Chance, die Notbremse zu ziehen. Ich habe ihn vermisst. Mit uns beiden hatte man diese ungeliebte Koalition sehr viel lockerer genommen.

Eine halbwegs entspannte Atmosphäre war nicht selbstverständlich in diesem Regierungsbündnis. Die SPD-Fraktion war tief gespalten. Viele Genossen wollten nicht Seit' an Seit' mit der PDS stimmen. »Wir haben nicht für den Fall der Mauer gekämpft, um hinterher mit denen gemeinsame Sache zu machen«, hieß es. Der Kreisvorsitzende von Neukölln sagte nur: »Wenn's schiefgeht, wissen wir wenigstens, wer schuld ist.« Das war eine unverhohlene Drohung. Das Ende einer rot-roten Koalition hätte auch mein Ende bedeuten können. Dieses Bündnis bedeutete auch für mich persönlich ein großes Risiko.

Einig war ich mit Harald Wolf, dass wir den Haushalt konsolidieren mussten. Neue soziale Geschenke waren beim besten Willen nicht drin, alte mussten überprüft werden. Auch am Ausbau vom Flughafen Schönefeld ließ ich nicht rütteln. Diese unendliche Geschichte musste endgültig angepackt werden, wollte Berlin eines Tages noch mal eine wirtschaftliche Entwicklung erleben. Und die ist ja schon zu spüren. Von 100 Millionen Euro Investitionen, die bisher getätigt wurden, gingen 80 Millionen in die Region. So werden Jobs geschaffen.

Die jahrelange Hängepartie um Schönefeld war ein Lehrstück deutscher Blockadekunst. Der frühere Finanzminister Theo Waigel und Verkehrsminister Matthias Wissmann wollten vielleicht Zeit gewinnen, um dem neuen Münchner Flughafen einen Vorsprung zu verschaffen. Wissmann hatte jedenfalls seit jeher gute Kontakte zur Lufthansa. Hätten wir uns beeilt, wäre das zweite Lufthansa-Drehkreuz neben Frankfurt nach Berlin gekommen und nicht nach Erding. Der damalige Lufthansa-Chef Heinz Ruhnau hatte angeboten, zusammen mit der Deutschen Bank in Sperenberg auf privater Basis einen Flughafen zu bauen. Zum Glück hat sich der Markt der Luftfahrtunternehmen inzwischen verbreitert.

Fakt ist, dass Frankfurt und München mit ihren Großflughäfen zwei zuverlässig wachsende Jobmaschinen haben. Für eine industriearme Stadt mit hohem touristischen Wert ist ein moderner Großflughafen unabdingbar, da mochte die PDS noch so skeptisch sein. Ohne ein klares Ja zu Schönefeld mit allen Konsequenzen hätte es diese Koalition nicht gegeben, das war klar.

Ich verstehe die Bürger, die verständnislos zuschauen, wie sich Politik, Verwaltung, Wirtschaft, Justiz und Bürgerinitiativen jahrelang in Millimeterbewegungen um ein Projekt wie den Flughafen zanken. Fakt ist: Auch in München hat das Verfahren 25 Jahre gedauert. Ich glaube, dass diese aufwendigen Verfahren sein müssen. Es gibt Anwohner, Firmen, Fluggesellschaften, Grundstückseigentümer, Gutachter, es gibt vor allem Juristen und dazu kilometerweise Pläne, Entwürfe und Akten, die allesamt gerichtsfest sein müssen. Was wäre die Alternative? Ein quasi diktatorischer Beschluss, wo und wie ein Großflughafen zu errichten sei? Wer soll das entscheiden? Die Politik? Die Wirtschaft? Die Anwohner? Die Passagiere? Die Berliner Taxi-Fahrer?

So viel Mühe die Genehmigungsverfahren auch gekostet haben, so notwendig sind sie auch. Mag mancher Einspruch auch rein taktischer Natur sein, so ist es doch vernünftig, möglichst viele Stimmen zu hören, zahlreiche Interessen zu berücksichtigen und am Ende auf einen bestmöglichen Ausgleich hinzuwirken. Jedem können wir gar nicht genügen. Aber vielen ein wenig entgegenkommen. Das aber ist ein hoch kompliziertes Verfahren.

Als ich den Aufsichtsratsvorsitz in Schönefeld übernommen habe, dachte ich, dass nach ein paar Monaten alles auf einem guten Weg sei. Da habe ich mich getäuscht. Ich habe den Vorsitz immer noch und werde ihn auch nicht so schnell abgeben. Immer wieder muss man da mit aller Kraft auf den Tisch hauen, damit nicht auch die nächsten zwanzig Jahre mit einer Kette von Fehlern und Trödeleien vertan werden. Ich freue mich auf die Eröffnung des Flughafens Berlin Brandenburg International am 1. November 2011, der dann wohl der modernste Flughafen der Welt sein wird.

Es gibt ein paar weitere Überzeugungen, für die ich immer kämpfen werde. Zum Beispiel bin ich fest davon überzeugt, dass wir Berlin und Brandenburg zu einem Bundesland zusammenführen müssen. Die Kleinstaaterei nützt keinem von uns, im Gegenteil: Da werden viele Energien vergeudet. Der RBB, die Fusion von SFB und ORB zu unserem gemeinsamen Radio- und Fernsehsender, ist da schon ein guter erster Schritt gewesen, dem weitere gefolgt sind wie zum Beispiel die Zusammenlegung der Obergerichte. Ich habe dennoch den Ehrgeiz, der letzte Regierende Bürgermeister von Berlin zu sein.

Seit der deutschen Einheit ist mir klar, dass die Zukunft Deutschlands leichter zu organisieren ist, wenn wir weniger, dafür stärkere Einheiten schaffen. Eine der großen Chancen der Wendezeit wurde vertan, weil wir die Euphorie nicht genutzt haben, unsere Länder neu zu ordnen. Es wird viele Jahre dauern, bis wir wieder eine solch einzigartige Gelegenheit bekommen, diese allgemeine Hochstimmung, die solche Entscheidungen möglich macht.

Im normalen politischen Alltag werden wir eine Neuordnung kaum hinbekommen. Es käme schon einem kleinen Wunder gleich, wenn die Berliner und Brandenburger sich noch einmal dazu aufraffen könnten, eine Debatte zu führen, an deren Ende sogar ein Ergebnis steht. Damit auch das klar ist: Ich argumentiere für die Fusion keinesfalls in meinem eigenen Interesse, denn das Berliner Stadtoberhaupt müsste einen Bedeutungsverlust ertragen. Aus dem Amt des Regierenden Bürgermeisters, das es nur einmal gibt in Deutschland, würde einer von vielen Oberbürgermeistern.

Ich bin nach wie vor positiv überrascht, wie professionell und geräuscharm diese vom Start weg inkriminierte Koalition gearbeitet hat. Dass wir die Bewerbung für Olympia verschieben und den Palast der Republik abreißen würden, waren im Vergleich zu Schönefeld Probleme kleinerer Art in den Koalitionsverhandlungen mit der PDS. Was unser umstrittenes Projekt zusammenhielt, war das klare Bekenntnis aller Protagonisten zu einem »Mentalitätswechsel«. So lautete unser Schlachtruf, etwas sperrig zwar, aber treffend. Zwölf Jahre nach dem Mauerfall hatten wir die historische Chance, in Berlin etwas Neues, Modernes und Kraftvolles zu unternehmen und in ein neues selbstbestimmtes Leben ohne die Droge Subvention zu starten.

Mir wurde vorgeworfen, ich hätte meine erste Regierungserklärung ohne Verve gehalten und die großen Zukunftsentwürfe vermissen lassen. Was blieb mir denn anderes übrig? Hätte ich große Versprechen machen sollen, die wir niemals hätten einhalten können? Wir befanden uns damals wirtschaftlich und auch psychologisch in einer schweren Krise. Mit plumpen Mutmach-Parolen hätte ich mich doch nur der Lächerlichkeit preisgegeben. Was wir brauchten, war eine quälend sachliche Arbeitsebene.

Für mich kam noch eine weitere Herausforderung hinzu. Nahezu zeitgleich mit meiner Wahl fiel Berlin turnusgemäß für ein Jahr der Vorsitz in der Länderkammer zu. Plötzlich war ich als Bundesratspräsident protokollarisch der zweite Mann im Staat und fungierte als Vertreter des Bundespräsidenten.

Das klingt zwar aufregend, war es in meiner Amtszeit aber nicht immer. Ich durfte in Vertretung von Johannes Rau zum Beispiel ein Gesetz zur Straußenhaltung unterzeichnen. Die Macht des Protokolls erlebte ich beim Ball des Sports in Frankfurt. Mir gebührte die Ehre des Eröffnungs-Tanzes. Hausherr Roland Koch war darüber pikiert. Seine Leute haben tatsächlich noch einen Streit angefangen und wollten meinen Auftritt verhindern. Aber klar war: Der Bundesratspräsident rangiert vor dem hessischen Ministerpräsidenten, sogar wenn er Koch heißt.

Die zentrale Aufgabe des Bundesratspräsidenten ist das Einberufen und Leiten von Plenarsitzungen. Unter dem Vorsitz von Kurt Beck im Jahr zuvor waren immerhin 797 Tagesordnungspunkte behandelt worden. Es handelte sich also um mehr als nur einen Repräsentier-Job. Im Bundesrat wurden schließlich auch viele strittige Gesetzesvorhaben endgültig ausgefochten. Ab dem 1. November hatte ich diesen Posten inne, den Eberhard Diepgen nie ausfüllen durfte. In seiner Amtszeit war Berlin nicht an der Reihe.

Kaum hatte ich die würdevolle Aufgabe übernommen, da kam es auch schon zu einer der turbulentesten Bundesratssitzungen in der Geschichte der Republik. Seit dem 11. September war kaum ein halbes Jahr verstrichen, die Bundestagswahl stand im Herbst an, Edmund Stoiber hatte sich gegen Angela Merkel zum Kanzlerkandidaten emporgemobbt. Im Bundesrat musste über das neue Einwanderungsgesetz abgestimmt werden. Das Votum darüber war hoch politisiert. Es ging nicht um Inhalte, sondern für Stoiber darum, der rotgrünen Bundesregierung eine Abstimmungsniederlage beizubringen, die die Erosion von Schröders Macht vorführen sollte.

Wegen der knappen Stimmenverteilung im Bundesrat konzentrierte sich alles auf Brandenburg. Das Votum der Großen Koalition, die Ministerpräsident Manfred Stolpe (SPD) und Innenminister Jörg Schönbohm (CDU) repräsentierten, entschied über Zustimmung oder Ablehnung. Die beiden vertraten unterschiedliche Meinungen. Stolpe war für das Gesetz, Schönbohm dagegen. Ein uneinheitliches Ländervotum hätte jedoch die Ablehnung bedeutet und damit eine Niederlage für Schröder. Noch über den Beginn der Sitzung hinaus konferierten Stolpe und Schönbohm.

Vor der Sitzung waren in beiden Lagern bereits vielfältige Vorkehrungen getroffen worden. Stolpe hielt angeblich die Entlassungsurkunde für seinen Partner parat für den Fall, dass Schönbohm, gegen Stolpes Willen, endgültig ablehnen sollte. Dann wäre live im Bundesrat eine Koalition geplatzt.

Die CDU-Ministerpräsidenten wiederum hatten sich am Abend zuvor getroffen, um ein Schauspiel auszuhecken. Der saarländische Ministerpräsident Peter Müller hat wenig später in einer Diskussionsrunde zum Thema Politik und Inszenierung enthüllt, dass präzise Drehbuchanweisungen erteilt worden seien. Roland Koch etwa musste den empörten Rechtswahrer spielen, der mich immerfort durch Zwischenrufe irritieren sollte, auch Stoiber sollte herumkrakeelen, Thüringens Bernhard Vogel dagegen eher eine Moderatorenrolle spielen.

Der Showdown am nächsten Morgen begann mit dem Aufruf des Brandenburger Votums. Brandenburgs Arbeitsminister Alwin Ziel (SPD) rief »Ja«, Schönbohm »Nein«. Ich verwies auf die uneinheitliche Stimmenabgabe und deren Konsequenzen und fragte den Ministerpräsidenten. Stolpe sagte »Ja«, Schönbohm grummelte nur: »Sie kennen meine Auffassung, Herr Präsident.« Wahrheitsgemäß stellte ich fest, dass der Regierungschef für sein Bundesland mit »Ja« entschieden hatte.

Daraufhin brach drehbuchgemäß los, was die Ministerpräsidenten der Union am Abend vorher einstudiert hatten: ein Feuerwerk der künstlichen Empörung. Die Vorwürfe konzentrierten sich vor allem auf mich. Ich hätte die Verfassung gebrochen, schließlich sei die Stimmabgabe Brandenburgs uneinheitlich gewesen. Der Tumult war dem Hohen Haus nicht würdig.

Fakt ist: 1949 gab es eine ähnliche Situation, als ein Ministerpräsident erklärte, wie das Abstimmungsverhalten seines Landes sei. Der Sinn der Verfassungsnorm ist es doch, dass es keinen Zweifel geben darf, wie das Land abstimmt. Und das letzte Wort hat der Ministerpräsident. Stolpes Votum war eindeutig, Schönbohm brummte, seine Auffassung sei bekannt. Warum ist er nicht aufgestanden und hat gesagt: »Herr Ministerpräsident, ich widerspreche Ihnen.« Dann wäre die Uneinheitlichkeit klar und deutlich zu erkennen gewesen.

Aber Schönbohm hat nur vor sich hingemurmelt. Offenbar hatte er keine Lust, sich von den anderen Ministerpräsidenten, insbesondere Stoiber, instrumentalisieren zu lassen, der Wahlkampf für sich im Bundesrat machen wollte. Schönbohm hätte nämlich als Einziger etwas verloren: seine Regierungsbeteiligung und sein Ministeramt, für einen Vorgang, den er seinen Brandenburgern nur schlecht hätte erklären können. Daher hat er sich, wenn auch murrend, Stolpe unterworfen, der eindeutig »Ja« gesagt hat. Und eben dies hat der Bundesratspräsident festgestellt.

Natürlich wurde mal wieder umgehend Karlsruhe angerufen. Noch im selben Jahr entschieden die Verfassungsrichter, der Klage der konservativen Länderfürsten stattzugeben. Bis zur Feststellung der uneinheitlichen Stimmabgabe hätte ich mich korrekt verhalten. Doch das Recht zur Nachfrage hatte ich in den Augen der Richter nicht. Oder ich hätte Stolpe und

Schönbohm fragen müssen. Der Vorwurf lautete: Der Bundes-ratspräsident bewirkte durch seine Nachfrage an Stolpe »eine Lenkung des Abstimmungsverhaltens, zu der er nicht befugt war«. Ich bin dagegen nach wie vor überzeugt, dass mein Verhalten richtig war. Ich habe auf die Uneinheitlichkeit hingewiesen und den Brandenburgern die Chance gegeben, die verfassungsmäßig geforderte Einheitlichkeit herzustellen. Eben das hat Stolpe getan. Und Schönbohm hat es geschehen lassen.

Was mich an dem Rüffel aus Karlsruhe irritiert hat, war nicht die Kritik an meiner Sitzungsführung; das konnte man erwarten. Ich habe mich vielmehr gewundert, wie beharrlich die Verfassungsrichter die Umstände dieser Abstimmung ignoriert haben. Nicht zuletzt durch den offenen Artikel von Peter Müller waren allen Beteiligten klar, dass hier ein Schauspiel aufgeführt worden war, dass also eine Ernsthaftigkeit und Verfassungstreue nur vorgegaukelt wurde, um ein dahinter liegendes Ziel, nämlich die Beschädigung des Gegners, in diesem Fall des Bundeskanzlers, zu erreichen. Das ist im politischen Alltag nichts Ungewöhnliches, aber es hätte bei der Karlsruher Urteilsfindung meines Erachtens eine Rolle spielen können.

Die Grundgesetzhüter in Karlsruhe mussten sich in dieser Legislaturperiode noch mit einem weiteren Fall aus Berlin befassen. Unsere angespannte Haushaltslage, die durch den Umbau der Sozialsysteme zusätzlich verschärft wurde, erforderte eine Klärung, inwieweit wir einen Bundeszuschuss brauchten, der unseren Haushaltsnotstand beendete. Dafür war es zuerst erforderlich, dass wir einen »karlsruhefesten« Haushalt aufstellten.

Wir mussten uns von einer Reihe liebgewonnener Leistungen verabschieden: So wurde die Anschlussförderung im sozialen Wohnungsbau beendet, wir hatten den Solidarpakt hinbekommen und damit die Personalkosten drastisch heruntergefahren, wir waren im Begriff, die Hochschulen zu reformieren und schafften das Sozialticket der BVG ab. Nur mit derart drastischen Einschnitten, das war allen im Senat klar, hatten wir mit einer Klage in Karlsruhe überhaupt eine Chance.

Wir mussten unseren Haushalt sanieren, durften aber zugleich die Stadt nicht kaputtmachen. »Sparen, bis es quietscht«, habe ich den Berlinern angekündigt. In Wirklichkeit kam es so schlimm gar nicht, weil sich die wirtschaftliche Lage nach einem tiefen Tal bis heute merklich verbesserte. Aber das konnten wir damals nicht ahnen. Für Berliner Verhältnisse gingen wir nicht unmenschlich, aber in vielen Bereichen ungewohnt konsequent vor. Wichtig war die Botschaft: Schluss mit der Subventionspolitik, die im Ostteil der Stadt übrigens auch sehr vertraut war, Schluss mit den Nettigkeiten, Schluss mit der Mauschelei. Auch der PDS war klar, dass man nicht pausenlos neue Gelder fordern konnte. Ist doch klar, dass der Rest der Republik kein Verständnis dafür aufbringt, wenn in Frankfurt die Schwimmhallen schließen, wir in Berlin aber munter 64 Badeanstalten weiterbetreiben.

Die Schlüsselstelle für unsere Politik war das Finanzressort. Meine Partei wollte den Posten nach alter Gewohnheit quotiert vergeben, an eine Frau aus dem Osten. Dann würde es wohl nicht so schlimm, glaubten die meisten und hofften insgeheim, eine eher unerfahrene Kraft besser fernsteuern zu können. Ich dagegen beharrte auf dem altmodischen Standpunkt, dass auch die Qualifikation eine Rolle spielen sollte. Erst dann könne man über Quotierung reden.

Schon lange vor der Wahl hatte ich Kontakt zu Thilo Sarrazin aufgenommen. Er war mir von vielen Seiten als kluger, wenn auch sehr eigener Kopf beschrieben worden. Auffallend in seiner

Vita ist, dass er immer wieder aneckte. Das war mir weder unbekannt noch unsympathisch. Zuletzt hatte er sich mit Hartmut Mehdorn bei der Bahn angelegt. Sarrazin war eine Art politischer Günther Netzer, bisweilen genial, gerne etwas lauter, aber nicht jeden Tag teamfähig. Für meine Senatsmannschaft war er auf jeden Fall eine Bereicherung, und unterhaltsam dazu.

Sarrazin bot große Vorteile. Da war seine Härte, seine Bereitschaft, auch unpopuläre Entscheidungen durchzuziehen. Er braucht bis heute keine Sympathiebekundungen, er will in der SPD nichts werden. Er ist fasziniert von Zahlen. Anfangs war unser Kassenwart der unpopulärste Politiker der Stadt. Hätte ich ihn früh davongejagt, wäre mir großer Applaus sicher gewesen. Inzwischen haben sich die Leute an ihn gewöhnt, ich glaube, sie respektieren ihn sogar. Denn er hat die Finanzen in Ordnung gebracht. Und seine Umfragewerte sind für einen Finanzsenator ziemlich gut.

Mit seinem speziellen Humor komme ich allerdings bis heute nicht immer klar. Wenn er sich kurz vor der Abstimmung vors Parlament stellt und erklärt, sein eigener Haushalt sei verfassungswidrig, dann zucke ich doch heftig zusammen. Seine Neigung, Beamte zu beleidigen, ist ebenso legendär wie sein Hang, die eigene unternehmerische Schaffenskraft zu betonen. Immerhin: Er hat einen hohen Unterhaltungswert und hält die Boulevardmedien oft davon ab, sich auf mich zu stürzen. Außerdem kann er Niederlagen einstecken. Und zwar deswegen, weil er die nächste Gemeinheit schon wieder ausgeheckt hat. Er ist bemerkenswert stur. Ich weiß, was ich an ihm habe. Er kann sich auf mich verlassen, ich mich auf ihn, und wir haben gemeinsam Erfolg. Das zählt.

Thilo Sarrazin ist die Personifizierung des Berliner Mentalitätswechsels. Roland Koch wäre vermutlich froh, wenn er einen solch hartleibigen Finanzminister in seinem Kabinett hätte. Gute Haushaltspolitik ist nicht rot oder schwarz, sondern kompetent oder nicht. Und da wird die SPD notorisch unterschätzt. Kleine Leute können vermutlich besser mit Geld umgehen als Spitzenverdiener, denen es egal ist, ob sie einen Hunderter mehr oder weniger in der Hosentasche haben.

Selbst einem Thilo Sarrazin muss ich allerdings bisweilen Hasenfüßigkeit attestieren. Er hat zum Beispiel nie daran geglaubt, dass wir die Personalkosten drücken könnten, und sich sogar geweigert, diesen Sparposten in den Haushalt einzubringen. Schön, wenn einen sogar die eigenen Leute unterschätzen. Angesichts der Haushaltslage war Berlin nämlich in der dramatisch-wunderbaren Lage, massiven Druck auf die Gewerkschaften auszuüben ebenso wie auf die Ministerpräsidenten. Wir waren so pleite, dass wir nicht einmal mehr unsere Löhne und Gehälter zahlen konnten. Die Personalkosten überwogen die Steuereinnahmen; das Dilemma war für jeden ersichtlich.

So blieb mir nichts anderes übrig, als aus der Tarifgemeinschaft der Länder auszusteigen. Ich musste bei den Ausgaben bewegungsfähig bleiben, was angesichts des tariflichen Kostenkorsetts nicht länger möglich war. Wie schwierig dieser Ausstieg war, zeigt das Verhalten der anderen Länderchefs. Zwar befürworteten alle mein Verhalten, aber dann kam der Beamtenbund und nahm sich jeden einzelnen Ministerpräsidenten vor. Am Ende waren alle wieder umgefallen, selbst Helden wie Wulff oder Koch. Nur wir standen noch, ganz allein. Ver.di sah mit Schrecken, dass es uns in Berlin ernst war mit dem Sparen. Die Gewerkschafter saßen in der Klemme: entweder verhandeln und Einbußen hinnehmen oder ein unkalkulierbares Streichkonzert über sich ergehen lassen und dafür mitverantwortlich gemacht werden.

Es war Ver.di-Chef Frank Bsirske, der seine Leute auf Verhandlungskurs gebracht hat. Er folgte meinem Grundgedanken, dass sich die, die einen Job hatten, solidarisch mit denen verhalten sollten, die vor einer betriebsbedingten Kündigung standen. Das Szenario war günstig für uns im Rathaus: Wir hatten uns Handlungsfreiheit verschafft, weil wir dem Tarifdiktat entflohen waren. Dieser Tabubruch hat uns neue Freiheiten gegeben. Das hat Bsirske sofort begriffen.

Ich kannte Bsirske nicht gut, fand ihn aber sofort angenehm, als wir uns zum ersten Vier-Augen-Gespräch getroffen haben, im Casambalis in der Grolmanstraße, ein netter Grieche, der vorzügliche Rinderrouladen servierte. Wie immer, wenn es heikel wird, redeten wir ewig lange über Belanglosigkeiten, die nichts, aber auch gar nichts mit unserem eigentlichen heiklen Thema zu tun hatten. Solche Verhandlungen beginnen oft wie die ersten Runden eines elementar wichtigen Boxkampfes: Die Gegner betasten sich, beschnuppern sich, versuchen einen vorsichtigen Haken, gucken, wie der Gegner reagiert. Keiner will zeigen, was er draufhat oder wo seine Schwächen verborgen sind.

Endlich, lange nach dem Dessert, kamen wir allmählich zur Sache. Ich schilderte unser finanzielles Dilemma, er erklärte, dass ihn jede Menge Unmut erwarten würde. In der Tat: Bsirske steckte in einer schwierigen Lage. Er musste Massenaustritte und Proteste befürchten, wenn er sich auf Lohnkürzungen in der Größenordnung von zehn Prozent einließe. Dass es eine Job-Garantie und mehr Freizeit dafür gab, würde die Ver.di-Mitglieder kaum besänftigen. Ich wiederum konnte kein Interesse daran haben, dass Bsirske von seinen eigenen Leuten aufgefressen werden würde. Dann wäre die ganze schöne Verhandlungslinie zerstört worden, die ich mühevoll aufgebaut hatte.

Es ging darum, dass alle Beteiligten das Gesicht wahrten. Ich musste nur meine Senatoren überzeugen, Bsirske dagegen eine ganze Reihe von Einzelgewerkschaften.

Es war ein zwischenmenschliches Vertrauen, das diesen Solidarpakt möglich gemacht hat. Das ist für mich der Unterschied zu den Sanierern, die allein nach betriebswirtschaftlichen Effizienzkriterien entscheiden. Da kommt dann irgendeine Studie zu dem Ergebnis, dass wir zu viele Landesangestellte beschäftigen. Das weiß ich auch. Aus der historischen Situation Berlins ist dieser Überhang auch leicht zu erklären. Erstens haben wir zwei Verwaltungen fusionieren müssen nach der Wende, vielmehr wurden sie addiert, und außerdem war Berlin zu Mauerzeiten ohnehin sehr großzügig mit der Schaffung neuer Jobs im öffentlichen Dienst.

Aber was helfen mir diese Zahlenkolonnen im praktischen politischen Krisenfall tatsächlich? Sollen wir 30 000 Leute auf die Straße setzen? Kosten diese Menschen dann nichts mehr? Das Gegenteil ist doch der Fall: Familien brechen auseinander, Kinder verwahrlosen, gewachsene Strukturen zerfallen. Wir schaffen neues Elend und haben am Ende womöglich noch höhere Kosten, dann aber nicht für Löhne und Gehälter, sondern für soziale Nothilfe und am Ende wahrscheinlich Haftplätze.

Die leichte Hand, mit der Unternehmen mal eben die Bewohnerschaft einer Kleinstadt in die Arbeitslosigkeit entlassen, um den Aktienkurs zu pflegen, die steht verantwortlichen Politikern nicht an. Konzerne können die Kosten der Arbeitslosigkeit ganz einfach auf den Staat übertragen. Die vermeintlich einfachen Lösungen dieser Brachialsanierer sind mir zutiefst suspekt, und zwar aufgrund meines eigenen Lebensweges. Meine Mutter hätte man sicher ganz einfach wegrationalisieren können, so wie viele kleine städtische Angestellte. Was dann aus unserer Familie geworden wäre, mag ich mir nicht ausmalen. Ganz abgesehen davon, dass meine Mutter daran zerbrochen wäre.

Frank Bsirske und ich waren uns einig, dass wir eine einvernehmliche Lösung wollten. Unser Abendessen war der eigentliche Kern des Solidarpaktes. Wir fanden uns sympathisch, trauten uns über den Weg und hatten das gemeinsame Interesse, eine Win-Win-Situation herzustellen, die allen etwas abverlangte, aber keinen als Verlierer dastehen ließ. Und tatsächlich haben wir beide es geschafft, unsere Läden zu überzeugen.

So haben ein Sozialdemokrat und ein Gewerkschaftsboss eine Sanierung möglich gemacht, die bis heute ihresgleichen sucht in Deutschland. Auch linke Politik kann haushaltsschonend sein, ökonomisch vertretbar und gleichwohl sozial. Dieses politische Ergebnis, in aller Fairness und Klarheit ausgehandelt, war einer der wichtigsten Erträge meiner ganzen Amtszeit. Feststeht: Diese Aktion ist einmalig gewesen. Nach 2010, wenn der Pakt ausläuft, können wir den Mitarbeitern nicht noch eine weitere Kürzung zumuten. Klar ist allerdings auch: Heute wäre vermutlich noch härter verhandelt worden. Und nicht zu Gunsten der Gewerkschaften.

Ähnlich erfolgreich haben wir bei der Sanierung der Berliner Bankgesellschaft gearbeitet und bei der Neuordnung des Berliner Gesundheitswesens. Natürlich haben wir Fehler gemacht, nicht zu wenige und keine kleinen, aber wir waren auch in der Lage, sie zu korrigieren. Das Berlin des Jahres 2007 steht jedenfalls deutlich besser da als das großkoalitionäre Berlin von 2001. Wir haben etwas geschafft, aber wir sind noch lange nicht fertig. Noch vor drei, vier Jahren hätte kein Mensch im Traum daran gedacht, dass wir jemals wieder einen verfassungskonformen Haushalt würden aufstellen können.

Inzwischen sind wir so weit und noch einen Schritt darüber hinaus. Bald werden wir sogar anfangen, unseren gewaltigen Schuldenberg von über 60 Milliarden Euro langsam abzutragen. Kluges Zinsmanagement plus Tilgung werden uns jedes Jahr kontinuierlich finanzielle Spielräume verschaffen, wenn auch keine gigantischen. Aber wir haben den Trend umgedreht. Das haben der Banker Landowsky und der Kleinkrämer Diepgen nicht hinbekommen. Darauf kann unsere rot-rote Koalition in der Tat stolz sein.

Anfangs wohnte ich noch in unserem Haus in der Schillerstraße in Lichtenrade. Unser Name stand in Klebebuchstaben auf dem Briefkasten. Das sind Details, die Fernseh-Teams sehr exotisch finden. So als ob Politiker alles sind, aber keine normalen Menschen. Dass ich damals einen Opel Astra fuhr, hielten einige Medienvertreter tatsächlich für einen Image-Trick, der mich volksnäher machen sollte. Die Erklärung war viel einfacher: Ein kleines Fahrzeug reicht mir. Schließlich brauchte ich ohnehin kaum ein Auto, da ich den Luxus eines Dienstwagens mit Chauffeur genieße.

Etwas weniger bescheiden beging ich meinen 50. Geburtstag im Oktober 2003. Ich kann nicht behaupten, dass ich diesem Tag entgegengefiebert hätte. Seit meinem 30. Geburtstag habe ich nur noch Buchstaben addiert 30A, 30B, nun eben 30T. Man kann sich wahnsinnig lange einreden, dass man ja eigentlich noch ziemlich jung ist oder zumindest jung geblieben. In die Jeans gezwängt, ein bisschen Gel ins Haar und bis morgen früh zum Tanzen. Aber das funktioniert nicht ewig. Genau genommen maximal bis zum 50. Geburtstag. Dann beginnt die Phase, in der man sich damit abfinden muss, zur älteren Hälfte der Gesellschaft zu zählen. Das fiel mir nicht leicht. Bei allem Respekt vor fitten, fröhlichen Senioren trauere ich den jungen

Unter den Gästen meiner Geburtstagsfeier: Sandra Maischberger und Mick Flick.
Comedystar und Entertainer Thomas Hermanns war auch dabei.

Jahren doch ein wenig hinterher. Diese Energie, die Unbefangenheit, die Freude, Neues zu entdecken – es war eine großartige Zeit.

Ich habe meinen Geburtstag dennoch nicht zu einer Trauerveranstaltung werden lassen. Am Vormittag hatte mich Michael Müller zu einem großen Geburtstagsempfang der Partei und Fraktion ins Abgeordnetenhaus eingeladen. Das Defilee war groß, die Gästeschar bunt. Es tat schon gut, wenn man so viel Nettes über sich selbst hört. Gerhard Schröder hielt eine sehr emotionale und persönliche Rede. In manchen Passagen wusste ich nicht, ob er über mich oder sich selbst spricht. Als Geschenk überreichte er mir ein gemaltes Porträt von Willy Brandt. Es steht seitdem in meinem Büro, und ich freue mich jeden Tag, es zu sehen.

Der 1. Oktober ist der Verfassungstag Berlins. Traditionell wird der Berliner Landesorden durch den Regierenden Bürgermeister verliehen. Zehn bis fünfzehn Persönlichkeiten, die sich um Berlin verdient gemacht haben, werden ausgezeichnet. Diesmal war Götz George dabei. Es war natürlich eine besondere Feier im Roten Rathaus, praktisch ein zweiter Geburtstagsempfang. Ich durfte hunderte von Glückwünschen entgegennehmen.

Aber der besondere Höhepunkt des Tages sollte die private Feier werden. Jörn war schon wochenlang vorher zum Telefonieren aus dem Zimmer gegangen. Hinter meinem Rücken erörterte er mit Gästen und Holger Klotzbach, dem Chef der Bar jeder Vernunft allerlei Programmdetails. Die Versuchung war groß, Jörn mit ein paar Fangfragen auszuhorchen. Wahrschein-

Liedermacher Klaus Hoffmann schrieb mir zum 50. Geburtstag diesen Songtext. ▶

In den Straßen von Berlin

(Für Klaus Wowereit zum 50. Geburtstag)

die Freiheit ist ein bunter Vogel
das stand auf deinem Butterbrotpapier
und auf dem Schulweg, den du nahmst
da warn die Häuser ausgefranst
und Bettlerzeichen zierten jede Tür

und heut Nacht hast du noch mal
den alten Traum geträumt
von einem Kind, das wollte sich befreien
du wärst sogar bis an den Rand gegangen
um dem bunten Vogel einmal nah zu sein

komm blauer Mond
zeig mir noch mal meine alten Gassen
ich hab heut Nacht geträumt
von einem Kind, das sucht und streunt
in den Straßen von Berlin

vielleicht hältst du ihn längst in deinen Händen
siehst in den Augen dieser Leute wo er ist
vielleicht pfeift er sein Lied vom Dach
ein Lied von Hoffnung in der Nacht
vielleicht weil du hier längst geborgen bist

und die Frau dort an der Tür, die hielt ihn in der Hand
wie oft hat sie dich stolpern, straucheln sehn
du wärst sogar bis an den Rand gegangen
um für immer mit dem Vogel weg zu gehn

komm blauer Mond
zeig mir noch mal meine alten Gassen
ich hab heut Nacht geträumt
von einem Kind, das sucht und streunt
in den Straßen von Berlin

komm blauer Mond
leg dein Licht noch mal in meine Hände
lass mich die Hoffnung sehn
wie als Kind im Regen gehn
in den Straßen von Berlin

Musik und Text Klaus Hoffmann

lich wäre es mir sogar gelungen. Mit 30 hätte ich es wahrscheinlich auch versucht. Aber mit 50 eben nicht mehr. Man will sich die Überraschung ja nicht vermiesen. Die Weisheit des Alters hatte mich, zumindest in diesem Punkt, schon voll ereilt.

Wie feiert man als Regierender Bürgermeister privat seinen 50. Geburtstag? Wen lädt man ein, wen nicht? Jeder kennt diese Fragen von seinen eigenen Feiern. Für mich stand fest, dass ich an diesem Abend nur mit Menschen zusammen sein wollte, die ich mag, und nicht mit denjenigen, die ich protokollarisch hätten einladen müssen.

Den Ort der Feier hatte ich schon ein Jahr im Voraus festgelegt. Es sollte die Bar jeder Vernunft sein, ein wunderbares Spiegelzelt, in dem täglich große Kleinkunst auf die Bühne gebracht wird. Die Presse war natürlich mehr als neugierig, welche Prominenten erscheinen würden. Für mich stellte sich die Frage, ob ich Journalisten überhaupt zulassen sollte. Könnte ich es mir erlauben, sie ganz fernzuhalten und damit in alle Ewigkeit zu verärgern? Andererseits hatte ich keine Lust, den ganzen Abend unter der Beobachtung von Fotografen und Reportern zu verbringen. Ich entschied mich für einen Kompromiss. Die erste Stunde des Empfangs durften Fotos gemacht werden, danach musste die Presse nach Hause gehen. Von nun an waren wir privat. Es geht doch.

Alle kamen. Meine Familie, Jörns Familie, unsere Freunde, alte SPD-Weggefährten aus Lichtenrade, Hannelore und Gerd Wöhrle, Rita und Günther, die drei Christas, Claudia und Michael, Hajo und Irmgard, Lothar, Michael und Petra und Ludwig von meiner Golf-Truppe, die Senatoren und die so genannten Prominenten, aber nur diejenigen, zu denen wir eine enge persönliche Beziehung haben oder hatten: Bundespräsident Johannes Rau, Marius Müller-Westernhagen, Boris Becker, Suzanne von Borsody, Sabine Christiansen, Sandra Maischberger, Alfred Biolek, Reinhold Beckmann, Hape Kerkeling und Thomas Gottschalk, Florian Langenscheidt, Mick Flick und viele liebe Menschen mehr.

Als ich am Abend vom Roten Rathaus zum Veranstaltungsort fuhr, war ich trotz des anstrengenden Tages sehr entspannt. Bevor die Gäste kamen, inspizierte ich als guter Gastgeber das Zelt, ob auch alles richtig arrangiert war. Ein gesetztes Essen für 250 Personen mit einer komplizierten Sitzordnung überlasse ich nicht dem Zufall. Als ich das geschmückte Zelt sah mit den festlich gedeckten Tischen und den Leuchtern, die sich tausendfach spiegelten, da wusste ich, es würde ein unvergesslicher Abend werden.

Man kann Feiern planen, organisieren und perfekt vorbereiten, aber die Stimmung lebt am Ende nur vom Gefühl der Gäste. Und diese Stimmung war unglaublich. Viele meiner Freunde hatten ein sensationelles Bühnenprogramm vorbereitet. Der Sänger Klaus Hoffmann schrieb sogar ein Lied für mich. Max Raabe, Gayle Tufts, Tim Fischer, Jeanette Biedermann, Thomas Hermanns, Georg Uecker und viele andere traten auf. Das Schöne war, dass auch meine SPDler unter Führung von Petra Merkel auf die Bühne kamen und problemlos mit den Profis mithalten konnten. Als mein Freund Michael Grabia die »Capri-Fischer« auf Sächsisch sang, tobte der Saal. So sollte es sein. Die Menschen, die mir in 50 Jahren wichtig waren, feierten ausgelassen mit uns. Hertha fehlte, aber sie war trotzdem da. Die letzten Gäste gingen um sechs Uhr morgens.

Die Party war großartig, doch eine Pause vom Dienst gab es nicht. In der zweiten Hälfte meiner Amtszeit hatten wir für die Haushaltssanierung die wichtigsten Weichen gestellt. Von Ruhe konnte dennoch keine Rede sein. Im April 2004 entwickelte sich ein Skandal, der insofern bemerkenswert war, weil man keinen Schuldigen ausmachen konnte. Die Ereignisse rund um das Tempodrom bewiesen, dass es durchaus problematisch sein kann, wenn alle gemeinsam das Gute wollen. Fehleinschätzungen über alle Parteien hinweg sind beim besten Willen nicht immer zu vermeiden.

Das Tempodrom, ein Zirkuszelt nahe am neuen Kanzleramt, gab einem bunten Strauß kultureller Veranstaltungen eine sympathische Herberge. Irene Mössinger, die Betreiberin, war eine Kulturschaffende mit Herz und Seele. Sie war gelernte Krankenschwester, die ein beträchtliches Erbe aus den achtziger Jahren investiert hatte, um diesen Kultur-Zirkus aus dem Boden zu stampfen. Das Tempodrom entwickelte sich zu einer vielbeachteten und vor allem bestens besuchten Hauptstadt-Attraktion. Wenn es einen Konsens in allen Parteien gab, dann den, dass das Tempodrom ein Gewinn war für Berlin.

Das Zelt musste allerdings aus der Nähe des Kanzleramts verschwinden, weil Helmut Kohl es für ein Sicherheitsrisiko hielt. Das neue Tempodrom sollte ein fester Bau werden, eine Zentrale der alternativen künstlerischen Szene. Peter Strieder, früher Bürgermeister von Kreuzberg, entwickelte beträchtlichen Ehrgeiz, das neue Tempodrom in sein Revier zu bekommen. Er hatte schon die SPD-Zentrale, das Willy-Brandt-Haus, nach Kreuzberg gebracht. Und wieder schien Strieder Erfolg beschieden. Auf einer Freifläche am Anhalter Bahnhof entstand ein architektonisch aufwendiges Gebäude, das ein Zelt nachbildete. 2001 wurde dieses neue Tempodrom eröffnet. Die CDU-Finanzsenatoren Kurth und Branoner sorgten für eine Bürgschaft der Stadt.

Alle waren dafür, und doch lief es falsch: Ein so großes Projekt fast ohne Eigenmittel und ganz ohne Sicherheiten anzufangen, ist riskant, vor allem, wenn die Kosten explodieren, auch wenn sich niemand daran bereichert hat. Alle Beteiligten waren mit einer gewissen Blauäugigkeit geschlagen gewesen. Die Vorstellung von einer blühenden Hauptstadt-Kultur hatte den Blick vernebelt. Auch die linksliberale Kulturszene ist eben zur Gigantomanie in der Lage. Am Ende standen wir an dem Punkt, dass es teurer kam, den Bau abzureißen als ihn weiterzubetreiben. Wir saßen in der Tempodrom-Falle: hohe Bankkosten, kein Ausweg, alle hatten mitgemacht. Der Rechnungshof bemängelte den Fall völlig zu Recht.

Dass die Medien uns verprügelten, auch wenn sie ein Jahr zuvor noch laut gejubelt hatten, das mussten wir ertragen. Dass die CDU, inzwischen in der Opposition, Strafanzeige stellte, kann man dagegen nur mit Chuzpe erklären. Dass inzwischen in unmittelbarer Nähe zum Kanzleramt wieder ein Zelt steht, das Tipi, muss man als Ironie der Geschichte begreifen.

Tatsache ist: Das Tempodrom war ein ökonomischer Fehler, der am Ende nur ein Gutes hatte. Denn inzwischen betrachten wir solche Projekte mit größter Skepsis und Sorgfalt. Euphorie als einziges Motiv ist nicht genug, das haben alle Beteiligten schmerzhaft gelernt. Vor allem Peter Strieder. Am 7. April 2004 ist er zurückgetreten, weil die Vorverurteilung, die gegen den Senat, die SPD, vor allem aber gegen ihn selbst betrieben wurde, nicht mehr auszuhalten war. Es gilt die Unschuldsvermutung, solange keine strafrechtlich belastbaren Erkenntnisse vorliegen. Bis heute hat sich gezeigt, dass die meisten der Vorwürfe haltlos waren. Das Tempodrom haben sich alle Beteiligten zuzuschreiben, keinesfalls war es eine individuelle Fehlleistung von Peter Strieder.

Im Gegenteil: Strieder hat viel bewirkt für Berlin. Acht Jahre lang hat er in der Stadtentwicklungsverwaltung tolle Arbeit geleistet, ob beim Projekt Soziale Stadt oder dem Quartiersmanagement. Er hat erfolgreich Investoren angeworben. Als Berliner SPD-Chef hat er immer loyal mit mir zusammengearbeitet. Auch oder gerade weil er bisweilen umstritten war, hat sein Weggang eine gewaltige Lücke in die Berliner Sozialdemokratie gerissen.

Nach Strieders Rückzug mussten wir die Führungsspitze umbauen. Michael Müller übernahm den Posten des Berliner SPD-Chefs. Wir waren bislang gut damit gefahren, dass ich als Regierungschef nicht gleichzeitig Landesvorsitzender war. Michael ist ein erfahrener Sozialdemokrat, ausgleichend im Wesen, aber durchaus hart in der Sache. Wir kannten uns noch aus Tempelhofer Zeiten und harmonieren prächtig miteinander. Sein Vater ist ebenfalls bei der SPD aktiv gewesen. Es brauchte allerdings sanften Druck aus allen Gremien. Es gab aber kein Entkommen für ihn. Strategisch ist es wichtig, dass Partei- und Fraktionsvorsitz in einer Hand liegen. Das war schon bei Angela Merkel so. Wenn es ein Machtsystem Wowereit gibt, dann ist Michael Müller Ehrenmitglied. Er ist mein Berater, auf den ich mich voll und ganz verlassen kann.

Gleich darauf folgte ein weiterer Einschnitt, wenn auch privater Natur. Noch immer wohnte ich im Haus meiner Mutter in der Schillerstraße in Lichtenrade. Doch auf die Dauer ist es einfach unpraktisch für einen Bürgermeister, wenn er nicht im Zentrum wohnt, wo eine Vielzahl von Terminen zu absolvieren sind. In der Talkshow »Zimmer frei« hatte ich erwähnt, dass ich eine Wohnung suchte, woraufhin mir unzählige Angebote auf den Schreibtisch flatterten.

Ich spürte, dass es Zeit war für einen Tapetenwechsel. Ich habe unser Haus verkauft und bin an den Ku'damm gezogen, mit Jörn zusammen. Es war ein mulmiges Gefühl, die Tür zu diesen vier Wänden, die 40 Jahre lang mein Lebensmittelpunkt waren, ein letztes Mal ins Schloss fallen zu lassen. Mein Bruder Achim war schon viele Jahre zuvor ausgezogen. Er hatte Arbeit gefunden und wollte selbständig sein. So viele Erinnerungen, so viel Freude und Wärme und natürlich auch ein bisschen Traurigkeit hingen an diesem einfachen Häuschen, in dem meine Familie gelebt hatte.

Meine Mutter war zwar schon seit zehn Jahren tot, dennoch wurde ich dieses Gefühl nicht los, dass ich ihr erzählen musste, was alles passiert ist. Diese Zwiesprache mit verstorbenen Elternteilen ist wohl ziemlich normal. Man will eben immer noch gelobt werden. Ich hätte ihr berichtet von einem politischen Experiment namens rot-rote Koalition, das sich als großer Erfolg erwiesen hat. Niemand hätte uns diese geräuschlose und dennoch effektive Art des Regierens zugetraut, zumal wir mit Gregor Gysi und Peter Strieder zwei tragende Kräfte verloren hatten. Eine unserer wichtigsten Fähigkeiten war es, dass wir hinter verschlossener Tür sehr wohl kontrovers debattiert, aber schließlich doch Entscheidungen getroffen haben, mit denen alle leben konnten. Nach außen hin haben wir unsere Beschlüsse jedenfalls immer solidarisch vertreten.

Während wir uns kontinuierlich stabilisierten, rutschte Gerhard Schröder die Macht im Bund beständig aus den Händen. Nach der Wahlniederlage im Mai 2005 in Nordrhein-Westfalen gab es wohl tatsächlich keine andere Chance, als Neuwahlen anzustreben. Schröder wollte sich nicht eineinhalb Jahre vorführen lassen. In Kenntnis der tollen WM-Stimmung und angesichts der anziehenden Konjunktur hätte er später vielleicht anders entschieden.

Damals spürte man den Machtverlust überall. Es wurde kaum noch gesprochen, sondern nur noch schroff und diktatorisch angeordnet. Man muss ja nicht jeden Rat annehmen, aber Zuhören ist wohl nicht zu viel verlangt. Jeder, der überhaupt den Kopf hob, wurde abgekanzelt. Das Misstrauen war gewaltig und wuchs mit jedem Misserfolg.

Klar, dass nach der NRW-Wahl einsame Entscheidungen getroffen wurden, von zwei einsamen Personen, die einander auch nicht übermäßig vertrauten: Gerhard Schröder und Franz Müntefering. Ob die beiden wirklich viel miteinander geredet haben in jenen Tagen? Ich bin mir da nicht so sicher. Sozialdemokraten schweigen sich ja gern mal vorwurfsvoll an.

Umso erstaunlicher war Schröders Wahlkampf. Wie dieser Mann sich selbst und die anderen motivieren konnte, das war schon bewundernswert. Toll, mit welch sicherem Instinkt er sich auf den »Professor aus Heidelberg« gestürzt hat, den die Medien noch frenetisch bejubelten. Fast hätte er eine komplett aussichtslos erscheinende Wahl doch noch umgedreht – ganz allein. Fast. Bei aller Begeisterung für Schröder, die heute deutlich größer ist als damals, mussten wir doch eine Niederlage verzeichnen. Es ist müßig, sich über Geschehenes zu grämen. Aber ich glaube dennoch, dass wir eine Chance zum Sieg gehabt hätten, wenn wir gemeinsam aufgetreten wären: Kanzler, Regierung, Abgeordnete und SPD zusammen.

Von Schröder und seinem Führungsstil kann man eine Menge lernen. Sein kraftvolles Auftreten ist bemerkenswert, ebenso die Treue, die er seinen engsten Vertrauten entgegenbringt. Die Loyalität reicht allerdings nicht besonders weit. Vieles, was nicht aus dem innersten Kreis kam, wurde von vornherein abgebügelt. Ich habe mich entschieden, mehr Offenheit zuzulassen. Input ist wahnsinnig wichtig, eine Bunker-Mentalität dagegen der Anfang vom Ende guter Politik. Ich gewähre meinen Leuten große Freiräume, nehme mir aber auch das

Recht, Fehler gnadenlos zu suchen und aufzudecken. Es heißt, ich könne sehr unwirsch werden, wenn ich dilettantische Arbeit vermute. Ich kann sogar sehr laut werden, was dann viele Leute erschreckt. Ich erwarte eben Effizienz, so wie ich es von Kind auf gelernt habe. Meine Geschmeidigkeit ist jedenfalls deutlich größer geworden im Vergleich zu früheren Tagen. Die Weisheit des Alters lautet: Dickköpfigkeit macht Regieren ausgesprochen anstrengend.

Ich finde es überaus respektabel, wie es Angela Merkel gelungen ist, einen Führungsstil zu etablieren, der sich vom Macho-Gehabe ihrer Vorgänger wohltuend unterscheidet. Auch wenn es mir die Parteiräson verbietet, so halte ich von ihr eine ganze Menge. Sie ist ausdauernd und beharrlich und lässt sich nicht beirren. Wer die Partei von Kohl löst, wer Stoiber und Merz übersteht, wer Koch und Wulff in Schach hält, der muss etwas vom politischen Handwerk verstehen. Immer wenn es darauf ankam, hatte sie die Mehrheiten auf ihrer Seite.

Ich habe Angela Merkel im Februar 2001 näher kennengelernt, bei einem privaten Essen im Hause von Christoph Stölzl. Natürlich hatte ich alle gängigen Klischees im Kopf und war umso überraschter, einige sehr angenehme Stunden mit ihr und ihrem Mann zu verbringen. Diese Frau pflegte nicht die üblichen Eitelkeiten, ihre Neigung zu einer gehörigen Portion Selbstironie war bemerkenswert. Sie war wissbegierig und hatte die Kraft, auch Fehler einzugestehen, auch wenn ich mir nicht sicher bin, ob man sich diese Fähigkeit im Kanzleramt lange erhält.

Ihr Vorteil ist es, dass sie die ganzen Kämpfe der siebziger und achtziger Jahre nicht mitgemacht hat, die das Verhalten vieler westdeutscher Politiker determinieren. Sie war allerdings auch die westlichen Medien nicht gewohnt. Wenn ich mir überlege, wie viel Häme und auch persönlich verletzende Angriffe sie ertragen musste, dann wird selbst mir angst und bange. Andererseits wirken diese öffentlichen Pranger-Veranstaltungen auch wie ein Stahlbad. Danach ist man robuster. Die Ritterrüstung wird jedes Mal etwas stabiler.

Was für die Kanzlerin spricht, ist ihr Wohnort. Erstmals haben wir eine Regierungschefin, die nicht in der Provinz zu Hause ist, sondern tatsächlich im Bezirk Mitte wohnt. Angela Merkel hat ein Gespür und eine Wertschätzung für diese Stadt. Für sie ist der Ausbau der Hauptstadt kein Rivalitätsthema wie für die meisten Ministerpräsidenten. Wahrscheinlich wäre sie sogar dafür, die in Bonn verbliebenen Ministeriumsreste nach Berlin zu holen, wenn es dafür Aussicht auf Erfolg gäbe. Aber bislang fehlt ihr der Mut, die Entwicklung der Hauptstadt zu einem wichtigen politischen Thema zu machen.

Bis heute pflegen wir ein bemerkenswert entspanntes Verhältnis jenseits parteipolitischer Nickeligkeiten. Leider bin ich aber nicht in ihr SMS-Netz eingebunden. Auch wenn ich berufsbedingt gegen die Kanzlerin sein muss und es auch eine gute Zahl von Gründen dafür gibt, so ist doch festzuhalten, dass Angela Merkel in den letzten 18 Jahren eine beachtliche Karriere hingelegt und viele Vorurteile entkräftet hat. Sie ist unprätentiös, tritt gerade auf internationalem Parkett jedoch sehr souverän auf. Die Fähigkeit, ein wenig Naivität zu spielen, kommt ihr zwischen den Alpha-Hähnen durchaus zugute. Innenpolitisch würde ich mir allerdings öfter mal eine harte Hand wünschen. Oftmals lässt sie Debatten einfach zu lange wild laufen.

Die Auswirkungen der konservativen Macht im Kanzleramt bekamen die Berliner jedenfalls umgehend zu spüren. Kaum waren Schröder und Schily verschwunden, die Architekten der WM 2006, da sorgte die Passivität des schwarzen Blocks, angeführt von den Bayern, auch schon dafür, dass die Fifa die Berliner Eröffnungsfeier einfach absagen konnte. Das internationale Pressezentrum der WM war zuvor schon nach München gelegt worden. Der Neid und die Missgunst der CSU sind schon eine Klasse für sich.

Am Ende der Legislaturperiode zog ich eine erste vorsichtige Bilanz: Was war mir besonders schwergefallen? Eigentlich nichts. Die Sparbeschlüsse waren hart, keine Frage, aber ich konnte sie auch jetzt, zwei, drei Jahre später, noch immer mit gutem Gewissen erklären. Sicher war es ein Fehler gewesen, am Anfang die Kita-Gebühren zu erhöhen, um sie wenig später abzuschaffen. Wir führten eine ganz und gar überflüssige Debatte um 10 Millionen Euro, die uns unnötig Prügel einbrachte. Anstatt die Spitzenverdiener und damit auch die Journalisten besonders stark zu belasten, hätten wir wohl besser eine fünfprozentige Erhöhung für alle beschließen sollen.

In meinen ersten Regierungsjahren habe ich mir ein ganz neues System der Meinungsforschung zugelegt. Gerade zu Beginn meiner Amtszeit habe ich jeden Zeitungskommentar ernst genommen. Aber bald stellte sich heraus, dass die mediale Meinung bisweilen weit entfernt liegt von der wirklichen Stimmung bei den Menschen. Die erfahre ich sehr viel genauer bei Anette, meiner Nichte. Sie allein ersetzt viele teure Umfragen. Anette ist 53 Jahre alt, arbeitet bei der Berufsgenossenschaft und hat ein sehr feines und vor allem differenziertes Gespür für Stimmungslagen.

Hartz IV ist so ein Reizthema. Grundsätzlich befürwortet es meine Nichte durchaus, dass die, die arbeiten, mehr in der Tasche haben als die, die nicht arbeiten. Mit einer Einschränkung: Wenn jemand, der jahrzehntelang gearbeitet hat und zum Beispiel wegen seines fortgeschrittenen Alters keinen Job mehr findet, dann darf der nicht genauso behandelt werden wie jemand, der noch nie in seinem Leben gearbeitet hat und vielleicht auch gar keine große Lust dazu verspürt. Wenn diese Gleichbehandlung bei Anette ein Gefühl großer Ungerechtigkeit auslöst, dann kann ich sicher sein, dass es bei vielen Bürgern ähnlich ist. Daher ist es an der Zeit, bei einigen Details der Hartz-Regelungen womöglich noch einmal nachzusteuern.

Ohnehin hat uns die Bundespolitik das Leben in Berlin nicht nur erleichtert. Parallel zu unserem Wahlkampf 2006 stritten sich die Partner der Großen Koalition hingebungsvoll über die Gesundheitsreform. Der SPD ist es dabei nicht immer gelungen, sich als Anwalt der Bürger zu präsentieren. Dennoch lief der Wahlkampf für uns ganz gut an. Mit einigem Amüsement verfolgten wir denn auch den Versuch der CDU, einen geeigneten Kandidaten zu finden. Klaus Töpfer war klug genug, sich nicht von seiner Partei verheizen zu lassen. Der Außenpolitiker Friedbert Pflüger hatte es allerdings auch nicht leicht. Er kam aus Hannover. Man spürte, dass er die Stadt nicht kannte. Unser größtes Problem bei der SPD war es, die Anhänger zu mobilisieren. Denn Pflüger machte den Leuten keine Angst; er polarisierte nicht, wie etwa ein Friedrich Merz es vermocht hätte. Das machte ihn unberechenbar.

Insgesamt traten wir zu vier Rede-Duellen an. Jeder der drei großen Berliner Zeitungsverlage bekam ein Streitgespräch, Höhepunkt sollte der Schlagabtausch im Fernsehen werden. Zu unserem ersten Disput trafen wir uns beim Leserforum der Berliner Zeitung. Der Saal war gut gefüllt und, obgleich klimatisiert, wohlig warm. Pflüger schwitzte. Beim Vorgespräch schlug er vor, dass wir die Jacketts ausziehen sollten. Ich blieb eine Antwort schuldig. Beim Betreten des Podiums entledigte sich mein Gegner tatsächlich seiner Jacke, während ich mein Sakko anbehielt. Dies wurde von den Medien nachher als brillanter Schachzug interpretiert: der Amtsinhaber blieb cool, der Herausforderer kam ins Schwitzen. Während der zweistündigen Debatte sagte Pflüger etwa fünfzehn Mal: »Da kann ich Herrn Wowereit nur zustimmen ...« Daraus wurde der legendäre Kinospot der Berliner SPD, für den die gesammelte Zustimmung des CDU-Kandidaten von Frank Stauss und seiner Agentur Butter einfach nur zusammengeschnitten worden war. Nach diesem Duell bekam Pflüger einen Medienberater der Bundes-CDU an die Seite, der ihn für das zweite Duell beim *Tagesspiegel* deutlich besser eingestellt hatte.

Für das Finale im Fernsehen war ich wiederum gut gewappnet. Ich gab mir von Anfang an Mühe, ihn nervös zu machen. Ich habe absichtlich alle im Studio warten lassen und kam erst auf den letzten Drücker. Das ist nicht übermäßig höflich, aber wirkungsvoll. Außerdem hatte ich eine Tüte dabei, was bei Regierenden Bürgermeistern gemeinhin als ungewöhnlich empfunden wird. Pflüger versuchte sogar noch, die Tüte entfernen zu lassen, aber es gelang ihm nicht. Was um Himmels willen mochte ich wohl in dieser Tüte haben, fragten sich alle. Natürlich waren zwei Wowi-Bären darin. Sie waren für Pflügers Kinder bestimmt. Aber er bekam sie erst nach der Sendung. Und ich noch ein paar Lacher.

Dass er mir bei Streitgesprächen auffallend oft Recht gab, war offenbar keine Siegerstrategie. Aber immerhin ist Pflüger nach der Wahl nicht von der Berliner CDU weggemobbt worden. Er scheint entschlossen, den Oppositionsjob ernst zu nehmen. Ohne jede Koketterie finde ich eine starke Gegenwehr ausgesprochen wichtig. Sie hält den eigenen Laden unter Dampf und zwingt zu permanenter Aufmerksamkeit. Nichts ist gefährlicher als selbstgewisse Lässigkeit.

Lohn der Arbeit: Es geht voran

Schwieriger Start – die Schwere der Leichtigkeit – Grenzen der Politik – das riskante Spiel der Medien – Image und Herzlichkeit – Roter Schuh und Desiree Nick – Gottschalk und Schwarzenegger – Zukunft und Zufall

»Vielleicht kann ein Politiker gar nicht mehr machen,
und vielleicht ist das, was Klaus Wowereit da macht, gar nicht
mal so wenig – hier und da die Hand auflegen, und die mit
Mühsal Beladenen werfen ihre Krücken hernach zumindest
für einen Moment zur Seite und denken: Ich kann gehen.
Es läuft.«

Benjamin von Stuckrad-Barre

Am Morgen meiner Wiederwahl ließ ich mir zu Hause etwas mehr Zeit als sonst und frühstückte gemeinsam mit Jörn. Zwar wurde mir in den Tagen zuvor immer wieder überschwänglich gratuliert. Doch ich wies die Gratulanten ausdauernd darauf hin, dass ich erst noch gewählt werden musste. Wie oft hatten wir es im Abgeordnetenhaus und in anderen Parlamenten erlebt, dass es bei geheimen Abstimmungen Abweichler gab. Man kann nie ausschließen, dass man einen Parlamentarier bei der Regierungsbildung enttäuscht hat oder persönliche Animositäten eine Rolle spielen. Im Vorfeld wurde häufiger mal über die Rolle des ehemaligen Kultursenators Thomas Flierl und der anderen PDS-Abgeordneten gemunkelt. Trotz aller Unsicherheiten bin ich dennoch ohne Argwohn in die Abstimmung gegangen.

Jede geheime Wahl sollte einen spontanen Demutsreflex auslösen. Nie ist die Endlichkeit des Politikerberufs spürbarer als beim Warten auf das Ergebnis einer geheimen Wahl. Das Schöne und zugleich Grausame an der Demokratie ist das Ausgeliefertsein des zu Wählenden. Man hat keinerlei Einfluss auf das Ergebnis. Alles ist möglich. Man spürt eine unglaubliche Abhängigkeit. Jeder Abgeordnete kann aus welchen Motiven auch immer ein Beben auslösen. Natürlich ging ich von einem klaren Votum für mich im Berliner Abgeordnetenhaus am 23. November 2006 aus.

Umso irritierter war ich, als ich im ersten Wahlgang nicht die notwendige Mehrheit der Stimmen erreicht hatte. Es herrschte große Unsicherheit, und der Sitzungsleiter Walter Momper fragte mich trotz mangelnder Mehrheit, ob ich die Wahl denn annähme. Die Verwirrung war komplett. Mein erster Gedanke lautete: Wer war das? Und warum? Aber Verdächtigungen sind müßig. Es trifft ohnehin meist den Falschen. Ich fühlte mich hilflos. Ganz kurz irrte das Bild von einer völlig erschütterten Heide Simonis durch meine Sinne, die im März 2005 im Kieler Landtag Opfer eines tückischen Parlamentariers geworden war und ihren Job als Ministerpräsidentin verlor.

Wie so häufig in Krisensituationen hatte ich mich schnell wieder gefasst. Ich wollte nicht, dass die Opposition Oberwasser bekam. In beiden Fraktionen machte ich eine sehr kurze, deutliche Ansage. Aus einem Gefühl der Verantwortung heraus würde ich noch einmal antreten, verkündete ich, aber nur einmal. Einen dritten Wahlgang würde es auf keinen Fall geben. Dieses würdelose Schauspiel aus Kiel sollte sich nicht wiederholen.

Auch im zweiten Wahlgang fehlte noch eine Stimme, aber die erforderliche Mehrheit war dennoch erreicht. Man muss wohl von einem Fehlstart sprechen. Als ich den Amtseid ablegte, bebte meine Stimme immer noch, teils aus Erschrockenheit, teils aus Wut, teils aus Entschlossenheit.

Was wäre passiert, wenn ich tatsächlich nicht gewählt worden wäre? Nach der Berliner Verfassung wäre ich weiterhin im Amt geblieben. Kraft meiner Richtlinienkompetenz hätte ich die PDS-Minister entlassen und eine Minderheitenregierung gebildet. Was sich daraus ergeben hätte, weiß ich nicht. Neuwahlen jedenfalls nicht automatisch, wir hatten ja noch weitere Koalitionsoptionen. Mit den Grünen hätten wir ebenfalls über drei Stimmen Mehrheit verfügt. Ein Dreierbündnis hätte ich nach wie vor für schwierig gehalten, eine Koalition mit der CDU gänzlich ausgeschlossen.

Womöglich wäre ich sogar ganz ausgestiegen aus der Politik, aber so weit habe ich in diesen Momenten nicht gedacht. Vielleicht hätte ich erst mal ein Buch geschrieben, vermutlich ein Grundsatzwerk über Loyalität in der Politik. Einen Vertrag mit RTL für *Let's dance*, so wie Heide Simonis, hatte ich nicht in der Tasche.

Die Bilanzen der Lokalpresse nach 100 Tagen standen noch immer unter dem Eindruck des verkorksten Starts. Uns wurde eine uninspirierte Weiter-so-Mentalität vorgeworfen. Es ist manchmal zum Verrücktwerden. Der Stadt geht es so gut wie seit Jahrzehnten nicht mehr. Die Zeit der Skandale ist lange vorbei, alles läuft. Aber ich muss mich rechtfertigen, weil der Senat angeblich unspektakulär arbeite. Ich warte auf den Moment, wo ein Scherzbold ernsthaft die Frage diskutieren will, ob man uns nicht gleich abschaffen sollte.

Ich habe mir nun wirklich nichts vorzuwerfen. Morgens um acht Uhr bin ich im Büro, meistens früher. Einen Pressespiegel brauche ich nicht, weil ich die wichtigsten Zeitungen schon zu Hause gelesen habe. Viele Tage sind im 30-Minuten-Rhythmus verplant, häufig bis in den Abend. Die meisten Veranstaltungen sagen wir dennoch ab. Es sind zu viele.

Abendliche Termine, ob Premieren, Parties, Bälle oder Preisverleihungen, betrachte ich als Teil meiner repräsentativen Aufgaben. Natürlich sagen alle: Der Wowereit feiert die ganze Zeit. Gehe ich nicht hin, heißt es allerdings: Wo bleibt denn dieser Wowereit wieder? Inzwischen hat sich die Party-Debatte ein wenig entspannt, da die meisten Leute ohnehin davon ausgehen, ich sei anwesend, selbst wenn ich gar nicht da bin oder nur ganz kurz vorbeigeschaut habe. Am Anfang habe ich es genossen, im Mittelpunkt zu stehen, aber das hat sich gelegt. Immerhin hat mir mein Auftreten bislang nicht geschadet, sonst wäre ich ja nicht wiedergewählt worden.

Überwiegend gutgelaunt zu erscheinen, halte ich übrigens für meine Dienstpflicht. Von jeder Verkäuferin erwarte ich ja auch, dass sie mich mit einem Lächeln empfängt. Aus dem Sport, zum Beispiel dem Synchronschwimmen, wissen wir, dass vieles, was leicht aussieht, oft ein Ergebnis harter Arbeit ist. Nur weil ich das Elend der Welt nicht auf meinen Schultern spazieren trage, bin ich noch lange kein Hallodri. Regieren und Repräsentieren in Berlin ist nie einfach, das Pensum allemal härter als in vielen anderen Bundesländern. Wer tagtäglich von hochrangigen Staatsgästen, wichtigen Wirtschaftsführern und mehreren Dutzend professionellen Beobachtern umringt ist, darf sich keine Unkonzentriertheit erlauben.

Die Darstellung der Stadt ist eine meiner zentralen Aufgaben, die übrigens entscheidend dazu beiträgt, unsere Schwierigkeiten zu bewältigen. Ich bin fest davon überzeugt, dass wir die sozialen Probleme der Stadt nicht lösen, indem wir noch mehr Programme auflegen und immer mehr Geld in Projekte schießen. Natürlich alarmieren auch mich die Zahlen. Jedes siebte Kind in Berlin lebt von Sozialhilfe. Die Folgen sind dramatisch: schlechtere Ernährung, höheres Krankheitsrisiko, geringere Berufschancen. Wer in Armut, aufwächst, der hat es schwer, ihr zu entkommen. Der Senat bekämpft Armut so gut er kann. Der neue Sozialstruktur-Atlas ermöglicht es uns, die Mittel in besonders hart betroffene Stadtteile zu lenken. Das neue Präventionsgesetz erlaubt es, direkt in der Kita oder in der Schule die Gesundheitserziehung zu verbessern.

Soziale Auffälligkeiten treten vor allem dann zutage, wenn die ökonomische Grundlage in den Familien nicht mehr stimmt. Die beste Sozialarbeit sind neue Jobs, von denen die Menschen auch angemessen leben können. Beim jüngsten wirtschaftlichen Hoch hatten gerade die Kleinverdiener das Gefühl, dass nichts vom Aufschwung bei ihnen ankomme. Gutverdiener zeigen sich in solchen Momenten durchweg optimistisch, Menschen mit geringen Einkommen machen sich zu 70 Prozent Sorgen, vor allem um ihren Arbeitsplatz und die Bezahlung.

Dort, wo genug Arbeit und Ausbildung angeboten werden, lösen sich viele der Konflikte von ganz allein, auch manches Integrationsproblem. Nur leider trägt die Stadt noch immer an einer schweren historischen Bürde. Berlin hat seit dem Fall der Mauer Hunderttausende von Arbeitsplätzen verloren. Der Krieg und die Folgen hatten zuvor schon große Arbeitgeber wie Siemens vertrieben.

Wir haben den Trend des Arbeitsplatzschwundes langsam

Repräsentieren gehört auch zu meinem Job. Hier mit Queen Elizabeth II. im November 2004.

umgedreht. Täglich kommen neue Unternehmen in unsere Stadt. Langsam zahlt sich die Politik des Senats aus, massiv in Wissenschaft und Forschung zu investieren. Im Forschungspark Adlershof wachsen Umsatz und Arbeitsplatzzahlen jedes Jahr nahezu zweistellig.

Es ist die Kombination aus guter Politik und einer glaubwürdigen Außendarstellung, die moderne Unternehmer nach Berlin lockt. Ich halte es geradezu für sträflich naiv, den Menschen vorzugaukeln, es sei möglich, viele große Fabriken mit Hunderttausenden von Arbeitsplätzen in die Hauptstadt zu bugsieren. Der internationale Kampf um diese Neuansiedlungen ist so aufwendig und so teuer, dass wir kaum mithalten können. Außerdem: Sind die Jobs am Fließband wirklich so attraktiv?

Ich gestehe meinen Pessimismus: Weder Sozialprogramme noch die Großindustrie, ja, nicht einmal die Steuerpolitik haben jene Macht, die ihnen von Experten oft zugeschrieben wird. Ich glaube nicht an alle Patentrezepte der Ökonomen. Der arme Gerhard Schröder vertraute den Experten und senkte die Steuern in der Hoffnung, die Konjunktur anzukurbeln. Passiert ist nichts. Die Krise blieb. Andersherum haben die gleichen Experten geschworen, dass eine Mehrwertsteuererhöhung um drei Prozent den zarten Aufschwung der deutschen Wirtschaft abrupt beenden würde. Und? Passiert ist wiederum nichts. Der Boom ging weiter. Was sagen uns diese Beoachtungen? Dass die Politik mit dem Instrument der Steuerpolitik gegen einen stabilen Trend nur sehr bedingt etwas ausrichten kann. Stecken wir in einer Krise, hilft die Steuersenkung so wenig wie die Steuererhöhung stört, wenn es einmal läuft.

Ich bin fest überzeugt davon, dass das wichtigste politische Instrument die konsequente Förderung von Bildung, Wissenschaft und Forschung ist und ein Senat, der diese Politik kraftvoll darstellt. Verschiedene Studien bestätigen uns, dass wir in Berlin die höchsten Forschungs- und Entwicklungsausgaben pro Kopf in ganz Deutschland haben. Wir dürfen Entwicklungen nicht hinterherrennen, sondern wir müssen sie vorantreiben.

Mit Bundespräsident Horst Köhler und Frau Eva Köhler.

Unsere Chance liegt in modernen Technologien, nicht in veralteten. Die Verlagerung von Arbeit Richtung Osten wird sich auf absehbare Zeit nicht umkehren. Wir können froh sein, wenn wir die knapp 100 000 Industriearbeitsplätze, die wir noch haben, langfristig erhalten. Es sind eher die kleinen, flinken Neugründungen, die uns weiterbringen. Ich habe im Jahr über 300 Termine, um Unternehmen aus aller Welt den Standort Berlin schmackhaft zu machen. Bei jedem meiner Auslandsbesuche werbe ich unablässig für die Stadt. Wichtig sind für Investoren ja nicht nur die ökonomischen Rahmenbedingungen; die sind irgendwo auf der grünen Wiese womöglich sogar besser. Unser Trumpf sind die Kultur, das breite Angebot von Unterhaltung, die Universitäten und ihre Studenten, die lockere, unprätentiöse Atmosphäre unserer Stadt. Wer heute eine Firma ansiedeln will, wird überall auf der Welt umgarnt. Letztendlich entscheiden häufig diese weichen Faktoren. Auch deren oberster Repräsentant bin nun mal ich.

Als Oberhaupt einer Stadt muss und will ich ein Volksvertreter im besten Sinne sein, ein Mensch zum Anfassen. Wenn es mir unangenehm wäre, dass mir ältere Damen gelegentlich ohne Vorwarnung um den Hals fallen, dann dürfte ich diesen Job nicht machen. Ich bin gern ein Regierender, vor dem die Bürger keine Angst haben. Ich mag es, gemocht zu werden. Es gibt Politiker, die haben Probleme mit spontaner Herzlichkeit. Eben die können mit meiner direkten und geraden Art des Umgangs nicht viel anfangen und halten es automatisch für unseriös, wenn man dem Volk zu nahekommt.

Besonders in Deutschland gibt es diese merkwürdige Unterscheidung zwischen dem Volkspolitiker und dem Fachpolitiker. Wer sich zu viel bei den Menschen herumtreibt, der setzt sich dem Vorwurf des Populismus aus. Wenn man unter diesem vielfach missbrauchten Kampfbegriff zuallererst einmal Bürgernähe versteht, die Bereitschaft, den Leuten zuzuhören und sie ernst zu nehmen, und scheinen ihre Sorgen noch so klein, dann ist Populismus kein Makel, sondern ganz im Gegenteil eine Fähigkeit, die vielen meiner Kollegen abhandengekommen ist. Politik gewinnt ihre Legitimation immer aus der Nähe zu den Menschen. Was übrigens nicht heißt, allen ständig nach dem Mund zu reden.

Die Bürger sind sehr viel vernünftiger und einsichtiger, als es vielen Vertretern meines Berufsstands vorkommen mag. Man muss sich nur die Mühe machen, hinzugehen, zu erklären und gegebenenfalls auch zu streiten. Gerade in meinen jungen Jahren als Stadtrat wurde mir oft vorgeworfen, ich setzte meinen Kopf durch wie ein Bulldozer. Bei aller Volksnähe bin ich auch überzeugt davon, dass wir Politiker den Mut und die Kraft brauchen, uns gegen Tagesstimmungen und Umfragen zu behaupten. Die Wähler jedenfalls verstehen es oftmals besser als wir denken.

Für Politiker, insbesondere für Bürgermeister, ist es eine tägliche Herausforderung, zwischen Distanz und Nähe zu entscheiden. Wobei es mich manchmal wundert, wie viele Leute, normale Menschen, aber auch Journalisten, das Gefühl haben, mich richtig gut zu kennen. Ich habe all die Jahre großen Wert darauf gelegt, mein Privatleben vor der Öffentlichkeit zu schützen. An der Haustür ist Schluss. Es gibt keine Homestories von mir. Mit privaten Auskünften bin ich stets sparsam gewesen. Ich habe nichts zu verbergen, aber ich will auch nicht jedem alles erzählen. Wenn man eine öffentliche Person ist, wie es ein Berliner Bürgermeister nun einmal zu sein hat, dann braucht man einen Schutzraum, in dem man sich ganz berlinerisch in einer bequemen Jeans und Latschen bewegen kann, ohne dass daraus sofort ein Skandal erwächst.

Ich glaube nicht an die Macht von Image-Designern, die das ganze Leben medienkompatibel zurechtschneidern. Das hat selbst bei Tony Blair nicht funktioniert. Ich will nicht nett sein, um irgendwas zu erreichen, sondern ich bin einfach nett. Das kann kein Image-Experte fundamental ändern. Ich weiß, dass viele Agenturen in Berlin ein Heidengeld damit verdienen, weil sie Politikern, Wirtschaftsbossen oder noch wichtigeren Menschen erzählen, was sie wie und wo zu sagen haben und welchen Gesichtsausdruck sie dabei aufsetzen sollen.

Das Gespielte wirkt allerdings meistens künstlich, einstudiert, unglaubwürdig und trägt eher zur Elitenverdrossenheit der Bürger bei. Warum jammern denn alle den so genannten Typen wie Strauss oder Wehner hinterher? Weil sie eben keine Image-Gurus beschäftigten, sondern so redeten, wie ihnen der Schnabel gewachsen war. Dabei fuhren sie durchaus auch mal aus der Haut. Die Bereitschaft dazu ist heutzutage nicht mehr sehr ausgeprägt. Die Angst vor öffentlicher Kritik ist in meinem Berufszweig unglaublich verbreitet.

Eine der goldenen Regeln der Politik lautet, dass man Journalisten nicht kritisieren sollte, weil die sich dann rächen, womöglich über Jahre. Ich tue es trotzdem. Denn manchmal ist es geradezu absurd, welches Verhältnis sich zwischen Volksvertretern und Berichterstattern eingeschlichen hat. Ein Beispiel: Als ich im März 2007 nach Los Angeles geflogen bin, begleiteten mich die Vertreter fast aller Berliner Zeitungen. Das Verhältnis war relativ entspannt; schon am zweiten Tag hatten sich die meisten Reporter zeitweise aus dem Besuchsprogramm ausgeklinkt, weil ihnen mein Terminplan offenbar zu ambitioniert war. Bei Gesprächen mit Lokalpolitikern, bei denen viele interessante Aspekte zu Stadtentwicklung und sozialen Problemen angesprochen wurden, war kein deutscher Medienvertreter zu sehen. Da hätte man durchaus eine interessante Geschichte schreiben können. Am Abend entdeckte man bei dem ein oder anderen Kämpfer im unermüdlichen Dienst für Wahrheit und Gerechtigkeit dann allerdings leichte bis mittelschwere Spuren eines Sonnenbrandes.

Zum Termin mit Prominenten wie Gouverneur Arnold Schwarzenegger und Thomas Gottschalk wollten natürlich wieder alle dabei sein. Es durfte aber nur ein Fotograf mit. Und schon stand das gute alte Bild wieder: Party-Wowi tummelt sich mit den Show-Größen und macht ein bisschen Urlaub in der Sonne. Dass eine lange Reihe von interessanten Gesprächen

Termine über Termine: Ein Regierender Bürgermeister muss sich auf Empfängen zeigen, hier bei der Goldenen Henne, u.a. mit dem Chefredakteur der Super illu, *Jochen Wolf (rechts).*

mit nicht so prominenten aber mindestens so einflussreichen Investoren geführt wurden, ging völlig unter. Manche der mitgereisten Journalisten bekamen sogar aus den Heimatredaktionen noch die Order, mich ordentlich in die Mangel zu nehmen. Was wird da nun abgebildet? Mein Tagesablauf? Oder der der Journalisten?

Thomas Gottschalk, der mich zu Schwarzenegger begleitet hatte, schrieb in einer Kolumne hinterher wahrheitsgemäß, dass ich mich bemüht hätte, die Vorzüge der Filmstadt Berlin zu preisen. Für so manche Hollywood-Produktion wird nämlich inzwischen in der deutschen Hauptstadt gedreht. Das Filmgeschäft ist ein gewaltiger Wirtschaftszweig: Es bringt uns Geld, Arbeit, Prominenz, Kultur und einen internationalen Glamour-

Faktor, der im Wettstreit der Metropolen nicht gering zu schätzen ist.

Es macht mich ratlos und kurzfristig auch wütend, dass kluge Menschen im vollsten Bewusstsein weite Teile der Realität ausblenden können, müssen oder wollen. Es ist schon dramatisch, wie weit die journalistische und die politische Welt auseinanderklaffen. Die Sachzwänge unserer Arbeitsfelder sind inzwischen derart unterschiedlich, dass trotz der ungeheuren Vielzahl von Beiträgen in Zeitung, Radio, Fernsehen und Internet eine wachsende Sprachlosigkeit herrscht.

Natürlich habe auch ich manchen Fehler gemacht. Auf einem der Fotos, das mich mein Leben lang verfolgen wird, halte ich einen roten Damenschuh in der Linken und eine Flasche Schaumwein in der Rechten. Es geschah morgens um drei bei der Bambi-Verleihung. Der Schuh gehörte Birgit Stojanov, einer Sängerin und Schauspielerin aus Hamburg. Wir alberten ein wenig herum. Plötzlich reichte sie mir ihren Schuh und scherzte: »Hier, tun Sie mal was für Ihr Image.«

Nie ist auch nur ein Tropfen Champagner in das gute (und teure italienische) Stück geflossen, aber in der medialen Darstellung haben wir Magnum-Flaschen daraus getrunken. In Wirklichkeit habe ich der Besitzerin ihr Eigentum umgehend zurückgegeben. Aber das Bild blieb bis heute. Mal abgesehen davon, dass Fotografen um diese Zeit normalerweise nicht mehr knipsen dürfen, wäre ich heute so schlau, den Schuh in einer ähnlichen Situation sofort fallen zu lassen.

Ähnlich war der Fall Desiree Nick gelagert. Wir kennen uns lange, mögen uns, hatten uns eine Ewigkeit nicht gesehen. Bei der Aids Gala in der Deutschen Oper trafen wir uns überraschend wieder. Weit hinten im Saal fühlten wir uns privat und küssten uns etwas überschwänglich. Wir haben nicht gemerkt,

To Mayor Klaus Wowereit,

    With appreciation and respect,

    Thank you for your visit!
    Best wishes

    [signature: Arnold Schwarzenegger]

Besuch bei Arnold Schwarzenegger, Gouverneur von Kalifornien, im Früh-
jahr 2007.

dass ein Fotograf über Stühle und Tische gehechtet kam und uns abschoss. Früher war es ein Skandal, wenn ich einen Mann küsste. Nun war es also skandalös, dass ich eine Frau küsste. Der Nick-Schuss bescherte mir eine Woche lang alle Schlagzeilen der Stadt, was umso bemerkenswerter war, weil es nichts mitzuteilen gab außer diesem einen Foto. Ich bleibe dabei: Ich fühlte mich privat. Und in meiner Privatsphäre kann ich tun und lassen, was ich will. Meine gute Laune werde ich mir jedenfalls nicht nehmen lassen.

Zumal es ja immer auch wieder in die andere Richtung geht. Am Anfang meiner Regierungszeit zum Beispiel, da war der mediale Zeitgeist ganz pro Wowi. Man verzieh mir sogar, dass ich golfte und mehr als einen ordentlichen Anzug besaß. In anderen Zeiten genügten solche Details, um einen Politiker nachhaltig zu beschädigen. Das haben Schröders Brioni-Erfahrungen gezeigt.

Seither habe ich eine Wellenbewegung in der veröffentlichten Wertschätzung erlebt, die mit den realen Geschehnissen nur bedingt zu tun hat. Auf die Sympathie-Phase folgen zwangsläufig die Monate, in denen alles in ein Negativ-Raster eingeordnet wird. »Absturz«, heißt die Vokabel, die dann überall zu lesen ist. Ebenso zuverlässig geht es dann wieder bergauf, abzulesen an Begriffen wie »Imagewandel« oder »neue Ernsthaftigkeit«.

Die Medien sind einerseits unendlich gefräßig, sie wollen immer mehr. Andererseits bleibt das Repertoire der Fragen ausgesprochen übersichtlich. Oft wurde mir vorgeworfen, ich sei zu vorsichtig mit meinen Äußerungen. »Karriere ohne Risiko«, schrieb etwa die *Süddeutsche Zeitung*. Dann heißt es wieder, ich hängte mich lautstark zum Fenster hinaus. Meine Güte. Ein Politiker, der volles Risiko geht, wird von den Journalisten doch als Erster auseinandergenommen.

Ich habe nichts gegen Kritik, auch wenn ich sie nicht übermäßig mag. Aber ich habe etwas dagegen, wenn unsere Argumente nicht gehört werden. Der Mainstream, dem viele Journalisten folgen, ist so mächtig, die Stereotypen so stabil, dass ich eine echte Gefahr für die Demokratie heraufziehen sehe. Natürlich kann man jede meiner politischen Entscheidungen in den nächsten zehn Jahren mit dem Nick-Foto illustrieren. Es hilft nur niemandem. Zumal die kollektive Eindimensionalität andererseits dazu führt, dass eine ganze Reihe von Missständen einfach übersehen werden, von denen wir intern im Vorfeld annehmen, dass sie einen gewaltigen öffentlichen Aufruhr erzeugen könnten. Selbstverständlich werde ich an dieser Stelle kein Beispiel nennen.

Die wahren Hintergründe und Motive der Politik kommen jedenfalls häufig zu kurz. Kaum jemand will offenbar noch wissen, wie eine Mehrheit in einem politischen Gremium zustande gekommen ist, welche Deals hinter den Kulissen liefen. Das wirklich Spannende an unserem Geschäft wird völlig ausgeblendet, wohl auch deswegen, weil die Politik in vielen Fällen hochkomplex verläuft: Ob juristisch, ökonomisch oder sozial – wir führen manche interne Gespräche und Verhandlungen auf einem Niveau, das uns die Öffentlichkeit kaum zutraut.

Aber wenn es um große Investitionen und ihre juristischen Feinheiten geht, dann ist Expertentum gefragt. Die Entscheidung für den Großflughafen Schönefeld war so ein Beispiel. Auf uns lastet die Verantwortung, Chancen und Risiken abzuwägen und Entscheidungen zu treffen, die Jahrzehnte halten müssen. Ein kompetenter, gern auch kritischer Zeitungskommentar ist da durchaus hilfreich, denn er führt dazu, die eigenen Argumente zu prüfen und gegebenenfalls zu justieren. Leider lese ich solche Stücke viel zu selten.

Ein Foto, und was daraus von der Presse gemacht wurde... (rechts Wolfgang Clement).

Die Reaktion auf eine komplexer werdende Welt besteht offenbar in einer zunehmend vereinfachten Darstellung derselben. Die mediale Verwertungslogik fordert übersichtliche Schwarz-Weiß-Konstellationen, in denen Gut und Böse sauber getrennt sind. Meine bescheidene Lebenserfahrung sagt mir allerdings, dass die meisten Situationen, gleichgültig, ob privat oder beruflich, ein wenig komplizierter sind, bisweilen sogar widersprüchlich.

Ich wundere mich immer, dass vorn in der Zeitung zu noch größeren entschiedeneren Sparanstrengungen und Reformen aufgerufen wird, während weiter hinten im Lokalteil der Niedergang von Kultur, Bildung und Schulsport auf Grund allzu heftiger Sparbemühungen beklagt wird. In der Zeitung kann man diese beiden diametral verschiedenen Haltungen ja nebeneinander stehen lassen. In der Politik aber muss ich diese Widersprüche täglich zusammenbekommen.

Das fortwährende Gemecker über unsere Arbeit gehört dazu, ich weiß. Und dennoch fühle ich mich, wie viele andere Politiker auch, oftmals nicht ganz fair behandelt. Da gibt es zum Beispiel das Bild mit dem Sombrero, das immer hervorgezogen wird, wenn ich mich zu meinen angeblichen Vergnügungsreisen aufmache. Nur: Das Bild stammt gar nicht aus Mexiko, sondern mitten aus Berlin.

Wie bei der Grünen Woche auch ist es guter Brauch, dass der Regierende der Internationalen Tourismusbörse, die alljährlich auf dem Berliner Messegelände stattfindet, seinen Besuch abstattet. Dabei wird man natürlich mit allerlei bunten Figuren und Accessoires ausstaffiert, am Stand von Mexiko originellerweise mit einem Sombrero. Dieses Foto dient nun seit Jahren dazu, den arbeitsscheuen Bürgermeister in den Ferien darzustellen. Das ist einfach nicht sauber.

Wenn Politik nur so einfach wäre wie Kampagnen-Journalismus. Guckt man tendenziell miesepetrig wie sein Vorgänger, ist man langweilig und kein guter Verkäufer der Stadt, hat man Freude an dem, was man tut, und zeigt das auch noch, gilt man als Leichtfuß. Harald Schmidt und Günther Jauch sind eigentlich die einzigen öffentlichen Personen, die einigermaßen respektiert werden. Schmidt deswegen, weil Journalisten Angst davor haben, Opfer seiner Kampagnen zu werden. Und Jauch, weil er sich mit immensem anwaltlichen Aufwand schützt.

Die Kritik an Sabine Christiansen ist für mich dagegen ein klassisches Beispiel für Hinrichtungs-Journalismus. Diese Frau hat das Format der politischen Talkshow mit Millionen-Quote im öffentlich-rechtlichen Fernsehen etabliert, sie hat fast alle großen Politiker dieser Welt interviewt, sie ist eine erfolgreiche Medienfrau mit einer eigenen Firma, die sehr professionell arbeitet. Immer wieder wurde sie totgesagt, immer wieder hat sie Einschaltquoten von über fünf Millionen geholt. Und immer wieder wird ihr vorgeworfen, sie habe mal als Stewardess gearbeitet. Na und? Ist es nicht eine großartige Story, wenn es jemand aus einem normalen Job bis ganz nach oben schafft? Es wundert mich nicht, dass Sabine Christiansen sehr vorsichtig geworden ist, vielen Menschen misstraut und sich ins anonymere Paris zurückzieht. Schade für Berlin. Aber sie fühlt sich vielfach unfair behandelt – und das zu Recht. Ich wünsche ihr alles Gute mit ihrer neuen Liebe.

Es gab Phasen, da hatte auch ich das Gefühl, dass ich systematisch fertiggemacht werden sollte – jedenfalls habe ich es so empfunden. Da war zum Beispiel diese Air-France-Geschichte. Ich war pünktlich morgens am Flughafen in Paris, doch wegen eines Versehens flog die Maschine komplett leer nach Berlin. Wie viele andere Fluggäste auch musste ich auf den nächsten Flug warten. Bei mir hieß es dann, ich hätte durchgesumpft und deswegen das Flugzeug verpasst. Derlei Geschichten sind schon deswegen ehrenrührig, weil ich bekannt dafür bin, auch nach langen Nächten morgens früh relativ klar wieder bereitzustehen. Solche Geschichten sind dumm, sie sind falsch, und dennoch hat man kaum eine Chance, sich zu wehren. Soll man Anwälte loshetzen? Sich erklären? Damit Stoff für weitere Geschichten liefern? Ich würde gern über die Fähigkeit verfügen, mich darüber nicht mehr aufzuregen.

Anfangs litt ich an der irrigen Annahme, man könne die Auswüchse medialer Neugierde kontrollieren. Irrtum. Man muss vielmehr aufpassen, dass man selbst nicht so dermaßen kontrolliert wird, dass man sein Verhalten unbewusst anpasst.

Schade, dass Sabine Christiansen bald seltener in Berlin sein wird.

Wenn man mit so einer Grundfröhlichkeit wie ich in dieses öffentliche Leben hineingestolpert ist und nach den ersten positiven Erfahrungen dachte, dass jeden Tag nur die Eitelkeit gepudert wird, dann kann der Absturz ziemlich heftig sein.

Ich bereue zwar nichts, aber ich fühle mich eingeengt. Gibt es nicht von fast jedem Bürger irgendein Foto von einer vergnüglichen Veranstaltung, das mit einer diskreditierenden Bildunterschrift einen Hauch von Skandal erzeugen könnte? Und fände es nicht jeder Mensch furchtbar lästig, wenn dieses Bild bei jeder Gelegenheit für den Rest seines Lebens herausgezogen würde? Im Prinzip renne ich mit den Augen eines *Bild*-Reporters durchs Leben. Oft ertappe ich mich bei dem Gedanken:

Welche Schlagzeile könnte man daraus machen? Unterbewusst überlege ich häufig, bei welcher Gelegenheit man welches Bild von mir aufnehmen könnte, um es mit welcher Unterzeile gegen mich zu verwenden. Gerhard Schröder hat immer darauf geachtet, dass er nicht gefilmt wurde, wenn er Treppen hinabging. Der Text dazu wäre klar gewesen: Abstieg.

Diese vorauseilende Selbstkontrolle kann nur nachvollziehen, wer selbst einmal Gegenstand des öffentlichen Interesses war. Besonders dramatisch fiel mir dieser Reflex am 17. Juni 2002 auf. Damals wurde ein guter Freund von mir begraben. Und ich habe doch tatsächlich für eine Sekunde überlegt, ob ich nicht doch lieber der Gedenkfeier anlässlich des Aufstandes von 1953 beiwohnen soll, um der Frage zu entgehen: Auf welcher Party steckte Wowi denn nun schon wieder? In diesem Moment bin ich über mich selbst erschrocken. Es ist doch völlig selbstverständlich, dass man einem nahen Menschen das letzte Geleit erweist. Wie konnte ich darüber auch nur nachdenken?

Irgendwann kommt der Punkt, an dem man sich fragt: Tickst du selbst nicht mehr richtig, oder sind die anderen nicht ganz klar im Kopf? Von allen Belastungen meines Berufs ist das öffentliche Interesse sicher die härteste, nicht nur für mich. Ich habe Jörn sehr früh gewarnt: »Pass auf, worauf du dich einlässt. Es wird nichts mehr sein wie vorher.« Jörn hat gelacht und mich für verrückt erklärt. Inzwischen lacht er nicht mehr. Er ist genauso wachsam wie ich. Bei den öffentlichen Auftritten, bei denen er mich begleitet, ist er auffallend schweigsam, ganz gegen seine Natur. Aber wer einmal erlebt hat, dass ein vermeintlich privates Gespräch sehr zugespitzt am nächsten Tag als Interview in der Zeitung wiedergegeben ist, der verstummt automatisch. Ich finde, wie allen anderen Menschen auch steht mir ein Grundrecht auf heimtückefreie Privatsphäre zu.

Inzwischen habe ich, so hoffe ich wenigstens, so ziemlich alle Erfahrungen mit den Medien einmal durchlitten. Kann gut sein, dass meine schlechte Laune infolge einer unfairen Berichterstattung öfter mal den Falschen traf. Ich habe sicher auch Fehler gemacht, diese aber in den seltensten Fällen aus böser Absicht.

Mit der Zeit habe ich eine gewisse Gelassenheit entwickelt, auch dann, wenn Freunde und Bekannte schon wieder alle auf dem Baum sitzen vor Aufregung und sagen, das könne ich mir diesmal aber wirklich nicht bieten lassen. Die Übervorsicht ist wohl eine Berufskrankheit, die man auch in Zukunft nicht los wird, erst recht nicht, seit es diese Scheckkarten-Kameras gibt. Jetzt sind nicht mehr nur Fotografen, sondern potentiell alle Menschen mit geladener Kamerawaffe unterwegs. Das empfinde ich als einen massiven Verlust an Lebensqualität.

Es hat nicht mal Sinn, ein sachliches Gespräch über mögliche Fehlleistungen zu führen. Journalisten hauen mir dann auf die Schulter und sagen: »Ist doch nicht so schlimm.« Doch. Es ist sehr wohl schlimm, wenn Unsinn oder Kompromittierendes berichtet wird. Ich will ja keine großartige Unterwerfungsgeste, sondern nur ein einziges Mal das Eingeständnis, dass eine Geschichte eher im suboptimalen Bereich spielte. Aber entschuldigt hat sich noch nie einer bei mir, auch wenn viele kleinere Redakteure schon zu Beginn eines Gesprächs etwas kleinlaut erklären, dass sie nur das fragen, was ihr Chef ihnen aufgetragen hat.

Am schlimmsten sind übrigens nicht die Medienvertreter des Boulevards, sondern die, die sich intellektuell überlegen fühlen. Da wird sich dann wortmächtig über meine vermeintlichen Eskapaden aufgeregt, um genau diese im Detail und möglichst süffig zu schildern. Ein feuilletonistischer Aufsatz in der *Zeit* regt sich 200 Zeilen lang über meine Entpolitisierung auf, käut aber jedes Klischee noch mal wieder, ohne auch nur einen Halbsatz politischen Gehalts zu liefern.

Jede Gesellschaft hat nicht nur die Politiker, sondern auch die Medienbeobachter, die sie verdient. Wenn zum Beispiel *Spiegel TV* einen Beitrag betitelt mit »Rosa Reisefreuden – mit Politkasper Wowi unterwegs«, dann sind nicht nur Grenzen überschritten, sondern Dämme gebrochen. Den Bundespresseball im November 2004, wiewohl Pflichttermin für den Regierenden, habe ich kurzfristig abgesagt. Ich hatte beim besten Willen kein Bedürfnis, ausgerechnet von jenen Chefredakteuren begrüßt zu werden, die ihren Leuten noch wenige Tage zuvor die Anweisung gegeben hatten, mich zu hetzen.

Ich bin bestimmt kein Jammer-Typ. Ich fordere nur für unseren Berufsstand den gleichen Respekt wie für jeden anderen Job auch. Aber wenn wir den Anspruch hätten, jeden Tag nur von Pulitzerpreisträgern interviewt zu werden, wäre das Unverständnis riesig. Wir arbeiten unter der ständigen Wacht der Medien, müssen alle unsere Konflikte öffentlich austragen, verdienen zehn bis zwanzig Prozent dessen, was Chefredakteure kassieren, und können nicht mal etwas anordnen: Für jede Entscheidung brauchen wir Mehrheiten.

Politik hat mir dennoch immer Spaß gemacht und Befriedigung verschafft. Nirgendwo kann man so unmittelbar gestalten wie in der Kommunalpolitik. Die Folgen politischen Handelns sind unmittelbar zu erfahren und die Reaktionen der Bürger auch. Sobald ein Kommunalpolitiker vor die Tür tritt, muss er seine Entscheidung erklären, verteidigen, vorantreiben.

Eine Partei funktioniert nach eigenen Regeln. Die SPD ist weder Firma noch Familie, eher so etwas wie ein Verein zur Legitimation von Ideen. Dessen durch und durch demokratische

Funktionsweise ist den Bürgern viel zu wenig bekannt. Wenn ich mit Leuten auf der Straße rede, dann begegnet mir sehr oft die Meinung: »Ihr da oben könnt doch machen, was ihr wollt.«

Schön, dass uns Spitzenpolitikern so viel Macht zugemessen wird. Es ist aber eine falsche Wahrnehmung. Ob Bürgermeister oder Kanzlerin, Ministerpräsident oder Abgeordneter – wir alle müssen uns auf Versammlungen rechtfertigen und erklären und auf Parteitagen immer wieder aufs Neue zur Wahl stellen. Einfache Mitglieder können uns dort ohne jede Rücksicht kritisieren, beschimpfen und verhöhnen.

Machen wir uns nichts vor. Politiker gelten in Deutschland nicht unbedingt als Respektspersonen. Zwar wird uns überall eine Vorzugsbehandlung zuteil, bisweilen dürfen wir uns sogar ein bisschen wie Popstars fühlen. Aber in Wirklichkeit rangiert unser Berufsstand in der öffentlichen Wertschätzung ziemlich weit unten. Wir Politiker werden – nach all den (Spenden-) Affären – oft als korrupt wahrgenommen. Der Wechsel von Politikern in die Wirtschaft, der in anderen Ländern normal sein mag, gilt bei uns als anrüchig. Üppige Übergangsgelder und addierte Pensionen erzeugen in Zeiten einer hart geführten Rentendebatte den Verdacht von Maßlosigkeit. Selbst wenn man all diese Dinge einleuchtend erklären könnte, so bleibt bei vielen Bürgern das Gefühl, Politiker dienten zuallererst sich selbst.

Das stimmt sogar und ist auch nicht weiter problematisch. Jeder Angestellte oder Selbstständige achtet darauf, dass sein Wohlergehen gesichert ist. Das ist ein menschlich nachvollziehbarer Zug. Wir Politiker haben jedoch eine besondere Verantwortung. Denn letztendlich besteht unser Job in erster Linie darin, das Steuergeld der Bürger treuhänderisch zu verwalten. Jeder Euro, der unsinnig ausgegeben wird, wurde von einem Bürger mehr oder weniger sauer verdient.

Warum, frage ich mich, wollen die Bürger nicht Einfluss nehmen, wie ihr Geld angelegt wird? Wer sich in der Kommunalpolitik engagiert, kann schon sehr bald mitentscheiden, wie sein Steuergeld investiert wird. Ich betrachte es nicht nur als Recht, sondern sogar als Pflicht jedes Bürgers, sich darum intensiver zu kümmern als nur mit seiner Stimmabgabe alle paar Jahre. Viele machen es sich zu einfach, wenn sie an der Politik hingebungsvoll herummäkeln. Jeder dieser Mäkler hat die Chance, selbst mitzugestalten.

Manchmal habe ich das Gefühl, dass die Bereitschaft zum Mitmachen gefährlich unterentwickelt ist. In der Theorie entwickeln wir tolle Modelle, Bürger an den politischen Entscheidungsprozessen zu beteiligen. Viele engagieren sich aber erst, wenn es um ihre Belange geht, um die Müllverbrennung, Fluglärm, ein Containerdorf für Flüchtlinge vor der Tür. Das ist völlig okay. Sobald aber abstraktere oder langfristigere Themen anstehen, ist kaum noch einer dabei. Das ist nicht in Ordnung.

Unlängst erzählte mir ein Professor von den Ergebnissen einer Umfrage unter Studenten. Das Ergebnis war niederschmetternd. Jahrelang hatten die Studenten darum gekämpft, die Qualität von Vorlesungen, aber auch von Unterrichtsräumen oder Lehrmaterial bewerten zu dürfen. Von 160 Studenten haben trotz mehrfacher Aufforderung nur zwei ihre Bewertungsbögen abgegeben. Ganz offenbar war das Interesse nahezu gleich Null, per Beurteilung eine verbesserte Ausbildungsqualität zu erreichen.

Abschreckend wirkt auch das verzerrte Bild von Politikern in der Öffentlichkeit. Da in unserer Mediendemokratie sehr viel Aufmerksamkeit auf negative Aspekte gelegt wird, erscheint der Politiker wahlweise als faul oder raffgierig, machthungrig, verantwortungslos oder alles zusammen.

Die Realität sieht ein wenig anders aus. Wer sich für eine Laufbahn in der Politik entscheidet, beschreitet einen unsicheren Weg. Lukrative Jobs in der Landespolitik sind rar, ein Abgeordnetenmandat ist auch nicht übermäßig gut bezahlt. Ein junger Mensch, der sich für die Politik entscheidet, weiß nie, wo er später landet.

Es gibt Politiker, die sind mit großen Hoffnungen gestartet, verharren aber seit Jahrzehnten in der Opposition, vielleicht auch innerparteilich, und haben sich still in eine innere Emigration zurückgezogen. Eine Laufbahn in der Verwaltung oder in der freien Wirtschaft hätte ihnen womöglich deutlich mehr Einkommen und Ansehen eingebracht. Es gehört eben auch eine Menge Glück und Zufall dazu, in der Politik nach oben zu kommen. Nicht jeder, der das Zeug dazu hat, ein guter und mächtiger Volksvertreter zu sein, wird es auch.

Warum also sollte ein erfolgreicher junger Mensch heute einer Partei beitreten? Er wird sich bei seinen Freunden und Kollegen dafür rechtfertigen müssen. Womöglich wird er ausgelacht. Lohnt es sich für ihn dennoch, über Jahre dabeizubleiben, auch wenn die Gremien vielfach von alten Kräften dominiert sind, die nicht unbedingt auf Konkurrenz gewartet haben? Die so genannte Ochsentour ist bis heute das Kennzeichen unseres Parteiensystems. Sie wirkt abschreckend. Und macht eine Personalplanung fast unmöglich. Das amerikanische Modell, Leute je nach Thema von außen zu holen, halte ich ebenfalls für wenig überzeugend. Da werden vor allem Glücksritter angelockt.

Zu meinen Juso-Zeiten hatten wir einfach Glück. Wir profitierten von einer Phase des Umbruchs, in der das Alte sich überlebt hatte und die Zeit reif war für etwas Neues. Normalerweise wären wir noch gar nicht an der Reihe gewesen. Aber wir Jungen waren im Bund mit der Aufbruchstimmung jener Tage. Natürlich hatten wir jede Menge Gegner. Wenn ein paar Jung-spunde um die Ecke kommen und einen Aufstieg machen, auf den andere schon ewig warten, dann erzeugt das verständli-cherweise Neid und Ablehnung.

Damals waren die Fronten klarer. Die Alten, also die Kriegs-generation, hatten ein sehr klares Wertegerüst. Probleme und ihre Lösungen waren bestimmten alterspezifischen Haltungen eindeutig zuzuordnen. Kategorien wie links und rechts, modern und unmodern, Arbeitnehmer und Arbeitgeber folgten klaren Rastern. Heute gehen diese Wertemuster wild durcheinander. Eine schmerzhafte Lohnsenkung wie bei unserem Solidarpakt kann durchaus links und zeitgemäß sein, wenn dadurch in einer Krise viele Existenzen solidarisch gerettet werden. Eine offene Wirtschafts- und Forschungspolitik darf zugleich nicht länger das vermeintliche Markenzeichen der Konservativen bleiben.

Auch den Wert der Liberalität gilt es für die Sozialdemokra-tie zurückzugewinnen. Wenn ich mich etwa weigere, den Reli-gionsunterricht zu einem Pflichtfach zu machen, dann sehe ich mich damit in guter SPD-Tradition. Ich bin katholisch, ich habe den Kommunionunterricht besucht, und ich glaube an Gott. Aber ich bin fest davon überzeugt, dass Religion auch eine Privatsache ist, deren Vermittlung nicht nur in den Elternhäu-sern, sondern auch in den Schulen stattfinden muss. Umso wichtiger finde ich es, den Kindern demokratische Haltungen zu vermitteln, wie etwa den toleranten Umgang mit anderen Glaubensrichtungen. Hier muss die Schule einsetzen. Und des-wegen befürworte ich den Ethik-Unterricht.

Es ist schwer, jedes einzelne Konfliktthema in ewig und überall gültige Parteiprogramme zu gießen. Je nach Bundesland und Region mag es in Fragen der Bildung, Wirtschaft oder des Arbeitsmarkts gute Gründe für unterschiedliche Strategien geben. In Problemgegenden muss man zuweilen ganz andere Maßnahmen ergreifen als in Boom-Regionen. Gute Politik ist flexible Politik; das haben wir in Berlin in den letzten sechs Jahren eindrucksvoll bewiesen.

Damit ändern sich auch die Aufgaben einer Partei. Das einende Skandieren von Parolen gehört der Vergangenheit an. Das Dogma hat ausgedient. Die Probleme sind komplexer, die Lösungen auch. Viele Genossen sind noch in einem überholten romantischen Denken verhaftet. Sie glauben, dass man nur ein paar Regelungen zu treffen braucht, und dann ist alles so wie früher. Gerade die Berliner SPD koppelt sich immer wieder gern von der Realität ab. Bei uns dominiert der Jugend- und Sozialpolitiker. Ökonomie gilt oftmals als Teufelszeug. Es gibt ein Grundbedürfnis, gegen Regierung und Fraktion zu stimmen. In einer halben Stunde hat ein Berliner Parteitag fünf Milliarden Euro Mehrausgaben beschlossen. Woher das Geld allerdings kommen soll, wird leider nicht verraten.

Ich fürchte indessen, wir müssen von der Hoffnung Abschied nehmen, dass sich eines Tages ein Idealzustand ergibt, an dem alles so bleibt, wie wir es gewohnt sind. Das Gegenteil ist der Fall: Wir müssen in den Kategorien eines Prozesses denken. Nichts ist für die Ewigkeit. Wir leben in einer Welt der permanenten Überprüfung. Die Wirtschaftsförderung, die gestern richtig war, kann heute kontraproduktiv wirken. Rasche Entscheidungen sind gefragt, die womöglich konträr zu dem stehen, was wir wenige Jahre vorher noch für richtig hielten.

Dazu gehört auch der Mut, Fehler einzugestehen. »Nachbessern« ist für mich kein Schimpfwort, sondern ein Ausweis von Kompetenz und Ernsthaftigkeit. An den Dauerbaustellen Gesundheit und Arbeitsmarkt kann man sehen, dass unsere Systeme derart komplex geworden sind, dass wir bisweilen gar nicht genau wissen, welche neue Regelung welche konkreten Folgen mit sich bringt.

Bei den Hartz-Gesetzen haben wir dieses Phänomen beobachten können. Kein Experte konnte auch nur annähernd abschätzen, wie sich die Menschen verhalten würden, wo welche Kosten oder Entlastungen entstünden. Eine positive Überraschung bescherte dagegen die Riester-Rente: Niemand hatte vorher genau wissen können, wie viele Menschen bei der privaten Vorsorge mitmachen würden, die Proteste waren gewaltig. Inzwischen ist das »Riestern« zum Volkssport geworden und die Reform zur großen Erfolgsstory.

Politik braucht den Mut zu sagen: Wir haben zwar eine Menge Prognosen, aber ganz genau wissen wir nicht, was passiert. Aber wir sind jederzeit bereit, eine bessere Regelung zu verabschieden. Vor zehn Jahren war mal der Begriff der »Chaos-Piloten« in Mode. Damit waren Menschen gemeint, die in unübersichtlichen Lagen die richtigen Entscheidungen trafen.

Den Parteien der Zukunft kommt die Aufgabe zu, die Grundlagen dieser Entscheidungen durch Mehrheiten zu legitimieren. Mit unserem System von monatlichen Ortsvereins-Sitzungen, auf denen brav die Tagesordnung abgearbeitet wird, kommen wir nicht weiter.

Meine Sorge ist, dass die Parteien ihren verfassungsgemäßen Auftrag in diesem Zustand nicht mehr allzu lange wahrnehmen können. Nahezu alle Parteien haben in den letzten Jahren teils empfindliche Mitgliederrückgänge erlitten. Und die verbliebenen Parteisoldaten sind oftmals auch schon ziemlich betagt. Ich habe gar nichts gegen Senioren in der Partei; ich beobachte nur, dass manche Bevölkerungsgruppen deutlich unterrepräsentiert sind. Wir haben zu wenig Studenten, zu wenig Frauen, zu wenig Arbeitslose, zu wenig Migranten, zu wenig Selbstständige,

Das Titelblatt von Time, *am 16. Mai 2005.*

zu wenig Kleinverdiener, zu wenige Vertreter von Familien. Parteien bilden nicht mehr überall die Gesellschaft ab, sie haben sich vom Volk entkoppelt.

Hier aber schlummert ein Problem, das nach und nach ungeahnte Sprengkraft entfalten kann. Eine Volkspartei muss im Volk verankert sein. Sie muss allen Altersklassen und möglichst vielen sozialen Schichten eine Stimme und Bühne bieten, auf der sie Sorgen und Probleme loswerden können. Wir sind eine Mitmach-Demokratie, die auf bürgerliches Engagement angewiesen ist. Parteien ohne Mitglieder bedeuten Politik ohne Volk. Das Ergebnis ist eine zunehmende Entfremdung zwischen dem Volk und seinen Vertretern.

Dennoch kann Politik auch in hoch dynamischen Zeiten Erfolge bringen. Das haben die letzten Jahre bewiesen. In unserem Wahlkampf 2001 haben wir zehn Wahlversprechen aufgelistet, unter anderem einen ausgeglichenen Haushalt, den Bau des Großflughafens Schönefeld, die Neuansiedlung von Unternehmen, die Verbesserung des Angebots für Kinder und Jugendliche, den Erhalt einer lebenswerten Stadt und ihrer kulturellen Vielfalt, die Vollendung der Einheit.

Nicht überall waren wir gleich erfolgreich, aber oft sind wir auf einem guten Weg. Das Berlin des Jahres 2007 ist lebenswerter, dynamischer, moderner und vor allem wirtschaftlich gesünder als 2001.

Unsere Landesbetriebe, die 2002 noch weit über eine Milliarde Euro Verlust produzierten, machten 2006 über eine Milliarde Gewinn. Eine Studie von Weltwirtschaftsinstitut und Hypovereinsbank ergab im Frühjahr 2007, dass wir uns den zukunftsfittesten Standorten Bayern und Baden-Württemberg mit hohem Tempo nähern. Ob Pisa-Zahlen, Aufwendungen für Forschung und Entwicklung oder Innovationsfähigkeit, überall liegen wir mindestens im oberen Mittelfeld, oft sogar mit an der Spitze. Als eine der ersten Großstädte haben wir eine Hotline eingerichtet, die rund um die Uhr Hinweise auf Verwahrlosungsfälle entgegennimmt, die es auch bei uns immer wieder gibt.

Berlin, das ist Zukunft. Das erfuhr ich auch auf einer Reise mit jungen Berliner Kreativ-Unternehmern nach New York. Selten habe ich so viel Neugier und Wohlwollen erlebt wie in Manhattan. »Berlin ist arm, aber sexy«, habe ich auf einer Wirtschaftstagung mal gesagt. Das war wieder einer dieser Sätze, die nicht als Marketing-Kampagne geplant waren, sich aber dennoch, oder deswegen, zu einer entwickelten. In diesen fünf Worten, so empfand es jedenfalls *The Globe and Mail* aus Toronto, sei ausgedrückt, was »die Essenz der deutschen Hauptstadt ausmacht, zweifelsohne Europas aufregendstes und kreativstes Zentrum«. Komischerweise haben internationale Reporter kein Problem damit, zu kapieren, was ich damit meinte. Niemals würde es mir in den Sinn kommen, Armut zu verhöhnen. Dafür waren die Verhältnisse, aus denen ich stamme, zu bescheiden. Die Botschaft lautet vielmehr: Reichtum ist schön, aber keine Bedingung, um sich wohlzufühlen.

Es glitzert nicht viel Reichtum in Berlin, aber es ist auch nicht kalt hier. Genau dieses Gefühl habe ich mit meinem vielfach kritisierten »arm aber sexy« wiedergeben wollen. Armut ist beileibe kein Zuckerschlecken, aber eben auch keine Schande. Zumal wir in Berlin bewiesen haben, dass man der Armut mit Fleiß und Beharrlichkeit entkommen kann. Der beste Beweis: Unsere rigide Sparpolitik hat gefruchtet. Die Steuereinnahmen sprudeln, nach langen dürren Jahren. Und die Bankgesellschaft, deren Krise die lähmende Große Koalition 2001 beendete, haben wir inzwischen mit einem Erlös von über Milliarden Euro verkauft.

In kleinen Schritten werden wir den Schuldenberg abbauen können, aus eigener Kraft. Jedes Jahr gewinnen wir ein Stück

Handlungsfreiheit zurück. Die Subventionsmentalität, die diese Stadt über Jahrzehnte geprägt hat, ist im Verschwinden begriffen, ohne dass die große Plattmache über Berlin gekommen wäre. Wir haben immerhin drei Opernhäuser erhalten. Wir besitzen unsere 270000 Wohnungen noch, die jedes Jahr mehr wert werden. Klammert man die Schuldzinsen aus, haben wir 2006 einen ausgeglichenen Haushalt vorgelegt. In Bayern stiegen die Ausgaben pro Einwohner in den letzten Jahren um 5,6 Prozent, bei uns sanken sie um 11,7 Prozent.

Die erste Hälfte des Jahres 2007 hat mir regelrecht Angst gemacht, so ruhig, so entspannt, so positiv war die Stimmung. Eine gute Nachricht jagte die nächste. Der kleine Eisbär Knut wärmte die Herzen. Mancher Lokaljournalist kam nicht umhin, die Atmosphäre in der Stadt zu loben und bisweilen sogar die Erfolge unserer Politik. Und das in einer Stadt, die seit Jahrzehnten mit Skandalen, Beschimpfungen und Weltuntergangsstimmung zu leben hatte. Ewig wird diese Kuschelphase nicht anhalten, das lehrt die Erfahrung. Eines Tages, ganz unvermutet, setzt es wieder Ohrfeigen, oft losgelöst von der Realität. Das war immer so, darauf ist Verlass. Daher unsere Gelassenheit.

Bei allen Problemen geht es uns gut. Das erfahre ich immer wieder, wenn sich die Bürgermeister von London, Paris, Moskau und Berlin zu ihrem regelmäßigen Austausch treffen. Wenn ich mir die Probleme anschaue, die die Kollegen dort zu bewältigen haben, dann bin ich zufrieden mit der Berliner Lage. Wer echte Armut sehen will, sollte sich Moskau anschauen. Wer monströse Mieten zahlen mag, gehe nach London. Und wer Stunden im Verkehr stecken will, besuche Paris. Dort lässt sich auch ablesen, wie Integrationsprobleme aussehen, die die unseren bei weitem übertreffen. Wir arbeiten derzeit daran, die

Sprachkenntnisse für Einwanderer zu verbessern. Denn Integration fängt mit Bildung an, die die Chancen auf einen Job verbessert. Wer Arbeit hat, integriert sich und seine Familie meist geräuschlos.

Es genügt mir aber nicht, für die Attraktivität Berlins nur aus dem Rathaus heraus zu werben. In Zeiten, da das Flugzeug die Menschen so schnell und so günstig wie nie zuvor um den Erdball fliegt, steht eine Metropole im Wettbewerb mit anderen Großstädten. Deswegen ist es meine Aufgabe, die Stadt nicht nur nach innen, sondern auch nach außen zu repräsentieren. Es gibt einen globalen Wettbewerb der Großstädte um jährlich anschwellende Touristenströme. Ein gutbetuchtes Pärchen aus einer chinesischen Boomtown überlegt sich, ob es den Urlaub seines Lebens in Rom, Paris, New York oder eben in Berlin verbringt. Ich halte es für sinnvoll, den Besuchern von morgen überall auf der Welt die Vorzüge unserer Stadt nahezubringen.

Berlins Zukunft liegt nicht in einer Rückkehr von qualmender Schwerindustrie, sondern im Tourismus. Besucher sind unser Arbeitgeber, Menschen, die hier übernachten, essen, einkaufen, Taxi fahren, Kultur genießen oder produzieren wollen. Ich sehe es als meine Aufgabe, immer und überall für den Standort Berlin zu werben. Wenn ich helfen kann, eine Hollywood-Produktion oder großartige Sendungen wie *Wetten, dass...?* in die Hauptstadt zu holen, dann werde ich alles dafür tun.

Zur herausragenden Lebensqualität dieser Stadt gehört natürlich auch eine erstklassige Party-Szene. In meinem Alter geht man ja nicht mehr so oft aus. Aber die jungen Leute sollen sich amüsieren so viel sie wollen. Für die Fanmeile zur WM 2006 sind wir aus der ganzen Welt gelobt worden. Solch eine fröh-

Als Gastmoderator von »Wetten, dass…?« mit Thomas Gottschalk im Oktober 2004.

lich-friedliche Fußballparty über vier Wochen bekommen nicht viele Städte auf dieser Erde hin. Ich würde mich von Herzen freuen, wenn wir eines Tages auch die Olympische Familie von unseren Qualitäten als Gastgeber überzeugen könnten.

Wissenschaftler, Forscher und andere High Potentials schätzen es übrigens auch, wenn die Stadt, in der sie vielleicht nur ein paar Jahre leben, eine positive Grundstimmung bietet. Kreative Spannung, die Abwesenheit von Langeweile – das ist eines unserer wichtigsten Argumente im Wettbewerb mit anderen aufstrebenden Regionen. Hightech, Kreativität und moderne Dienstleistung gedeihen besser, wenn die Atmosphäre stimmt.

Ich glaube an die Kraft der guten Laune. Ich wünsche mir optimistische Menschen in meiner Nähe. Wer fröhlich an die Zukunft glaubt, führt automatisch ein zufriedeneres, erfolgreicheres Leben. Professor Joachim Schwalbach von der Humboldt-Universität sagt: »Zufriedenheit ist ein ganz wichtiger Wirtschaftsfaktor. Eine gute Grundstimmung könnte ein Prozent Wachstum für die Wirtschaft bringen.«

Mit Visionen tue ich mich allerdings schwer. Ich bin kein Jongleur, der bunte Seifenblasen durch die Luft wirbelt. Die Realität bietet bunte Vielfalt genug. In Berlin leben nicht nur Deutsche, sondern insgesamt 500 000 Menschen mit 190 verschiedenen Pässen. In den letzten 15 Jahren hat sich Bevölkerung zur Hälfte ausgetauscht. 1,7 Millionen Menschen sind gegangen und genauso viele gekommen. Ich freue mich über jeden Neu-Berliner. Ich wünsche mir, dass langsam ein bürgerliches Leben zurückkehrt, wie wir es vor dem Zweiten Weltkrieg hatten, mit all seinen Dichtern und Denkern, Geschäftsleuten und Künstlern, mit Sammlungen und Stiftungen und Salons, mit Kaufkraft, Glamour und intellektueller Auseinandersetzung. Auch ein paar Millionäre mehr könnten wir gut gebrauchen. Von den Superreichen Deutschlands leben nur die Ottos in Berlin. Das freut mich umso mehr.

Das Amt des Regierenden Bürgermeisters macht mir nach wie vor großen Spaß, unsere Mehrheit ist stabil. Berlin steht deutlich besser da als noch 2001. Wir haben unsere Nettokreditaufnahme auf Null gefahren. Was noch vor wenigen Jahren völlig unmöglich erschien, ist Realität: Wir werden 2008 erstmals Schulden zurückzahlen können. Das ist ein riesiger Erfolg, den uns keiner zugetraut hätte. Wir sind zwar noch nicht reich und sexy, dafür wiegt die Schuldenlast von 60 Milliarden Euro noch zu schwer. Aber wir bekommen mehr und mehr Spielraum für notwendige Zukunftsinvestitionen.

Was mir jenseits von Berlin Sorge bereitet, ist der Umstand, dass die SPD, wie alle anderen Parteien auch, ein Nachwuchsproblem hat. Wir haben Bundesländer wie Sachsen-Anhalt, Hessen, Niedersachsen, Nordrhein-Westfalen, Schleswig-Holstein und Hamburg an die Konservativen verloren. Und obwohl wir gute und motivierte junge Leute haben, klafft in so manchem Bundesland doch eine gewaltige Lücke in der Generation jener Politiker, die in nächster Zeit Ministerpräsidenten oder -präsidentinnen hervorbringen könnten. Nicht überall stehen genügend junge Leute bereit, die sofort Verantwortung in einer Landesregierung übernehmen könnten.

Für uns verbliebene SPD-Ministerpräsidenten ist es umso wichtiger, Präsenz zu zeigen und Erfolge zu produzieren. Weil wir ein paar weniger sind als in früheren Jahren, richtet sich automatisch mehr Aufmerksamkeit auf uns. Es wäre allerdings ein Fehler, sich jetzt ständig quer zu Partei oder Regierung zu legen, wie es bei unserem Mitbewerber gern zelebriert wird. Wähler wollen alles, aber keinen ständigen innerparteilichen Zoff.

Eine Partei wird nur dann Erfolg haben, wenn sie geschlossen auftritt. Dazu gehört auch, dass der Parteivorsitzende der natürliche Kanzlerkandidat ist oder darüber entscheidet, wer diese Aufgabe übernimmt. Ein Sieg bei der nächsten Bundestagswahl ist durchaus möglich, wenn alle mit voller Kraft dafür kämpfen. Sozialdemokratische Politik wird erst mit einem sozialdemokratischen Kanzler richtig gut.

Immer wieder werde ich gefragt, wie lange ich eigentlich Regierender Bürgermeister bleiben wolle? Ob ich nicht in die Bundespolitik strebe? Oder ins Kultur-Management? Ob ich mich als Anwalt niederlassen wolle mit all den Kontakten, die ich angeblich habe? Es ist wirklich putzig zu erleben, dass sich andere Menschen sehr viel ausdauernder den Kopf über meine Zukunft zerbrechen als ich selbst. Ausgerechnet jene Experten, die meine Amtsführung als Regierender Bürgermeister fortwährend kritisieren, bringen mich für alle möglichen anderen Posten ins Gespräch.

Das mag ein lustiges Gesellschaftsspiel sein, das sich aber sehr rasch beenden lässt. Es ist ein Mythos, dass Politiker ihre Karrieren langfristig, minutiös und natürlich perfide planen. Sonst wären Edmund Stoiber, Roland Koch und Christian Wulff schon längst Kanzler geworden. Ich habe die Erfahrung gemacht, dass allzu genaue Vorstellungen, was man in Zukunft anstellen will, oftmals nur zur Beruhigung der eigenen Nerven dienen, mit der Realität aber nur selten etwas zu tun haben.

Personalspekulationen sind oft nicht mehr als Entertainment. Karrieresprünge geschehen häufig überraschend. Mein politisches Leben hat mir oftmals bewiesen, dass es an der Tagesform, einem glücklichen Moment oder manchmal eben nur an einer Stimme hängt, wer sich wohin verändert, wer bleibt oder scheitert. Gelingt Ausnahmetalenten wie Gerhard Schröder oder Angela Merkel der Sprung ins Kanzleramt, ist immer auch viel Fortune im Spiel. Nur neigen wir dazu, all diese Zufälle in der Rückschau zu rationalisieren, und betrachten sie fortan als große Strategie. Dieses Verhalten entspricht unserem tiefen Bedürfnis nach Ordnung. Statt Schröder und Merkel hätten allerdings auch Edmund Stoiber oder Rudolf Scharping Kanzler werden können – es fehlten jeweils nur wenige tausend Stimmen. Man kann in der Politik nur sehr selten persönliche Wunschkonstellationen herbeiführen. Aber man kann seinen Job gut machen – alles andere ergibt sich von alleine. So einfach ist das.

Man kann sein Schicksal nicht erzwingen. Der Zufall hat, jedenfalls in meiner Laufbahn, eine erhebliche Rolle gespielt. Ihm habe ich viele schöne Überraschungen zu verdanken. Oftmals geschehen Dinge aus heiterem Himmel, unvorhergesehen, ganz plötzlich. Und manchmal nicht. Es bleibt spannend. Und auch das ist gut so.

Lebenslauf

1. Oktober 1953
Klaus Wowereit wird als jüngster Sohn von Hertha Grüner in Berlin geboren. Sie ist alleinerziehend und arbeitet als Putzfrau. Sein Vater verlässt die Familie kurz nach der Geburt.

1957
Tod der ältesten Schwester Helga (geb. 1935).

1960
Klaus wird in die Bruno-H.-Bürgel-Grundschule in Berlin-Tempelhof eingeschult. Als Jüngster von fünf Geschwistern lernt er früh sich zu behaupten.

1967
Wowereit besucht als Erster seiner Familie das Gymnasium. Er wird in der 8. Klasse zum Klassensprecher gewählt, ist in der Schülervertretung aktiv und arbeitet an einem Schulreformprojekt mit.

1971
Mutter Hertha erkrankt an Krebs.

1972
Klaus Wowereit tritt in die SPD ein und engagiert sich bei den Jusos. Vorbild des 19-Jährigen ist Willy Brandt.

1973
Abitur an der Ulrich-von-Hutten-Oberschule in Berlin.

1973–1979
Jura-Studium an der Freien Universität Berlin. Nebenbei jobbt er als

Gärtner und Brot-Ausfahrer, um seinen Lebensunterhalt zu verdienen.

1974
Sein ältester Bruder Achim (geb. 1942) wird bei einem Arbeitsunfall querschnittsgelähmt.

1977
Wowereits Bruder Stefan (geb. 1947) wird bei einem LKW-Unfall lebensgefährlich verletzt. Er stirbt kurze Zeit später in der Uni-Klinik Magdeburg.

1979
Erste juristische Staatsprüfung. Als Bezirksverordneter in Tempelhof bekleidet Wowereit sein erstes politisches Amt.

1981–1984
Nach zweijährigem Rechtsreferendariat legt er die Zweite juristische Staatsprüfung ab und wird Regierungsrat zur Anstellung beim Berliner Senator für Inneres. Er übernimmt den SPD-Fraktionsvorsitz in der BVV Tempelhof.

1. Februar 1984
Im Alter von 30 Jahren Volksbildungsstadtrat in Tempelhof. Wowereit ist der jüngste Stadtrat in ganz Berlin. Mit diesem Amt macht er Politik zu seinem Beruf.

Herbst 1989
baut die SPD im heutigen Landkreis Teltow-Fläming mit auf.

29. März 1993
lernt seinen zukünftigen Lebensgefährten, den Medizin-Studenten Jörn Kubicki kennen.

1. Oktober 1995
Mutter Hertha stirbt am 42. Geburtstag ihres Sohnes im engsten Familienkreis. Wowereit hatte sie bis zu ihrem Tod in seinem Elternhaus gepflegt.

Oktober 1995
Bei den Abgeordnetenhauswahlen erringt Wowereit ein Mandat in Berlin-Tempelhof. Er wird stellvertretender SPD-Fraktionsvorsitzender und haushaltspolitischer Sprecher.

Dezember 1999
wird als Nachfolger von Klaus Böger zum SPD-Fraktionsvorsitzenden gewählt.

Frühjahr 2001
Wowereit erlangt überregionale Aufmerksamkeit, als er den Rücktritt des in die Berliner Parteispendenaffäre verwickelten CDU-Fraktionsvorsitzenden und Vorstandsvorsitzenden der BerlinHyp Klaus Landowsky fordert.

6. Juni 2001
Die SPD kündigt wegen des Bankenskandals die Koalition mit der CDU und nominiert Wowereit zum Kandidaten für das Amt des Regierenden Bürgermeisters.

10. Juni 2001
Wowereit bekennt sich auf dem SPD-Landesparteitag als erster Politiker öffentlich zu seiner Homosexualität. »Ich bin schwul, und das ist auch gut so«, wird fortan zu seinem Markenzeichen.

16. Juni 2001
Der Regierende Bürgermeister Eberhard Diepgen wird durch einen Misstrauensantrag von SPD und Bündnis 90/Die Grünen abgewählt. Das Abgeordnetenhaus wählt Wowereit mit 89 von 169 Stimmen zu seinem Nachfolger. Bis zu den Neuwahlen im Herbst führt er eine rot-grüne Minderheitsregierung in Berlin.

21. Oktober 2001
Bei vorgezogenen Neuwahlen zum Abgeordnetenhaus wird die SPD mit ihrem Spitzenkandidaten Klaus Wowereit und 29,7 Prozent der Stimmen erstmals seit 1975 wieder stärkste Partei.

Januar 2002
Klaus Wowereit wird zum Regierenden Bürgermeister von Berlin gewählt und bildet mit der PDS eine Regierung.

21. Februar 2002
Wowereit gibt die erste Regierungserklärung der Rot-Roten Koalition ab: »Mit Mut für Berlin – wir werden es schaffen.«

1. November 2001 bis 31. Oktober 2002 Bundesratspräsident.
Fusion von SFB und ORB, der RBB nimmt am 1. Mai 2003 den Sendebetrieb auf. Wowereit stuft den Zusammenschluss der Länder Berlin und Brandenburg als wichtigstes Zukunftsprojekt für die Region ein.

2003
Berlin hat 45 Mrd. Euro Schulden, die größten Einsparungen sollen im Personalbereich gewonnen werden. Die Stadt tritt als Arbeitgeber aus dem öffentlichen Arbeitgeberverband aus.

2. September 2003
Senat beschließt, das Bundesverfassungsgericht anzurufen, um die »extreme Haushaltsnotlage Berlins« feststellen zu lassen und den Bund zu einer Änderung des Finanzausgleichsgesetzes zugunsten der Hauptstadt zu bewegen. Die Klage wird im Oktober 2006 abgewiesen.

November 2003
Ein Misstrauensantrag der Opposition gegen Wowereit scheitert.

April 2004
Wowereit lehnt eine Übernahme des SPD-Landesvorsitzes nach dem Rücktritt Peter Strieders zugunsten Michael Müllers ab.

Oktober 2004
Als erster Politiker tritt er als Gast-Moderator bei der ZDF-Sendung »Wetten, dass ...?« auf.

2005
zieht mit seinem langjährigen Lebenspartner Jörn Kubicki zusammen in eine Wohnung am Kurfürstendamm.

Januar 2006
Senat beschließt, ein Pflichtfach Ethik einzuführen, Religionsunterricht soll weiter außerhalb des regulären Schulpensums bleiben.

16. März 2006
Bundesverwaltungsgericht weist mehrere Klagen gegen den Ausbau des Flughafens Schönefeld ab und stellt damit die Weichen für den Bau des Großflughafens Berlin Brandenburg International, der im Jahr 2011 eröffnen soll.

26. Mai 2006
Eröffnung des Hauptbahnhofs, der für Berlin die größte Veränderung im Schienenverkehr seit dem Fall der Mauer und der Wiederinbetriebnahme der Stadtbahn bedeutet.

17. September 2006
Wahlen zum Abgeordnetenhaus, der rot-rote Senat stellt sich erstmals zur Wiederwahl. Die SPD mit Klaus Wowereit an der Spitze geht mit 30,8 Prozent als stärkste Partei hervor.

23. November 2006
Wowereit wird im zweiten Wahlgang als Regierender Bürgermeister wiedergewählt, die Rot-Rote Koalition setzt ihre Arbeit fort. Die Kulturverwaltung wird direkt der Senatskanzlei des Roten Rathauses unterstellt.

Sommer 2007
Umfragen bestätigen Wowereit als beliebtesten Politiker der Stadt. Mehr als die Hälfte aller Berliner ist mit seiner Arbeit zufrieden.

Bildnachweis

Foto S. 16, Frank Stauss, Agentur Butter

Foto S. 19, privat

Foto S. 21, Broschüre der Berliner SPD 2001

Foto S. 24, privat

Foto S. 30, privat

Foto S. 33, privat

Foto S. 40, privat

Foto S. 47, Herlinde Koebl/Focus Photoagentur, Hamburg

Foto S. 56, Picture Alliance Frankfurt/dpa bildarchiv

Foto S. 62, Fred Baumgart, Berlin

Foto S. 73, privat

Foto S. 83, www.klaus-wowereit.de/ zur person (homepage)

Foto S. 95, Fred Baumgart, Berlin

Foto S. 99 Titelseite Wochenblatt Lichtenrade/Marienrade Nr.20/8.jg/31.Woche

Foto S.101, ddp-Bilderdienst Berlin/ Michael Kappeler

Foto S. 112, privat

Foto S. 117, Fred Baumgart, Berlin

Foto S. 119, Fred Baumgart

Foto S. 125, ddp-Bilderdienst Berlin/Carsten Koall

Foto S. 136, ddp-Bilderdienst Berlin/ Michael Kappeler

Foto S. 141, privat

Foto S. 149, Andreas Schoelzel, Berlin

Foto S. 164, Andreas Altwein/ ddp-Bilderdienst Berlin/ Andreas Altwein

Foto S. 175, Press Service, Int., Frank Ossenbrink, Berlin

Foto S. 185, Tobias Schwarz, Reuters Berlin

Foto S. 187 Titelseite der B.Z. Nr. 264/46, 124. Jahr/Montag 21.11.2001

Foto S. 198, ddp-Bilderdienst Berlin/Jens Wolf

Foto S. 209, ddp-Bilderdienst Berlin/Michael Urban

Foto S. 225, privat

Foto S. 245, ddp-Bilderdienst Berlin/ Fabrizio Bensch/

Foto S. 247, privat

Foto, S. 253 Press Service Int., Frank Ossenbrink, Berlin

Foto S. 256, ddp-Bilderdienst Berlin/Michael Kappler

Foto S. 259, privat

Foto S. 269 Time Magazine/The Woodlands

Foto S. 274, ddp-Bilderdienst Berlin/ Michael Urban

Foto S. 278, Ullsteinbild Berlin/ ddp-Nachrichtenagentur

Personenregister